豪族のくらし

—古墳時代～平安時代—

田中広明 著

すいれん舎

豪族のくらし＊目次

装幀　篠塚明夫

カバー写真：新宮熊野神社（喜多方市教育委員会提供）
福島県喜多方市にある新宮熊野神社は、平安時代の豪族のくらしを伝える吹き抜けの建物

表紙写真：獣脚硯（埼玉県教育委員会提供）
埼玉県寄居町末野遺跡出土の陶硯は、最古の役人を語るかけがえのない資料

豪族のくらし

古墳時代から平安時代

はじめに

古代の豪族

みなさんは、「豪族《ごうぞく》」というと、何を連想されるでしょうか。蘇我氏《そがし》や物部氏《もののべし》、葛城氏《かつらぎし》といった大和《やまと》盆地に勢力を張り、古代政権の中枢を担った人々でしょうか。平将門《たいらのまさかど》や藤原純友《ふじわらのすみとも》といった、古代国家に反逆を企てた人達でしょうか。「豪族」と一口にいいますが、「豪族」を歴史的に定義すると、実は意外と難しいのです。

似たような言葉に「豪商」や「豪農」といった言葉があります。「豪商」は、戦国時代、大坂の堺や九州から中国や東南アジア諸国まで貿易を行った呂宋助左衛門《るそんすけざえもん》や、江戸時代に紀伊国《きいのくに》（和歌山県）から木材を運んだ紀国屋文左衛門《きのくにやぶんざえもん》などが思い浮かびます。

また、江戸時代に普通の農民から代を重ねて巨万の富を築いた越後国《えちごこく》（新潟県）の伊藤家は、一市四郡六〇数ヶ町村に田畑一三七〇町歩を所有した大地主として、「豪農」と呼ばれました。宮尾登美子の原作で映画にもなった『蔵《くら》』は、この豪農を舞台としていました。その家は、江戸時代から明治時代にかけて多くの小作人《こさくにん》を抱え、大規模な農場を経営し、冬には酒造りを行っていました。現在、新潟県には、「豪農」の屋敷をめぐるツアーもあります。

「豪商」や「豪農」は、商業や手工業が発達した戦国時代以降に現れますから、古代の「豪族」とは、やや趣が異なります。また「豪族」は、奈良時代や平安時代から使われていた言葉ではなく、明治時代になってから使われた言葉だったようです。「武士」（古くは武者《むしゃ》、兵《つわもの》）も「豪族」と似た言葉ですが、武士は、武芸をもって使えた人々のことですから、本来、豪族のなかに武士をかかえた者もありました。

その点から武士が、政権を担う鎌倉時代以降は、「豪族」本来の意味合いからは外《はず》れます。「豪族」という言葉には、やはり個々が自由な独立したという印象があります。

ところで、「豪」という言葉には、猪《いのしし》が突進するような「勢いがある」という意味があります。『広辞苑《こうじえん》』という辞書には、「豪族」は「地方に土着し、勢力を持つ一族」と説明されています。

ややむずかしいですが、歴史学者の青木和夫氏は、「豪族」について「いわゆる社会的分業が、まだ充分に展開していない時代（日本史上の古代）に①農業を中心とする大規模な経営を②世襲《せしゅう》的に営んでいた③有力者たち」と定義されました。

つまり「豪族」は、その地域に昔から代々住み着き、多くの人々を使って農業や漁業などを大規模に経営していた人々で、古代国家と何らかのつながりをもった集団といえます。彼らは地域のリーダーであり、有能な経営者であり、そして、地方の役人でした。具体的には歴史上、国造《くにのみやつこ》、郡司《ぐんじ》、国司《こくし》、土豪《どごう》などと呼ばれた人々です。

こうした人々について本書では、文字によって記された史料だけでは語れない豪族の姿を、遺跡《いせき》や遺物《いぶつ》といった考古学の資料（文字の史料とモノの資料は、使い分けられます。）をつかって話を進めたいと思っています。遺跡や遺物は、過去の人々が地球上に残したあらゆる痕跡《こんせき》です。地中に埋もれたすべての遺跡や遺物は、発掘調査によって歴史を語る瞬間を待っています。

とは言うものの、土器や石器、あるいは古墳や貝塚だけでは、立体的な歴史を語ることは、なかなか簡単ではありません。そこで『日本書紀《にほんしょき》』や『古事記《こじき》』などの日本の歴史を書いた古い記録、『土佐《とさ》日記』や『今昔物語《こんじゃくものがたり》』などの日記や文学、あるいは木簡《もっかん》などの地中から出土した文字史料をつかって、古代の「豪族」を解明していこうと考えています。

そのまえに、明治の文豪、森鷗外《もりおうがい》が考えた古代の豪族、「山椒太夫《さんしょうだゆう》」に登場してもらいましょう。

安寿《あんじゅ》と厨子王《ずしおう》の物語を知っていますか。

山椒太夫

今は昔、陸奥《むつ》の国（今の東北地方一帯）の長官《かみ》だった平政氏《たいらのまさうじ》は、農民に味方し、都の貴族の命令に背いたので、遠い筑紫《つくし》の国（福岡県）へ左遷《させん》させられました。政氏の子供の安寿と厨子王は、しばらくお母さんとともに陸奥国信夫《しのぶ》郡（福島県福島市）の実家に身を寄せていましたが、姉が十五、弟が十三となった年、筑紫に向かって旅立ちました。

しかし、越後《えちご》国の直江《なおえ》（新潟県上越市）で出会った男にだまされ、母は佐渡へ、安寿と厨子王は西へ向かう舟に乗せられてしまいます。二人を乗せた舟は、丹後《たんご》国の由良《ゆら》（京都府舞鶴《まいづる》市）の港に着くと船頭が、この地域一帯を支配する山椒太夫に二人を売り渡したのでした。

山椒太夫は、安寿に浜で汐汲《しおく》み、厨子王に山で柴刈《しばか》りを言い付け、貧しい小屋に住まわせました。

汐汲みも柴刈りも子供の二人には、とても過酷な労働です。しかし、二人はそれに耐え、脱走の機会を毎日うかがっていました。ある日、安寿は守り本尊《ほんぞん》の地蔵《じぞう》を厨子王に渡し、逃亡をうながすと、自らは沼に入水《じゅすい》しました。

厨子王は、辛くも丹後国の国分寺に逃げ込んで脱出に成功し、京の都へ上ると、勉強を重ね丹後国の国司となると、山椒太夫の奴隷《どれい》たちを解放したのです。その後、佐渡国で厨子王は、母と再会するという物語です。

これは、森鷗外が、室町時代から江戸時代初頭に流行した「さんせう太夫」という芸能に基づいて、『山椒太夫』という小説に仕立てたお話です。この物語は、絵本などがあり、ご存知の方も多いと思います。昭和二九年（一九五四）に溝口《みぞぐち》健二監督が映画化（写真1）し、昭和五一年（一九七六）には、ＮＨＫの少年ドラマシリーズでテレビに登場したこともありました。

小説というと、架空の話で日本の歴史には、関係がないように思えますが、そこに登場する何気ない表現や考え方には、歴史を解き明かす大きなヒントが隠されているのです。

さて、鷗外は、山椒太夫を次のように表現しています。

「石浦《いしうら》というところに大きい邸《やしき》を構えて、田畑に米麦を植えさせ、山では猟をさせ、海では漁をさせ、蚕飼《こがい》をさせ、機織《はたおり》をさせ、金物、陶物《すえもの》、木の器、何から何まで、それぞれの職人を使って造らせる山椒太夫という分限者《ぶげんしゃ》」

「分限者」とは、金持ちのことです。山椒太夫は、①広大な家屋敷を構え、②大規模な田や畑を経営し、③山や海の資源を自由に獲得できる権限を持ち、④養蚕から機織りまで繊維生産を行い、

写真1　山椒太夫の家（映画『山椒太夫』より　©1954 角川映画）

⑤ここの人々が使うすべての品物を作り出していたことにあります。

そして何よりも、塩を作り、売り買いすることで山椒太夫は、巨万の富を得ていたのです。塩作りには、たくさんの人が必要です。安寿の汐汲みと厨子王の柴刈りは、そのための作業でした。由良の浜では、安寿が海から潮水をくみ上げ、何度も砂浜にまき、天日で乾かし、塩分の凝縮した濃い塩水を作っていました。

この塩水を特別の土器に入れて煮つめ、水分を蒸発させて塩を作るのです。これを揚浜《あげはま》式塩田《しきえんでん》と呼んでいます。

この方法は、どこの浜でも塩を作ることができましたが、海水を煮つめるためには、大量の燃料である薪《まき》（柴《しば》）が必要でした。

この燃料を準備するために厨子王は、山へ柴刈りに出されたのです。柴とは、山や野に生える雑木のことです。

塩は、お金の代わりにもなり、給与として払われることもありました。そのため、豪族たちは競って塩作りに励みました。技術の革新がない限り、製品を大量に生産するためには、人手を増やすことが、最も手っ取り早い方法です。ですから、安寿と厨子王は、新潟の海岸で拉致《らち》され、常に人手不足となっている山椒太夫の下に売られてきたのでした。

神南備種松　偶然にも鷗外がイメージした山椒太夫は、平安時代に都の貴族が、地方の大豪族として描いた神南備《かんなび》種松《たねまつ》とよく似ています。

種松は、貴族の恋愛を描いた『宇津保物語《うつほ》』に登場する人物です。彼は、紀伊国牟婁郡《むろ》（三重県南部）の大領《だいりょう》（郡役所の長官）を勤めていました。彼の家には、桧《ひのき》の皮で屋根を葺《ふ》いた倉が、四十棟ずつ築地《ついじ》（家の周りの囲み）沿いに百六十棟も並び、綾《あや》・錦《にしき》・絹・綿・糸・縑《かとり》などの高級織物が、屋根と同じ高さまで積み上げられていました。

政所《まんどころ》と呼ばれる場所では、種松の家の庶務や経理を担当する者や下働きの者が、百人ほどいて今年の仕事、養蚕などを話していました。ここには、炭焼や木樵《きこり》、鵜飼《うかい》、鷹飼、網結《あみゆい》（漁師）などが、その日採れた獲物や薪をもってきて、そこで調理していました。

馬屋には、二十頭ずつ馬が繋《つな》がれ、馬草《まぐさ》を食べていました。このほか、鷹狩りのための鷹が十四、乳をしぼり重労働を担う牛が、十五頭飼われていました。

このほかにも作物所、鋳物師《いもじ》所、鍛冶《かじ》屋、織物所、染《そめ》所などを抱え、それぞれの工房では、多くの「おのこ（男）」や「めのこ（女）」が、一生懸命に働いていたのです。そして、種松の家には、種松の寝所《しんじょ》、付属する寺、さまざまな人々が働く工房、事務所などが、区画ごとに営まれている様子が、とてもあざやかに描かれています。

しかし、本当の豪族の家は、こんなにも立派ではありません。

発掘調査で見つかっている豪族の家は、もっと貧相です。種松の家は、都に住む貴族の邸宅を紀伊国牟婁郡へそのまま移したからです。

けれども、それは仕方が無いことでした。作者といわれる源順《みなもとのしたごう》は、平安時代中期の学者でしたから、京の都から遠く離れた豪族の家をつぶさに知るはずもありません。ですから、豪族の富裕な生活ぶりを表現するために、貴族の邸宅の様子をモデルにしたのです。

では、まったく手がかりが無いかというと、必ずしもそうとはいえません。さまざまな手工業製品を作っていることや、権力を握るために郡の役人になっていること、富の象徴である倉を建てていたことなど、地方豪族の特徴は実によく描かれていて、学ぶべき点はとてもあります。

文献史料には、このように作者の意図がいつも付きまとっています。ですから文字で書かれた事柄を全面的に信用することはできないのです。刑事の目を持って、疑ってかからなければ、歴史の真実は見えてきません。

山椒太夫にしても神南備種松にしても、架空の人物ですし、日本史上のヒーローなどではありません。むしろ悪役、犯罪者、権力を笠に着て横暴に振る舞う者というイメージが残ります。しかし彼らは、れっきとした豪族と呼べる人々です。

ところで、本書には、戦いをくり返す勇猛果敢な豪族は登場しません。将門の乱や蝦夷との戦争もありましたが、戦国時代のようにいつも戦争をしているイメージはあてはまりません。それよりも地域の経営者であり、地方の役人であった豪族達のありのままの姿を感じていただければと思います。

この本の構成

この本では、古代に実在した豪族たちのくらしを、発掘された遺跡の中から探るため十編の話を準備しました。それぞれ独立した話ですから、どこから読んでも完結するように考えましたが、大きくは、三つのまとまりで構成しました。

まず、第一章から第三章は、豪族の住んだ家にかかわる話です。つぎの第四章から第七章は、官人（役人）となった豪族の生活や仕事、そして女性の豪族などの話です。つぎの第八章から第十章では、文献史料から追跡できる地方の豪族と、遺跡の中に残る豪族の痕跡を合わせて考えてみたいと思います。物部《もののべの》 連《むらじ》 兄麿《えまろ》、上毛野君三千《かみつけののきみみちち》、そして、平《たいらの》 将門《まさかど》と藤原《ふじわらの》 純友《すみとも》です。

さて、第一章は、奈良県の明日香《あすか》村で発見された蘇我入鹿《そがのいるか》の邸宅の話です。『日本書紀』に登場する蘇我氏の邸宅から、豪族のすまいをまず考えてみたいと思います。

第二章では、豪族のすまいについて、さらに詳しく考えます。古墳時代、奈良時代、平安時代とそれぞれの時代でどのように豪族の居宅は変わるのか、各時代の豪族の家の遺跡を取り上げます。また豪族の地域に果たした役割は、どのように変わっていったのかを考えていきます。

そして、第三章では、都から下ってきた国司が宿泊した「館《たち》」について考えます。ここでは、福島県や鳥取県などで発見された郡の役所にあった「館」を取り上げます。

第四章では、官人であるとともに農場の経営者であった豪族が、多数の農民を従えて、どのような手工業製品や農業製品を作り、経済的な成長を果たしていたのかを考えます。

　つぎに、第五章では、古代国家の官人となった豪族たちが、色彩により序列されていたことを官人の衣服や建物の屋根、食器などから検討してみたいと思います。色彩の支配した律令国家と、地域に世襲的に君臨した豪族たちの関係を追求したいと思います。

　そして、第六章では、古代国家の官人が必ず獲得すべき文字について、とくに陶硯《とうけん》を題材に考えてみたいと思います。文字を操る人物こそが、地域社会に君臨する古代的な豪族の本質だったからです。

　さらに、第七章では、女性の豪族を考えてみることとします。豪族というと、とかく男性ばかりがクローズアップされますが、現代よりもはるかに女性の果たした役割は高かったのです。「家」の共同経営ということを背景に、読んでいただければと思います。

　第八章は、飛鳥時代の豪族の話です。聖徳太子の側近として活躍した物部連兄麿の話です。兄麿の墓といわれる埼玉県行田市の八幡山古墳をめぐる話を展開したいと思います。

　第九章は、奈良時代の豪族の話です。群馬県には、一万基もの古墳があります。この古墳を築いた人々の上に君臨した名族の上毛野氏《かみつけのし》でしたが、古墳時代から奈良時代にかけて、どんどん傾斜していきました。彼らが残した総社《そうじゃ》古墳群や山王廃寺《さんのうはいじ》といったモニュメントを通じて、地方豪族の盛衰を考えてみたいと思います。

　そして、最後に第十章は、平安時代の豪族です。平将門と藤原純友という東西の大豪族について、遺跡に残る痕跡をたどることとします。豪族の居宅、印と鎰《かぎ》、そして乱によってできた焼け土の層などの話です。

本書は、五世紀ごろ（古墳時代）から十世紀（平安時代）に向かっていくように、組み立てています。一度登場した地名や歴史用語などは、ふたたび説明をすることをはぶいた場合がありますので、前に戻って確認していただければと思います。

この本をきっかけとして多くの方々が、遺跡や遺物に興味を持たれ、いくつかの古墳や資料館、埋蔵文化財センターを訪れていただき、発掘調査現場が公開される日には、ぜひ遺跡に足を運んでくださることを願っています。

また、この本に登場する数々の遺跡やそこから出土した遺物には、さまざまな歴史があり、その歴史をたくさんの人々が、炎天下や極寒の土の中から救い上げていること、また、これを報告し、誰もがみられるように整理、保管している人々の活躍が、本書の背景にあることを頭の隅においていただければと思います。

第一章　蘇我入鹿の邸宅

谷の宮門

「蘇我入鹿の邸宅跡か。」奈良県明日香《あすか》村の甘樫丘《あまかしのおか》の発掘調査におどった文字が、新聞の一面で輝いていました。平成十七年、秋のことです。

古代史最大のクーデター「大化の改新」は、専横を振るった蘇我蝦夷《そかのえみし》、入鹿《いるか》の親子が、中大兄皇子《なかのおおえのおうじ》や中臣鎌足《なかとみのかまたり》らによって殺された事件です。その入鹿の邸宅跡が、明日香村の甘樫丘東麓《あまかしのおかとうろく》遺跡でみつかったというのです。

堅牢《けんろう》な石垣や柵《さく》のあと、倉庫でしょうか高床の建物、そしてなによりも谷の中の焼土層（焼けた土や壁材、炭、土器、瓦などが混ざって堆積した層）に七世紀中葉《ちゅうよう》にさかのぼる土器が出土したことから、『日本書紀』に書かれた甘樫丘の「谷の宮門《はざまみかど》」、つまり蘇我入鹿の邸宅とされました（図1）。

中心建物群や蘇我入鹿に直接かかわる遺物が、まだ発掘されていないことから、慎重論も多いのですが、古代の豪族を代表する蘇我入鹿がくらした邸宅は、「豪族のくらし」を解明する大きな情報を提供してくれると、私は確信しています。

さて、『日本書紀』には、皇極《こうぎょく》天皇三年（六四三）（最古の元号「大化」以前は、天皇の即位年を元年として表記します。なお、「大化」以降もしばらくは、元号のない時期がありました。）に蝦夷と入鹿の親子が、家を甘樫の丘に並べ建てたとあります。蝦夷の家を「上《うえ》の宮門《みかど》」、入鹿の家を「谷《はざま》の宮門」、つまり自らを大王《おおきみ》（天皇）、子供たちを王子《みこ》と呼ばせ、ここに住んでいました。

また、「城柵」をめぐらし、武器庫（兵庫《ひょうご》）を門の近くにもうけ、防火用水の桶《おけ》や消火の道具を備え、いつも警備員の「力人《ちからひと》」を配置していたといいます。まるで要塞のような家でした。

家の武装化は、聖徳太子の跡を継いだ山背大兄王《やましろのおおえのおう》を自殺に追い込み、大王陵《だいおうりょう》に勝るとも劣らない「大陵《おおみささぎ》」（蝦夷の墓）、「少陵《こみささぎ》」（入鹿の墓）と呼ぶ墓を築いたので、その専横振りが、豪族たちや大王家の人々に反感をかっていたためでした。

また、畝傍山《うねびやま》の東にも蘇我氏の家はありました。武器庫を置き、たくさんの弓矢を備え、蝦夷や入鹿たちは、五十人の護衛に守られて出入りしていたというのです。

ところで、『日本書紀』をはじめ古代の文献史料は、豪族の家について語る場面がとても少なく、蝦夷と入鹿の家の記述が、最大の情報といえます。さらに、七世紀の豪族の家が、発掘調査で明らかになった遺跡も意外とありません。そのようななかで発見された甘樫丘東麓遺跡は、蘇我入鹿はともかく、大和王権を支えた豪族の家として、とても重要な発見だったのです。

甘樫丘東麓遺跡が、入鹿の「谷の宮門」ではないかとされたのは、「甘樫岡」という場所や「谷」という地形、柵列や倉庫（高床建物）の存在、七世紀中葉の焼土層（大火災）という状況証拠でした。

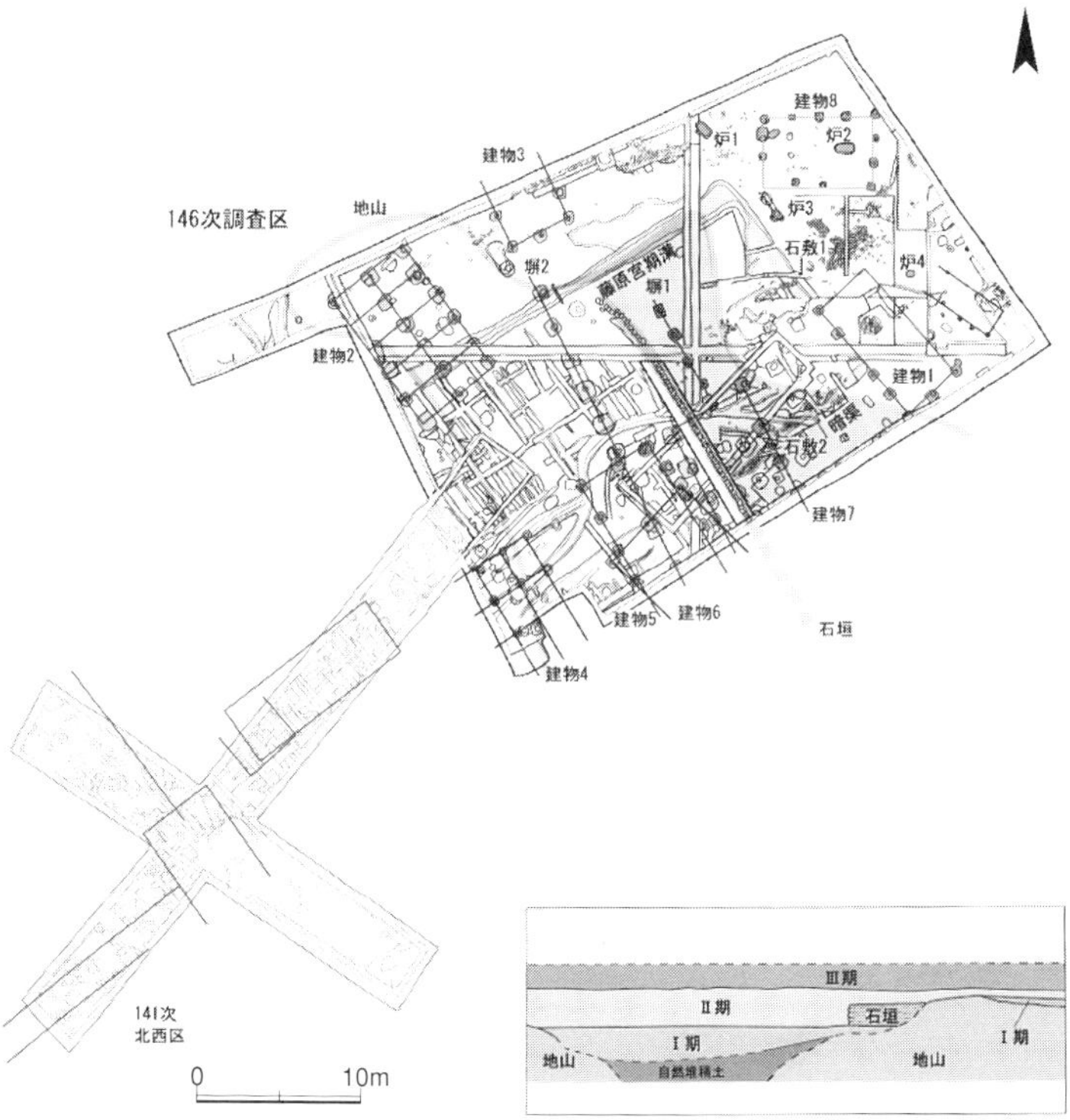

図1　甘樫丘東麓遺跡（奈良県明日香村）

しかし、考古学的に入鹿の家を検証するならば、各地、少なくとも畿内《きない》の「豪族の家」の遺跡について、その敷地の面積や主屋となる建物の構造、付属の建物の存在、区画施設、門や石垣などについて類型化し、そこから階層性を導き出し、その頂点に位置づけられる遺跡を判断していく必要があります。

ところが、まだまだ豪族の家といえる遺跡は少なく、そこまでたどり着かないのが現状です。甘樫岡に家を建てたのは、蘇我の蝦夷、入鹿親子ばかりではなく、親蘇我派の豪族やそのほかの豪族たちも、皇極天皇の飛鳥板蓋宮《あすかいたぶきのみや》に近いこの丘に別邸を構えていたとしても不思議ではありません。

いずれにせよ、考古学は、資料を比較して真実（歴史的事実）を求める学問ですから、同様の豪族の家や主屋となる建物、入鹿の子弟や多数の「奴《やっこ》」が詰めた建物などの発見をふまえた上で、慎重に考えていくべきです。

では、どのような条件が整うと、蘇我入鹿の家といえるのでしょうか。まず、これまでの研究の経過から考えてみましょう。

聖徳太子の邸宅

はじめて豪族の家といえる遺跡が発見されたのは、今から二十五年前のことでした。この群馬県高崎市三ツ寺Ｉ遺跡以来、各地で豪族の家とされる遺跡が続々と発見され、現在では、四百に迫ろうとしています。

おそらく、邪馬台国《やまたいこく》の卑弥呼《ひみこ》のころから豪族の家は登場し、武士の館が登場する十一世紀まで、古代的な豪族の家は続いたと考えられます。古代的な豪族とは、地域をまとめた国造やさまざまな技能集団を束ねた伴造、奈良時代になると郡司や国司といった役人も豪族でした。豪族を中心に多数の農民や職能集団が集まり、その中心に豪族の家がありました。

このころの集落は、小規模な竪穴住居ばかりでしたが、豪族の家は、柵や溝、石垣で区切られた特別の空間の中に大形の建物や小形の倉庫、祭祀《さいし》の場を設けていました。しかも古代の豪族の家は、集落と一体化して存在していました。

ところで、これまで発見された豪族の家のうち三から五世紀が六割、八世紀から十世紀が三割ですが、六、七世紀の例は、一割に満ちません。さらに、五、六世紀は、古墳に立てられた家形埴輪《はにわ》から豪族の家を推定できますし、持統《じとう》天皇八年（六九四）以降は、藤原京や平城京などに貴族の邸宅が出現しますので、貴族の邸宅との比較が可能となります。

しかし、入鹿の時代の七世紀は、埴輪が作られなくなり、宮都もありません。『日本書紀』の文章や、少ない調査事例から、豪族の家に挑まなければならないのです。

たとえば、奈良県桜井市にある上之宮《うえのみや》遺跡は、聖徳太子が幼少から青年期を過ごした「上宮《うえのみや》」の跡といわれています。六世紀中葉から七世紀後半にかけて五期の変遷があり、その三期と四期が最も充実した建物群となります。とくに楕円形をした池とされる石組みは、主屋の西にあり、庭園の一部かお祭りを行った跡とされています。

また、主屋の北には、石敷き広場に向かう廊下の付いた長い建物があります。主屋の四面には、庇《ひさし》があり、床を貼った高床の建物です。周囲を溝がめぐり、小形の門が、主屋の東と西にありました。奈良時代以降の豪族の家には、必ず門が付きますが、その始まりかもしれません。

上之宮遺跡は、聖徳太子のすまいではなく、阿部氏の居宅や渡来系氏族の居宅という意見もありますが、何よりも池や庭園のあることや石敷き広場があることから、ここでお祭りを行う豪族の姿をみることができます。

もうひとつ、奈良県橿原《かしはら》市の五条野《ごじょうの》内垣内《うちかいと》遺跡です。やはり大形の建物や細長い建物が五棟、柱の方向をそろえて、規則正しく並んでいます。南の端には、大きな八脚の門があります。最も大きな建物を主屋とすると、その前に前屋、南脇屋、東脇屋、北脇屋があったこととなります。

ちかくに推古天皇と息子の竹田皇子が葬られた植山《うえやま》古墳があることからこの遺跡は、飛鳥時代の豪族の家、または藤原京の外に造られた役所といわれています。

もののけ姫の屋敷

宮崎駿《はやお》監督の映画『もののけ姫』に登場する「たたら場」では、たくさんの男女がエボシ御前のもと、ひとつの家の中で働いている姿が描かれています。

江戸時代の豪農も主人と家族が、たくさんの使用人とともにひとつ屋根の下にくらし、さまざまな仕事をこなしていました。

家の中は、障子《しょうじ》や襖《ふすま》で仕切られ、台所や居間、便所などの目的ごとの部屋が作られていました。貧農の家や浪人の長屋でも、作業や家事を行う土間と、寝たり食事をした居間に分かれていました。牛や馬も土間に続く部屋に飼われていました。

ところが、古代の住宅は、ちょっと事情が異なります。一般農民の住宅は、東日本では竪穴住居、西日本では小形の掘立柱《ほったてばしら》建物《たてもの》でした。竪穴住居は、一辺四から五メートルの四角の範囲を、五〇センチ前後掘り下げて土間とした建物ですし、掘立柱建物は、柱の部分だけ地面に穴を掘って柱を埋めた建物です。

飛鳥時代の豪族の家は、ひとまず置くとして、奈良時代、平安時代の一般的な豪族の家は、大形の竪穴住居や大形の掘立柱建物を中心にして、多数の小形掘立柱建物が、その周りを規則的に並んでいました。

大形建物が、主人とその近親者の家屋とすると、その周りを取り巻く建物は、たとえば道具小屋、

写真2　新宮熊野神社の長床（福島県喜多方市）

たきぎ小屋、わら小屋、炭小屋、織物小屋、馬小屋、牛小屋、使用人の小屋、炊事小屋、客人の宿舎、鍛冶小屋、漆小屋などです。これらは、大きく住居と物置、作業小屋に分かれます。

　やや外《はず》れるかもしれませんが、神社も鳥居《とりい》をくぐると、拝殿《はいでん》や神楽殿《かぐらでん》、社務所、神主《かんぬし》の住まい、おみくじ売り場、神馬殿《しんめでん》、便所など機能ごとの建物をみることができます。ですから、蘇我入鹿の「谷の宮門」も聖徳太子の「上宮」も主屋建物だけではなく、周囲の付属建物が明らかにならないと、結論がでにくいのです。

　古代の主屋建物を考える上で、参考となるのが、福島県喜多方《きたかた》市の新宮熊野《しんぐうくまの》神社に残る「長床《ながとこ》」（写真2）という平安時代の終わりごろの建物です。壁は一切なく吹き抜けで、重厚な茅葺《かやぶき》の屋根をむき出しの柱四十四本が支えています。間口二七メートル、奥行一二メートルの巨大な建物で、いまは神社の拝殿として用いられています。

壁が無い替わりに、蔀戸《しとみど》と呼ぶ建具が吊るされました。蔀戸は、細かく格子《こうし》に組んで裏に板を張った戸で、外や内側に押し上げて開けます。今でも神社やお寺でみることができます。建物の中は意外とガランドウです。

たまに間仕切りで二つの部屋に分かれることもあります。貴族の邸宅や寺院などでは、襖《ふすま》や明りとりの障子、衝立《ついたて》、几帳《きちょう》などがありました。紙はとても貴重でしたから、おそらく地方の豪族の家では用いられなかったと考えられます。庶民の家に障子や襖が普及するのは、江戸時代になってからのことです。

敷居や鴨居《かもい》に溝を彫ることも、現代のような鉋《かんな》が登場する鎌倉時代以降のことですから、引き戸や押入れといった空間もずいぶん後の時代にならないと、登場しないことがわかります。なぜ、これらのことがわかるかというと、障子や衝立などを作る道具、つまり、台鉋や大鋸《おおが》といった大工道具が、奈良・平安時代の遺跡からは出土しないからです。

つまり、家の中に細かな部屋が登場するのは、鎌倉時代以降ということになります。そして、それ以前は、役割に応じた建物を数多く建てていました。大形の建物と役割分担のある小屋が集中する遺跡、それこそが、豪族の家なのです。

トイレはどこだ

発掘調査の見学会では、「トイレはどこ」とよく聞かれます。しかし、この質問に的確に答えることは、なかなかむずかしいのです。竪穴住居が、古代の人々の家と説明すると、どこに玄関があったのですか、風呂は、台所は、そしてトイレは、と聞かれます。

　台所は、石で組んだ炉やカマドの周辺に鍋《なべ》や釜《かま》の土器があることから説明できますが、玄関や風呂、トイレといった空間は、竪穴住居はおろか、掘立柱建物にもありません。当然、建物への入り口はありましたが、空間としての玄関はありませんでした。

　玄関は、外からの邪神や侵入者を遮断し、靴を脱ぐことで邪気を祓《はら》い、泥や穢《けが》れを家の中に入れないという意味があります。貴族の家や武士の家で玄関が登場するのは、平安時代（十世紀）以降、寝殿造りが登場してからです。

　また、上下水道の発達した今日では、給水、下水を効率的に配置するために台所、風呂、トイレといったウォーター・セクションは、一ヶ所にまとめられています。しかし、かつての民家では、便所は外、台所は土間、風呂は外にある井戸の近くに造られていました。

　近年、水洗トイレが、奈良県の藤原京跡や秋田県の秋田城跡などで調査されています。貴族の邸宅や外国使節の宿泊施設に設置されていたトイレです。わが国最初の都、藤原京のトイレは、丸い穴を掘って糞尿《ふんにょう》を溜め、土を被せるトイレと、排泄物を流した水洗トイレがありました。水は、碁盤の目のような道路の側溝から邸内に引き込まれていました。

　トイレの穴の中からは、寄生虫の死骸や卵、魚の骨、植物の種や花粉、昆虫などが発見されています。生に近い野菜や魚などを食べ、腹をこわした貴族たちは、中国から伝えられた薬を処方して我慢したのです。また、伝染病や寄生虫に悩まされた都の人は、いかがわしいお祓いやまじないに頼り、人形《ひとがた》や人の顔を書いた土器、土馬《どば》などを水に流しました。

秋田城跡では、崖上から谷底へ下る水洗トイレが発見されています。秋田城跡は、天守閣のあるお城ではなく、奈良時代から平安時代にかけて、東北地方北部の蝦夷《えみし》と呼ばれた人々を王民《おうみん》（公民として国家に税金を払う人々）とするため、北辺に造られた防御機能を備えた役所でした。秋田城には、かつて中国の沿海州《えんかいしゅう》にあった渤海国《ぼっかいこく》からの使節も訪れました。

秋田城跡の水洗トイレ（図2）は、渤海国使節や秋田城の長官、蝦夷のリーダーなどが用いました。秋田城で働く一般の人々（仕丁《しちょう》）は用いませんでした。おそらく都から派遣された官人たちが、平城京や平安京の水洗トイレを秋田城に持ち込み、都の暮らし振りを喧伝したのでしょう。

ところで、なぜトイレとわかるかというと、自然界よりはるかに多い寄生虫の卵や食べかす、たとえば野菜や果実の種などが穴の中の土に認められたからです。ということは、寄生虫の卵や食べかすが、土の中に現代まで残る条件、湿潤で冬でも地下水に浸った状態で保たれていること、そうした遺跡でしかトイレは、発見されないのです。

ですから、乾燥した台地に住む人々が、排泄物を処理した場所があっても、科学的分析でトイレと判断することはできません。

なお、平城京や藤原京などは、すべての排泄物を道路の側溝に流し込んだり、仏像の鋳造で多量の亜硫酸ガスが発生したり、現代中国の北京のようになっていたかもしれません。

いっぽう、農村に住む豪族や一般の人々は、どのようにトイレを済ませていたのでしょうか。具体的にトイレが、集落遺跡や豪族の居宅から発見されていません。数多くある土壙《どこう》と呼ぶ一メートルぐらいの楕円形の穴の中には、糞尿を処理した穴があったかもしれません。

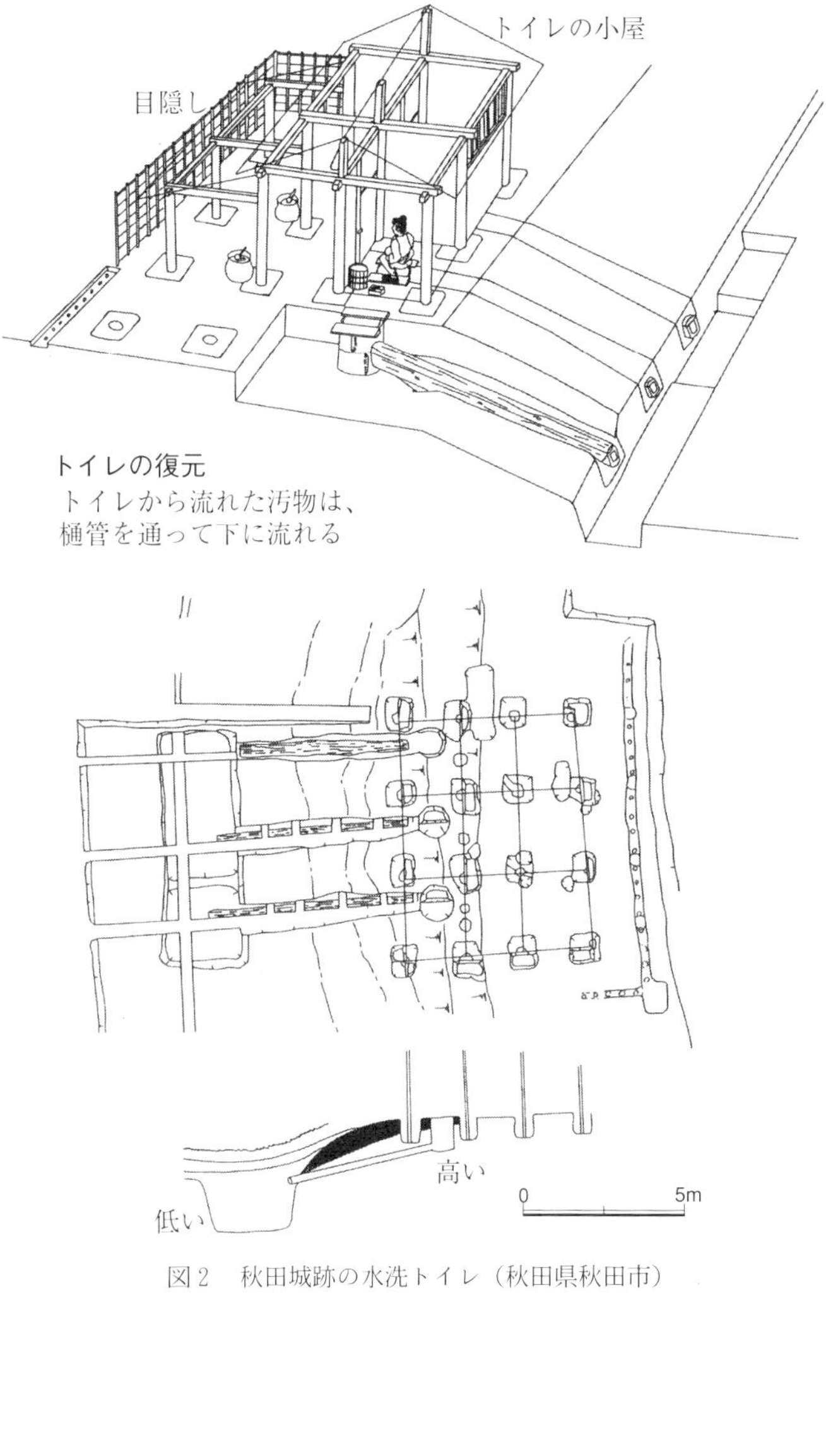

図2　秋田城跡の水洗トイレ（秋田県秋田市）

しかし、臭いや衛生面から考えるとトイレは、竪穴住居の中になく、近くの小川や林などで用を足し、自然にもどしていたのでしょう。閉じられた空間で用を足すことが一般化するのは、案外、最近のことかもしれません。

馬小屋と炊事場

豪族といえば馬、海の豪族ならば船をたくさんもっていました。とくに馬は、人間や物を運ぶというだけではなく、農耕や権力の象徴として大切な存在でした。とても貴重な財産ですから、大形農業機械の登場する昭和三十年代まで牛や馬は、人間と同じ一つ屋根の下にくらしていました。

蘇我蝦夷や入鹿の時代でも、馬を飾るきらびやかな金具が、古墳から発見されます。豪族たちは、ハレのときに馬を飾りたてました。馬は、集落ごとに飼われ、いざというとき村々から集めたのでしょう。ですから、豪族の家に馬は、一から三頭ほどいただけでした。

ところで、古代の集落や豪族の居宅から馬小屋が、これまでに発見されていません。では、馬はどこで飼われていたのでしょう。おそらく、地表に痕跡を残さないほどの粗末な厩《きゅう》舎《しゃ》で飼われていたのでしょう。群馬県の榛名《はるな》山《さん》が噴火したときの火山礫《れき》で埋もれた渋川市黒井《くろい》峯《みね》遺跡では、「平地《へいち》建物」とされる貧弱な建物がみつかりました。馬小屋とされている例です。また、馬が蹄《ひづめ》をいためるので、礎石の建物ではなく、掘立柱の建物だったといわれています。

余談ですが、鎌倉時代の絵巻物、たとえば『一遍上人絵伝《いっぺんしょうにんえでん》』の「漆間《うるま》時国《ときくに》の家」に描かれた馬小屋には、かたわらに生意気な猿が描かれています。猿は、馬に乗ってやってくる疫病《えきびょう》や鬼などを防いでくれるということから、馬のそばに飼われたといわれます。茨城県玉造町の大日塚《だいにちづか》古墳から出土した猿の埴輪も案外、埴輪の馬とともに立てられていたのかもしれません。

話は変わりますが、豪族の家では、たくさんの使用人が働いていました。豪族は、彼らの食事も面倒みなくてはなりません。入鹿の護衛五十人の食事はどのように調達していたのでしょう。

江戸時代、宿場町の旅籠《はたご》や山仕事を行う名主の家では、給食センターのように大きなカマドに大きな鉄釜を置き、食事を作っていました。けれども、豪族の家や役所、寺院では、大鍋《なべ》や大釜のような土器は一切出土しません。煮炊きに使う土器は、ある程度一定の大きさでした。

それは、縄文土器のようにその村で作り、その村で使うといったサイクルではなく、土器作り専門の人（工人）が規格品を大量に作り、土器を使う人が大きさに見合ったカマドを家の中に造り、そこに煮沸具をすえたのです。ですから、豪族の家では、使用人の食事まで一括して調理していたのではなく、個々の家でも調理が行われ、食事がとられたのです。

天皇の宮廷内では、内膳司《ないぜんし》や「大炊所《おおいどころ》」といった建物で食事が作られ、膳《かしわで》氏や阿部氏などが、給食にかかわる職業についていました。また、豪族の家の中には、竪穴住居があり、ここで主屋に住む主人の食事を準備したのでしょう。ここには、村から選抜された女性が働いていました。

推古天皇は、「豊御食炊《とよみけかしきや》屋姫《ひめ》天皇」、つまり「豊かな食事を作る台所の女性天皇」といいました。また、妻を「御台所《みだいどころ》」というように、食事を作るところや作る人が、どれだけ大切なのかわかります。豪族の家には、食事を準備する「厨《くりや》」は、なくてはならない建物でした。

倉のない「館」

古墳時代の「豪族居館《きょかん》」を代表する群馬県高崎市の三ツ寺Ⅰ遺跡を復元したイラストでは、主屋の東に倉庫群を復元しています。しかし、三ツ寺Ⅰ遺跡は、倉庫群は発掘調査されていません。「豪族居館」に倉庫が、あったかなかったか。実は、よくわかっていないのです。

このころの倉庫は、湿潤な日本の気候に適した高床式倉庫でした。柱には、ねずみ返しという円板が付けられ、穀物のような重量物を入れても床が抜けないように柱のたくさんある総柱《そうばしら》の構造となっていました。奈良時代になると、板倉、丸木倉、校倉《あぜくら》、土倉など壁の種類で呼ばれる倉が出現しました。校倉とは、角材を対角線で積み重ねた倉で、東大寺正倉院に残ります。

さかのぼって五世紀ごろは、板倉か丸木倉でした。規模も小さく、三〇平方メートル以下の倉庫でした。ただし、難波の石津丘《いしづおか》（大阪府大阪市）の法円坂《ほうえんざか》遺跡の倉庫群や、和歌山県の紀の川河口（和歌山県和歌山市）の鳴滝《なるたき》遺跡の倉庫群は、大和王権の権力の象徴として建てられた特殊な倉庫群でした。二〇〇平方メートル以上の倉庫が、十棟ほど軒を並べて建てられました。一般の集落では、小さな倉庫が、一、二棟建てられただけです。

「豪族居館」でもたとえば、群馬県伊勢崎市原之城《げんのじょう》遺跡（図3）では、六棟の倉庫がありました。しかし、建て替えを考慮する必要もあります。兵庫県神戸市松野遺跡では、同市立博物館の復元模型で倉庫が一棟だけ復元されています。

集落にも「豪族居館」にも、多数の大きな倉はありませんでした。なぜでしょう。役所の倉とは異なるからです。七世紀末以降、郡の役所ができあがりますが、村人から稲を税として取り立て、それを役所の倉庫に保管していました。倉庫は、役所の建物として「官舎帳《かんしゃちょう》」に記載されます。柱間の数で倉庫の大きさがわかることから、役所の倉庫は、巨大な米櫃《こめびつ》だったといえます。

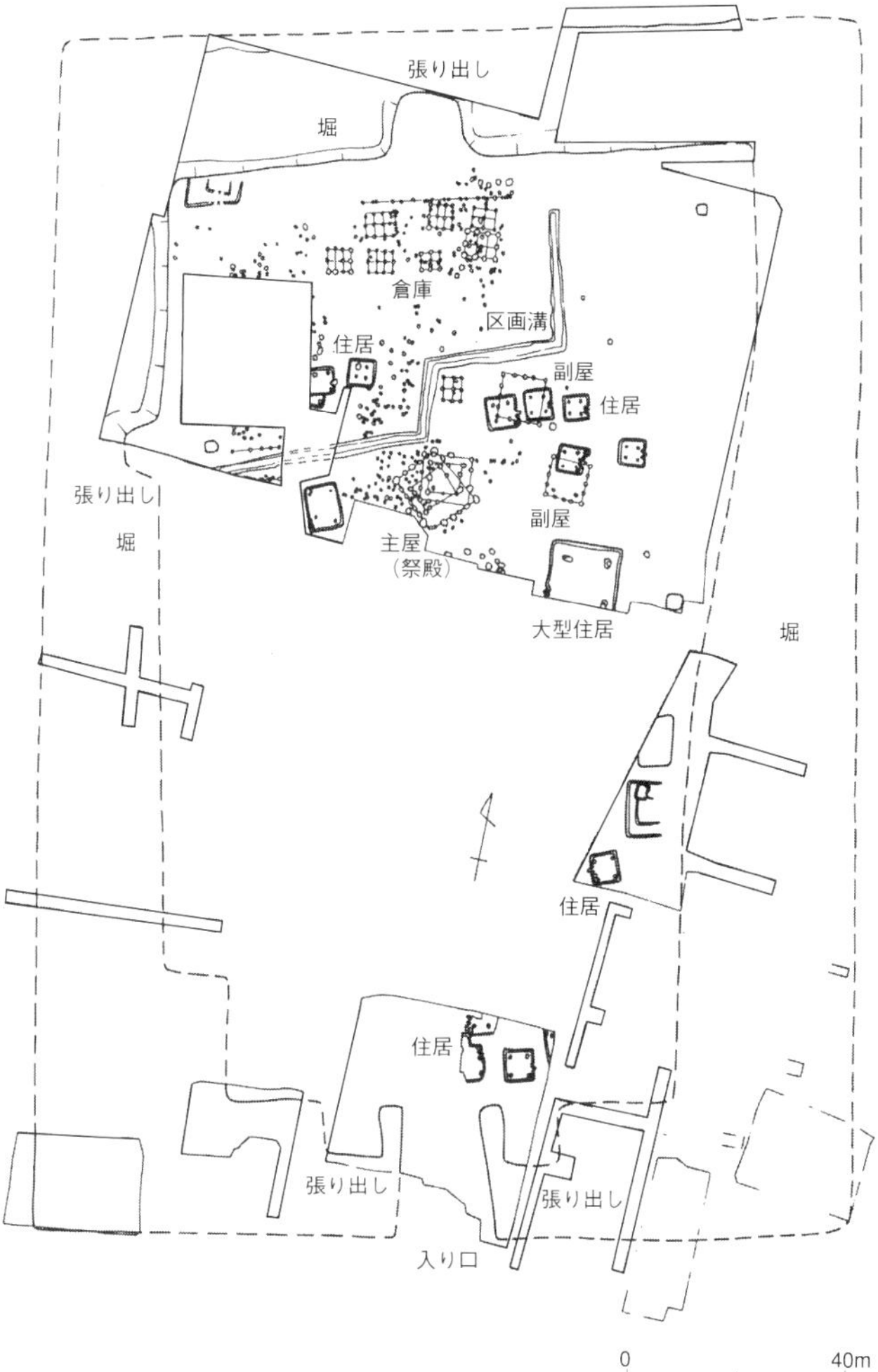

図3　倉庫のある原之城遺跡（群馬県伊勢崎市）

しかし、豪族たちは、郡家のように大量の稲を蓄える必要がありませんでした。地域に君臨した豪族たちですから、ある程度は地位が世襲的に保証され、代替わりの儀式を通じて、地域の人々に豪族であることを再認識させていたため、あえて富を無尽蔵に蓄えなくてもよかったのです。

法円坂遺跡や鳴滝遺跡などは、大王家が、港湾や河川の渡河点などの交通の要衝に設置した大形の倉庫の可能性があります。また、大王家が設置した「屯倉《みやけ》」には、「御田《みた》」と「御倉《みくら》」がありました。ですから、御倉と呼ばれる大形倉庫が、各地に存在した可能性はとても高いでしょう。

『日本書紀』の皇極天皇三年（六四四）三月条には、蘇我蝦夷の家である「大津《おおつ》の宅《やけ》」にふくろうが住み着き、子を産んだ「倉」があったと書かれています。甘樫丘の「谷の宮門」にも武器庫（兵庫）があり、蝦夷の「畝傍山《うねびやま》の東の家」にも「庫」があったと記載されています。

なお、古代の倉庫は、「倉庫令」という法律で「倉」「庫」「蔵」が、使い分けられていました。「倉」は税金の稲やそのほかの物品を納める建物。「庫」は武器や公文書、図書を納める建物。そして「蔵」は国家や天皇の財産を扱った倉庫を指します。とくに「蔵」には、「大蔵《おおくら》」と「内蔵《うちつくら》」があり、「大蔵」は大蔵省の倉庫、「内蔵」は、天皇家にかかわる物品を管理した倉庫をさします。

ただし、『日本書紀』に登場する家や「宮」のなかで、倉（庫）を記しているのは、蘇我氏だけでした。「大津の宅」の倉は、近江《おうみ》（滋賀県）や東国から蘇我氏に贈られた貢物を集積した港湾倉庫でしょうし、「隻槻《ふたつき》の宮門《みかど》」の「兵庫《ひょうご》」は、反蘇我氏のグループが勢いを増すなか、特別に蘇我氏の家だけが設けた施設だったかもしれません。

ミカドと宮門

　蘇我蝦夷は、自らを「上の宮門」、子の入鹿を「谷の宮門」と呼ばせていました。『日本書紀』では、古くからルビが振られ、「宮門」を「みかど」と読んでいました。「みかど」は、「御門」のことで、「御門」のなかの宮殿にいる尊いお方という意味です。ですから門は、その家や建物に住む人の象徴でした。「軍門に下る」とか、「門下の一員」「門閥の一人」といったことばがありますが、「門」が、その中に住む貴人の象徴であったことがわかります。

　ところで、古墳時代の「豪族居館」は、柵《さく》による四角い囲みがありましたが、明確な門はありませんでした。わずかに居宅全体を囲む柵が、一部で不連続となる部分があり、そこが入り口でした。間口は大変狭く、互い違いの入り口です。古墳に立てられた埴輪にこの入り口を模倣した埴輪があります。三重県松阪《まつさか》市宝塚一号墳や群馬県伊勢崎市赤堀茶臼山《あかぼりちゃうすやま》古墳で発見されています。

　では、いつから豪族の家に門が建てられたのでしょうか。

大王（後の天皇）が住み、政《まつりごと》を行う「宮」では、『日本書紀』の推古《すいこ》天皇十六年（六〇八）の条が、手がかりとなります。遣隋使として中国に派遣された小野妹子《おののいもこ》が、隋国の使者である裴世清《はいせいせい》を伴ってもどり、推古天皇の小墾田宮《おわりだのみや》で出迎えるという場面です。

　そこには、「大門」や「庭」ということばがみられます。また、同十八年（六一〇）条には、新羅《しらぎ》、任那《みまな》の使いが来たとき、「南門」や「庭」「庁」などのことばがみられます。少なくとも小墾田宮には、政を行う「庭」（朝庭《ちょうてい》）と、住まいの大極殿《だいごくでん》が、大きな門で仕切られ、「庭」にはいるときも南門をくぐっていたことがわかります。

　なお、小墾田宮の場所ですが、明日香村の雷《いかずち》丘《おか》東方《とうほう》遺跡から「小治田宮《おわりだのみや》」や「小治宮《おわりのみや》」の墨書土器が出土し、ここに小墾田宮があったことがわかりました。発掘調査で門と宮の関係が、明らかとなっているのは、孝徳《こうとく》天皇の「難波宮《なにわのみや》」（大阪府大阪市）です。大化《たいか》の改新《かいしん》後、難波に移した宮です。南門、中門などが明らかになっています。

地方の官衙《かんが》遺跡では、門が、官衙遺跡の登場とともに七世紀後葉《こうよう》から見られ始まります。具体的には、宮城県仙台市郡《こおりやま》山遺跡、栃木県宇都宮市西下谷田《にししもやた》遺跡、愛媛県松山市久米高畑《くめたかばたけ》遺跡などで、そのころの八脚門《はっきゃくもん》が発見されています。八脚門とは、門の屋根を支える柱が、外側に四本、内側に四本ある門をさします。

最も古い蘇我氏の飛鳥寺《あすかでら》は、推古天皇四年（五九六）十一月に完成したとされます。おそらく、この段階に中門やそのほかの主要な門も完成したと思われますが、やはり八脚門を建てていました。七世紀中葉から後葉にさかのぼる地方の寺院でも、大掛かりな門が、建てられました。

一方、豪族の家では、聖徳太子が幼年時代をすごしたという上之宮遺跡で四脚門が確認されていますが、二本の柱に支え柱を付けた門でした。明確な四脚門や八脚門が登場するのは、藤原京の邸宅などから、七世紀末以降のこととなります。なお、貴族の邸宅では、平城京、長岡京、平安京では、二脚の棟門か四脚門でした。門については、明確な法律（「令《りょう》」）はありません。しかし、八脚門以上は、官衙（役所）や寺の門と考えられていたようです。

ふたたび入鹿の家に

どのような証拠があれば、甘樫丘東麓遺跡が、入鹿の家といえるでしょうか。

まず、発見されている柵が、邸宅を囲み、門が取り付くことです。門はそう大きくはなく、棟門か四脚門。必ずしも南の中央とは限りません。門のかたわらには、儀式にも使われる槻木《つきのき》や桑、楓《かえで》、榎《えのき》などの樹木を植えていました。そして、門から東には、飛鳥の宮々に通じる道が延びていました。

門を入ると広場（庭）があるはずです。大王の宮で行われたような儀式が、入鹿の家でも行われたからです。豪族の居宅にも広場があり、そこで儀式や犯罪者の裁判などが行われていました。

皇極天皇元年（六四二）四月に百済《くだら》国の使いである翹岐《げうき》が、舒明《じょめい》天皇の崩御《ほうぎょ》にあたり、朝廷を弔《ちょう》問《もん》に訪れたあと、蘇我蝦夷は、「畝傍《うねび》の家」に招きます。そこで蝦夷は翹岐に良馬一頭と鉄の延《の》べ金《がね》二十枚を賜りました。少なくとも「畝傍の家」には、馬を飼う小屋や鉄の延べ金二十枚を保管する倉があったことになります。

また、同年九月に数千人の北陸地方の蝦夷《えみし》（古代国家にまだ服従していない人々）が投降してきたので、翌月、小墾田宮で宴会を開きました。そのあと、蘇我蝦夷は、越《こし》の蝦夷を家に招き、再び宴会をしたというのです。「畝傍の家」には、外国の使節や蝦夷たちに宴や宿泊する場所を準備していたこととなります。邸宅に小さな島の浮かぶ池もありました。

入鹿の家ならば、その主屋としては、四周に庇《ひさし》がめぐる巨大な神殿のような建物が想定されます。分厚い床板が張られ、天井は高く、内側から棟木《むなぎ》や梁《はり》などが、むき出しに見えたでしょう。屋根は、桧《ひのき》の皮を張った桧皮葺《ひわだぶ》きか板葺き、あるいは茅葺《かやぶ》きだったかもしれません。お寺と違い、居宅には、瓦が使われませんでした。瓦が邸宅に使われるようになるのは、奈良時代からです。

炊事の建物は、主屋と別の場所にあったのでしょう。「厨《くりや》」と呼ばれ、柵の外にあったかもしれません。多数の人々が、食事をしましたから、大量の食器や煮炊きを行った「甕《かめ》」がたくさん出土するはずです。炉やカマドの跡も発見されるかもしれません。

男女を問わず、「奴《やっこ》」と呼ばれる使用人の建物も、たくさんあったはずです。武器をつくる工房、たとえば鏃《やじり》や刀をつくる鍛冶《かじ》、矢柄《やがら》を整える矢作《やはぎ》、弓をつくる弓削《ゆげい》と呼ばれる人たちが、常駐していたことでしょう。「鞍作《くらつくり》」と呼ばれた入鹿ですから、鞍のほか、鐙《あぶみ》や轡《くつわ》などの馬具をつくる人々も家にかかえていたかもしれません。さらに入鹿の家の周りには、織物をつくる機織《はたお》り所、皮革の加工や、土器作りなどの手工業生産者もいたことでしょう。

また、入鹿には、「物部大臣《もののべのおおおみ》」と呼ばれた弟がいましたので、彼の居宅も甘樫丘の隻家《ふたついえ》の近くにあったでしょう。また、蘇我氏を慕う豪族たちも、近くに家を構えていました。つまり、入鹿や蝦夷の家ではないにしろ、それに匹敵した豪族たちが、甘樫の丘周辺に住んでいたかもしれません。ですから、甘樫丘東麓遺跡を入鹿の家と確定するには、慎重にならざるを得ないのです。

入鹿の邸宅は、門や主屋、庭、倉、馬小屋、「奴」の小屋などの豪族の家を構成する要素を分析し、それぞれが、七世紀では最上位であったときに「谷の宮門」として、確証がもてるのです。そのためまず、入鹿のような豪族ではなく、地方の豪族から積み上げていくことが大切です。そこで次に、群馬県や埼玉県で発見された豪族の住まいについて、時代を追って考えてみたいと思います。

第二章　豪族のすまい

古墳を覆う石垣と濠が、民家と桑畑の間に姿を現したのは、昭和五六年（一九八一）の夏でした。濠底のポンプは、うなりを上げながら、水を吸い上げていました。濠には、近くを流れる猿府川《さるふ》の水が、こんこんと湧き出ていたからです。

それまで、家形埴輪や『古事記』のなかだけの豪族の家が、はじめて発掘調査で現れた瞬間です。石垣の内側には二重にめぐる柵《さく》があり、さらに内側に巨大な建物やお祭りの跡、そして竪穴住居などがありました。このころの村は、竪穴住居だけでしたから、とても驚異的な景観でした。

榛名の豪族

三ツ寺I遺跡は、「豪族居館《きょかん》」という代名詞が当てられ、近くの保渡田《ほどた》古墳群を築いた豪族の「館《やかた》」（本書では、館を「やかた」と読む場合は「館」とし、「たち」と読む場合は館とします。）といわれました。その特徴は、①古墳の葺石と同じ工法で方形に石垣を築く、②大きな濠がめぐる、③二重の柵がめぐる、④大小の突出部がある、⑤主屋は大形の掘立柱建物である、⑥石敷きの祭祀

写真3　古墳時代の豪族の家（群馬県高崎市三ツ寺Ⅰ遺跡）

場がある、⑦竪穴住居があるなどと、まとめられます（写真3、図4）。

三ツ寺Ⅰ遺跡が発見されると、一辺五〇メートル前後の溝を巡らした方形区画の遺跡が、全国各地で発見されました。

しかし、三ツ寺Ⅰ遺跡と異なり、①石垣がなく、②濠の幅は狭くて空堀《からぼり》、③柵はあっても一重、④大小の突出部やクランク状に曲がる堀、⑤掘立柱建物は貧弱、⑥祭祀の跡は不明瞭、⑦区画内に建つ竪穴住居は不規則など、共通した特徴があり、三ツ寺Ⅰ遺跡とは、似て否なるものだったのです。

そのため両者は、大豪族と小豪族の違いか。いや、地域によって異なるのか、という議論が起こったのです。たしかに三ツ寺Ⅰ遺跡は、抜き出た規模の濠や石垣をめぐらし、大豪族の「館」というイメージです。その後に発見された物部《もののべ》氏の奈良県桜井市布留《ふる》遺跡の居館や、葛城《かつらぎ》氏の同県御所《ごせ》市極楽寺ヒビキ遺跡の居館とされる遺跡でも石垣や大きな堀が発見され、その説を補強しました。

また、三ツ寺Ⅰ遺跡の近くで、最近、発見された北谷《きたやつ》遺跡も濠と石垣が備えられていました。三ツ寺Ⅰ遺跡の豪族が、北谷遺跡に移ったといわれます。いまのところ、三ツ寺Ⅰ遺跡のような「豪族居館」は、群馬県の榛名《はるな》山麓《さんろく》と奈良県の大和盆地だけに存在する特殊な遺跡であることから、大和王権を構成する大豪族と特別に結びついた群馬県の豪族が、作り上げたモニュメントではなかったかといわれています。

榛名山の噴火

群馬県の榛名山麓に三ツ寺Ⅰ遺跡が、産声を上げた五世紀後半、それまで見られなかった集落が、点々と見られるようになります。山麓の開発が本格的に始まったのです。集落は、榛名山に降った雨が、覆流水となって湧き出る場所に好んで作られました。「井出」

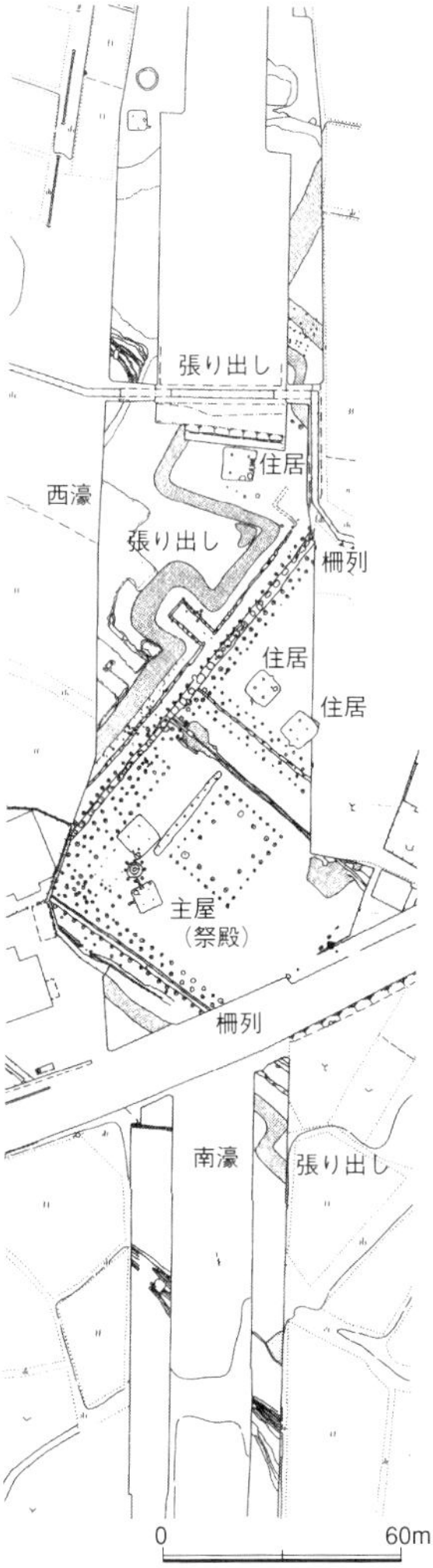

図4　三ツ寺Ⅰ遺跡

や「保渡田《ほとだ》」という水にかかわる地名も残ります。

高崎市の「かみつけの里博物館」には、三ツ寺I遺跡と周辺集落、そして保渡田古墳群の大ジオラマがあります（写真3・4）。三ツ寺I遺跡の周囲には、垣根に囲まれた家があちこちに点在し、畑と水田が取り囲んでいました。垣根の中には、数棟の竪穴住居と平地建物（土間だけの家）、納屋や倉のような建物がみえます。さらに、北側には、一〇〇メートルを超える前方後円墳が三基みられます。愛宕山《あたごやま》古墳、八幡塚古墳、薬師寺古墳です。金の履《くつ》が出土した谷津《やつ》古墳もあります。

榛名山麓の開発は、三ツ寺I遺跡に住む豪族の積極的な推進力で順調に進みましたが、突然、榛名山の二ッ岳の噴火によって、壊滅的打撃を受けます。山麓の村々や田畑は、火山灰で覆い尽くされたのです。ジオラマにある景観は、瞬《また》く間に失われました。雨が降ると火山灰は押し流され、泥流となって集落や三ツ寺I遺跡を襲いました。

三ツ寺I遺跡の濠底にも火山灰の泥流が流れ込みました。この泥流の下に多数の木製農具や種子などが、空気に触れることなく埋もれたため、豪族のくらしの一部がわかりました。たとえば、桃の種がたくさん出土したことです。桃の種は、仙人の食べ物、不老不死の象徴です。仙人の住む桃源郷は、山奥の桃林のさらに奥にあります。桃源郷から流れる川に落ちた桃は、人間界に流れやがておばあさんに拾われ、桃太郎誕生の物語につながります。桃は、再生の象徴でした。

また、三ツ寺I遺跡では、穴に石を敷きつめた井戸が見つかりました。そこから導水管（水管《すいかん》橋《きょう》）で濠の外から運ばれた水が、湧き出る仕組みになっていました。ここから刀子（ナイフ）や斧、鎌などの農工具を滑石《かっせき》（蝋石《ろうせき》）で作ったミニチュア模型の石製模造品が多数出土しました。わずか

写真4　三ッ寺Ⅰ遺跡のジオラマ

五センチほどの石製模造品は、お祭りの道具として、全国的に流行しました。

どの石製模造品にも小さな穴があり、紐《ひも》を通して吊るされました。石敷きの井戸で五穀豊《ごこくほう》穣《じょう》を祈った豪族でしたが、榛名山の噴火は、鎮めることはできず、火山灰の下に埋もれたのでした。

しかし、噴火後、山麓の村々は再び立ち上がりました。北谷遺跡に豪族の居宅も作られました。崩れた用水路を復旧し、田畑を耕し、集落を営み始めました。北谷遺跡も高い石垣を積み、濠に水を引き込み復興にかかりました。ところが、六世紀前半、再び二ッ岳は噴火し、山麓に大量の軽石を降らせて集落を埋め尽くし、復興の芽を情け容赦なく摘んだのです。

その後半世紀、ついに六世紀末まで集落は、営まれませんでした。伊香保温泉という名湯が、榛名山の中腹にあります。『万葉集』にも「伊香保」が、榛名山の枕詞《まくらことば》として登場します。奈良時代になっても「怒火《いかほ》」、つまり大噴火の記憶を地名にとどめたのです。

豪族の住む村

三ツ寺Ｉ遺跡のイラストでは、しばしば主屋の東に倉庫群が復元されています。しかし、三ツ寺Ｉ遺跡は、倉庫の跡にあたる場所は発掘調査されていません。

これまでに倉庫が発見された古墳時代の「豪族居館」の遺跡では、群馬県伊勢崎市原之城遺跡で六棟、兵庫県神戸市松野遺跡で一棟と極端に少ないのです。実は、豪族の家の遺跡には、倉のない遺跡が多いのです。富を貯える代わりに豪族の生活を支えた人々を豪族の家の近くに集住させました。

「豪族居館」は、四角い区画溝があるがために、絶対的な権力を誇示していたようにみえますが、巨大な三ツ寺Ｉ遺跡でさえも集落から隔絶していませんでした。ちょうど、お寺や神社が、農村のなかで宗教という役割を担った空間として存在していたように、豪族が豪族を演じる場が、「豪族居館」であったと考えたらよいかもしれません。

ちなみに、私は、これまで「豪族居館」にカッコをつけて表現してきました。「居館」が、古代豪族の持つ呪術性を抑え、中世の武士をイメージさせるからです。神社やお寺のように宗教的一面をもつ古代豪族が、集落の中に息づいていたこと、あるいは、豪族居館の遺跡が、居住性に乏しいことからとても違和感があったからです。

また、これから明らかにするように「館《やかた》」という言葉は、「宿」や「一時的に利用する」という意味を含むからです。大勢の農民をかかえ、代々、その土地の経営を行ったのが豪族とすれば、

「館」という言葉よりも「家」や「宅《やけ》」といった表現が、ふさわしいと思うからです。

　ですから、本書では、古墳時代の豪族の家をこれまでの慣習に習い、「豪族居館」、奈良、平安時代の「豪族の家」と区別して記していきたいと思います。

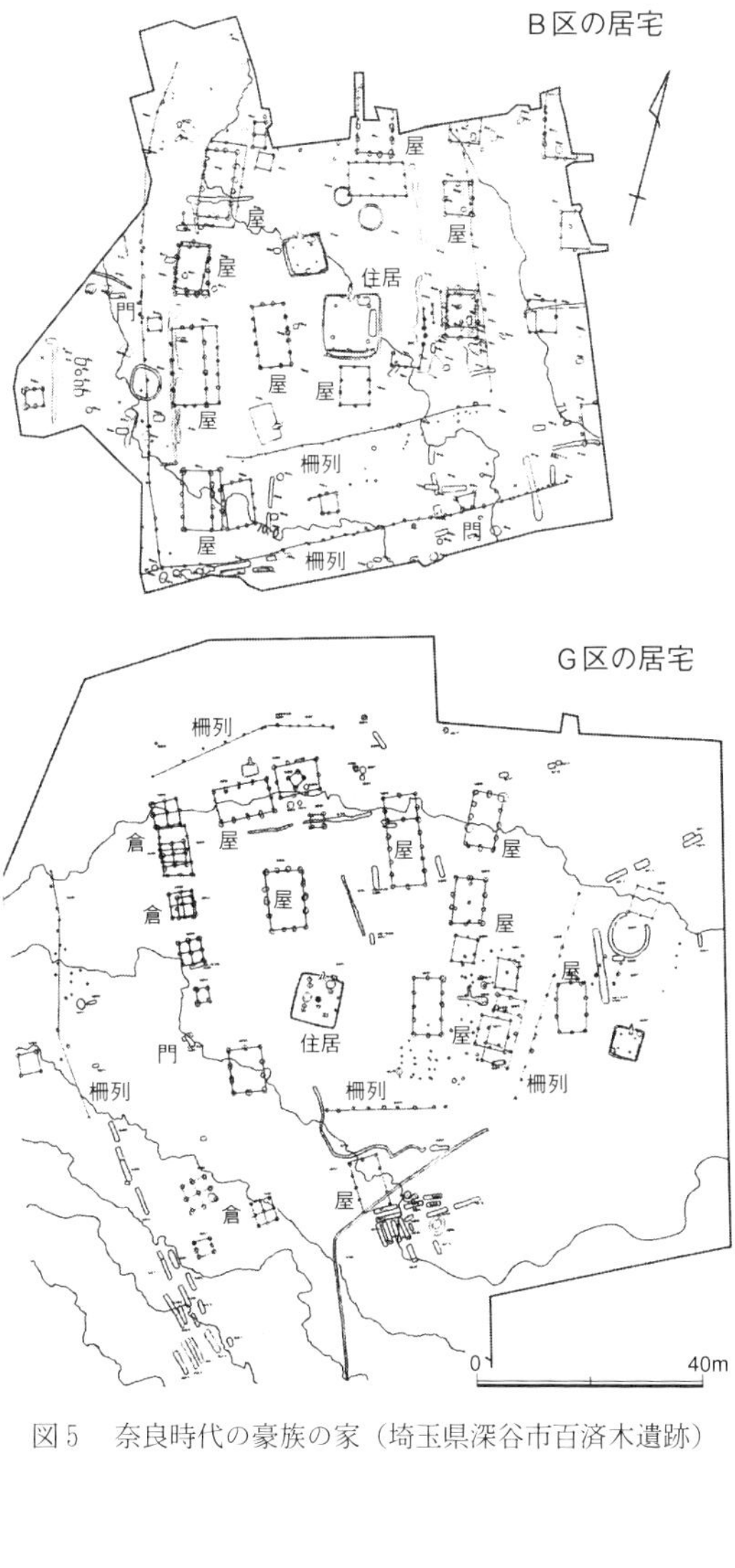

図5　奈良時代の豪族の家（埼玉県深谷市百済木遺跡）

百済木の家

青葉がむせ返るように輝く雑木林をぬけると、黄色い台地が忽然と現れました。そこは、奈良時代の豪族居宅が発見された深谷市百済木《くだらぎ》遺跡です（図5、写真5）。

カマドにかけた甕《かめ》やたくさんの食器、酒を満たした壺《つぼ》などが、大形の竪穴住居に残されていました。そのまわりには、納屋や住居などの掘立柱建物（屋）、小さな倉が軒を連ねていまして、柵がそれらを方形に囲んでいました。豪族の居宅が発掘されたのです。はじめは、郡家《ぐんけ》の出張所、あるいは郡の下に設けられた「郷《ごう》」の役所、または郡家から別に置かれた「厨《くりや》」（給食施設）など、さまざまな説が飛び交いました。

百済木遺跡の特徴は、①柵列に囲まれた建物群が、二つみつかったこと、②周囲に小さな竪穴住居が発見されたこと、③役所（郡家）の建物よりも柱の穴が貧弱だったこと、そして近くに奈良時代のお寺の跡や郡の役所があることなどから、「豪族の居宅」と結論づけたのです。格式を重視した官衙《かんが》よりも、居住性を重視したつくりとなっていたからです。

わたしは、最初、竪穴住居の奥にある東西に長い建物が、中心となる建物（主屋）で、その前の竪穴住居が、食事や宴会などを準備した厨房と考えていました。しかし、食事の準備だけなら、これほど大きな竪穴住居は必要ありません。南の小さな門から入ると、庭の正面にでんと大きな竪穴住居が建っていたことから、この大形の竪穴住居こそ、主屋ではないかと考え直しました。

元来、太平洋岸の東国の集落は、壁の中央にカマドを作り付けた四角い掘り込みの竪穴住居でした。掘立柱建物ではなく、竪穴住居こそが、慣れ親しんだ住まいの形であり、その延長線上に百済木遺跡の居宅もあったのです。

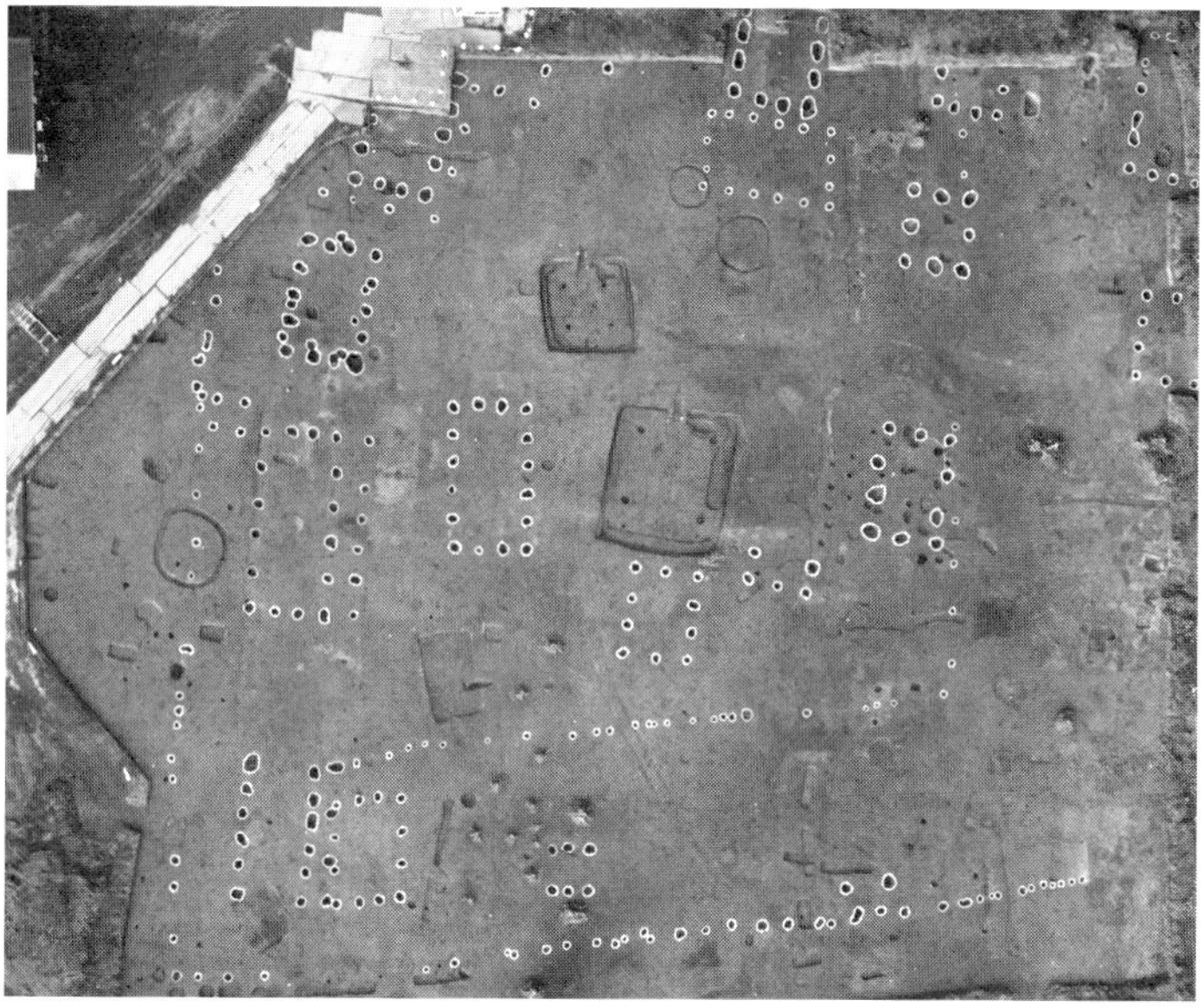

写真5　空から見た豪族の家（埼玉県深谷市百済木遺跡）

さて、このような豪族の家に住んだ人々は、どのような家族だったのでしょうか。東大寺の正倉院に残る『正倉院文書《しょうそういんもんじょ》』には、奈良時代の戸籍が、二十数点残っています。そのなかに「肥君猪手《ひのきみいて》」という豪族の戸籍があります。百済木遺跡と年代的に近い大宝二年（七〇二）につくられた戸籍で、猪手は、筑前《ちくぜん》国嶋《しま》郡川辺《かわべ》里《り》（福岡県志摩町馬場付近）に住む五三歳でした。

嶋郡の大領《だいりょう》（長官）を勤め、妻が四人、子供が十二人、孫が十人いました。戸主である猪手の「戸《こ》」には、そのほかの兄弟、従兄弟などの親族、そして奴婢《ぬひ》三十七人、寄口《よりこう》十五人など百二十四人もいました。古代の「戸籍」の史料では、最大の「戸」です。「戸」とは、戸主を中心とした家族や奴婢、寄口などを含む古代国家が把握した単位です。

なお、奴婢とは、奴が男性、婢が女性の使用人です。また、寄口は、戸主の親類や縁のある人です。おそらく、猪手の家族や奴婢、寄口たちは、一棟の大きな家に一緒に住んでいたのではなく、小家族ごとに別々の建物に分かれて住んでいたのでしょう。

百済木遺跡でも豪族の居宅の周囲に竪穴住居が散漫に分布していました。百済木遺跡は、猪手のような豪族が住んだ家（宅）のひとつだったのです。

豪族の家族

九州の有明海にあった肥《ひ》の国（火の国）の国造《くにのみやつこ》の血を引く猪手よりも、下野《しもつけ》国都賀《つが》郡（栃木県壬生《みぶ》町周辺）の下毛野朝臣古麻呂《しもつけののあそんこまろ》の戸は、さらに巨大でした。古麻呂は、大宝律令をつくり、国の政治を左右する閣僚である参議となるなど、大活躍をした人物です。その彼が、持統天皇三年（六八九）に六百人の奴婢を解放しました。下野国一の名族であった古麻呂が、六百人の奴婢を解放したということは、それをはるかに上回る数の奴婢をかかえ、下野国に君臨していたこととなります。

古麻呂の奴婢は、下野国だけではなく、都（藤原京）のあった大和（奈良県）にもいたことでしょう。古麻呂の本拠地は、下野国の都賀郡（宇都宮市周辺）にあったといわれています。複数の経営拠点（「宅」）があり、都賀郡以外にも「宅」があったはずです。それぞれの「宅」には、古麻呂の子や弟、親類たちが居住し、そこにも奴婢がいたことでしょう。

ところで、奈良時代の奴婢は、映画の「ベンハー」や「剣闘士」など、ギリシャやローマ時代の奴隷ではありませんでした。たとえば、武蔵《むさし》国（埼玉県）から都に上り、東大寺で働いていた奴が、あまりにもきつい仕事だったので耐えられず、故郷の戸主のもとに逃げ帰ったという記録があるほどです。奴婢は、牛馬のようにムチでたたかれ仕事をしていたわけではありませんでした。

森鷗外の『山椒太夫』では、辛い仕事に耐えかねた安寿と厨子王が、奴婢の小屋から脱走する場面があります。国司の子供だった二人には、外の仕事自体が、堪えられなかったのでしょう。

なお、成長した厨子王は、丹後国司（京都府）となって赴任し、山椒太夫の劣悪な職場環境を糾弾すると、彼は改心して奴婢たちに正当な賃金を支払うようになります。資本家となった山椒太夫は、ますます豊かになったと鷗外は結んでいます。

さて、百済木遺跡にもどします。百済木遺跡には、柵列で囲まれた方形の区画が、二個所あります。両者は時期的な差が少なく、同時に存在してもおかしくありません。親と子の家、あるいは兄と弟の家など、家族が別々にもった家と考えられます。

百済木遺跡が、いつ登場し、いつ終わりを迎えるか。竪穴住居の使われた時期をグラフで表すと、図6のようになります。棒の長さは、その時期にあった竪穴住居の軒数です。八世紀第Ⅰ四半期から始まり、第Ⅱ四半期に急速に成長し、第Ⅳ四半期には早くも集落は衰えます。四半期とは、一世紀を二十五年ごとに四分割した単位です。

竪穴住居や掘立柱建物は、柱を地面に埋めるため、その寿命は、二十五年程度といわれています。二十五年は、人の一世代とほぼ

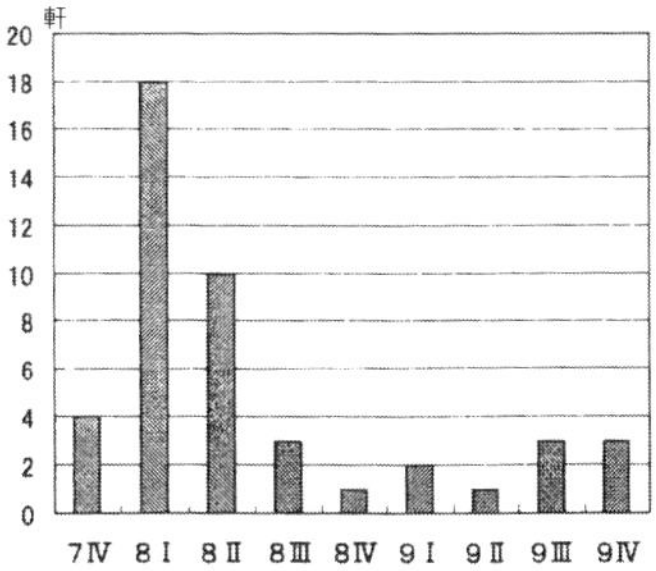

図6　竪穴住居数の推移

同じです。家を建てるのは一生に一度の仕事というのは、今も昔も変わりません。このグラフからわかることは、百済木遺跡に豪族の居宅があった、八世紀第Ⅱ四半期に集落が急速に成長し、急速に衰退するということです。その後、百済木遺跡は小規模な集落となり、九世紀末まで細々と続きました。

ところで、百済木遺跡で使われた土器は、居宅の区画の内と外では、種類や品質の差はありませんでした。しかし、区画の内の竪穴住居は、区画の外の竪穴住居に比べ、たくさんの食器や煮炊きの土器を使っていました。区画内外の人々が、この竪穴住居に集まり、あるいは、この竪穴住居に土器を持ち寄り、食事をしたと考えられます。

大饗と春祭り

鎮守《ちんじゅ》の森に若葉が芽吹くころ、あちこちの神社で幟《のぼり》がはためき、春のお祭りが催されます。参道には出店が並び、神楽殿では豊作を祈願した舞いが、お囃子《はやし》にあわせて舞われました。かつて、日本のどこにでもみられた農村のひとコマです。

奈良時代にも同じように春の祭りがありました。主催するのは、その地域に君臨した豪族たちでした。現代と異なるのは、この祭りを利用して都から来た国司が、国内をめぐったことです。それはただの祭り見物ではなく、村人に強制的に種籾《たねもみ》の貸付け（出挙《すいこ》）を行うという、とても大切な仕事でした。そして、その祭りを準備し、運営したのは、農村に根を下ろした豪族たちだったのです。

ところで、古代の農村で行われた春の祭りを伝える史料はとても少なく、わずかに、『令集解《りょうのしゅうげ》』という法律の解説書が、参考となります。その「儀制令《ぎせいりょう》」という儀式や祭りの決まりごとについて書いた文章に、春の祭りの日には、郷《さと》の長老たちが集まり、酒を飲み、神を祭るとあります。

写真6　大甕とたくさんの食器（群馬県高崎市井出東遺跡）

また、『古記《こき》』とよぶ解説では、「社首《やしろのおびと》」といった神社の役人を村ごとに置いて責任者としたとあります。さらに防人《さきもり》や税を都に運ぶ村内の人のために、稲を家ごとに集め、それを元手に貸付け（出挙）をして、その利息で祭りの日の酒を作って蓄え、食事や酒などを整える準備をしたといいます。そこには、男も女もことごとく集まるので、役人がそこで国家の法令を告げたというのです。

さて、この春の祭りを遺跡の中に求めてみましょう。祭りのために準備した酒を作り蓄える大甕や、たくさんの人が一度に食事をするための食器、食べ物を調理した鍋や釜にあたる道具があげられます（写真6）。

まずは大甕です。大甕は、須恵器《すえき》が用いられました。須恵器は、五世紀に朝鮮半島から伝わった登《のぼ》り窯《かま》の技術で作られた硬い焼き物です。液体の貯蔵、運搬に優れ、大形の容器が作れました。

しかし、大甕は、高価だったため、どの竪穴住居、どの集落からも出土することはありませんでした。けれども、六世紀後半以降、小形の円墳まで大甕が置かれます。古墳の大甕は、古墳専用の大甕のほか、集落や豪族の居宅で使われた甕が、豪族が死亡すると古墳へもたらされました。だから、集落の遺跡から大甕が出土することが少ないのです。大甕は、村の祭器から古墳の祭器になったのです。

須恵器の大甕の口から頸《くび》にかけては、波のような文様や連続した点などの文様がみえます。一説に波状の文様は、蛇の姿を表現したといわれます。蛇は、酒に霊力を与える化身でした。『古事記』には、八つの酒槽《さかふね》に蓄わえた酒を八つの頭で飲み干すヤマタノオロチの話があります。酒槽は酒を蓄わえた大甕だったかもしれません。

なお、奈良時代から平安時代にかけて、波状の文様は次第に失われていきます。

祭りと食器

秋の十五夜には、ススキや果物とともにダンゴを器（高坏《たかつき》）に載せ、満月に供えてお月見をします。春の予祝祭に対する秋の収穫祭です。

ダンゴを高坏から手でつまんで食べる。お茶椀や汁椀といった手持ちの食器が普及する前は、食器の中心は高坏でした。それが、五世紀の中ごろ以降、手持ちの食器で食事をするようになります。ご飯を盛った椀、汁物の椀、種類別のおかずを盛った高坏、酒を注ぐ容器など、機能ごとに多様な形態の食器が作られました。

ところで、冠婚葬祭や年中行事で人が集まり、大きな宴を催すためには、多数の食器や調理器具を準備しなくてはいけません。その準備は、祭りの執行者である村や村を代表する「村首」、地域を束ねる豪族が担いました。

　古墳時代後期から平安時代の集落遺跡では、百点を超えるほど大量の土器、主に食器を出土する竪穴住居が、一、二軒みられることがあります。また、集落近くの谷や河川の縁などから大量の土器が出土することがあります。さらに豪族の居宅にも大量の土器が出土する場所があります。

　このような場所は、①大勢の食事を準備した給食センターのような場所、②廃棄した土器を長年にわたって捨て続けた場所、③土器を集めて祭りをした場所などがあります。①は、村の食器保管施設、「厨」の納屋、役人の給食施設（厨）などが、近くにあったことを示唆しています。

　また、②は、土器をはじめゴミの捨て場が、決まっていたことがわかります。さらに③は、豪族の行った祭りは、どのような祭りだったか、どのような人が、祭りに参加したかがわかります。いずれにしても多量の食器が、遺跡から出土する背景には、「村首」や豪族たちがいて、彼らが、予祝祭や秋の収穫祭を取り仕切っていたことがわかります。

祭りに集う人々

　さて、埼玉県熊谷市で発見された北島遺跡は、奈良時代の豪族の居宅の遺跡です。南北の窪地を挟んで東に古墳群、西に居宅がありました（図8）。この谷からたくさんの食器や煮炊きの土器が出土したのです。そのなかに、四百点におよぶ墨書《ぼくしょ》土器がありました。

　墨書土器とは、土器に筆で墨の文字を書いた土器をいいます。たいていは一、二文字ですが、なかには、文章や和歌のような場合もありました。北島遺跡では、「横見郡《よこみぐん》」「鞘田《さやた》」「楊井《やぎい》」などの地名、「金」「文《あや》」「秦《はた》」などの氏名《うじな》、「土万《つちまん》」「第成《ただなり》」「丸人《まるひと》」「荒男《あらお》」「少君《おぎみ》」などの名前、「林家《はやしけ》」「南家」などの家号《やごう》、「西」「下」などの方位や位置、「龍」「鬼」といった架空の動物、「麦」「蘇《そ》」「萩」など植物や食品名などがありました。

なかでも人名や地名は、北島遺跡にどのような人々が集まったかを知る手がかりとなります。たとえば、「横見郡」「鞘田」「楊井」などは、武蔵国幡羅《はら》郡（埼玉県深谷市、熊谷市）の北島遺跡に「横見郡」や大里郡の「楊井」郷（熊谷市楊井）、同郡郡家《ぐうけ》郷の「鞘田」里（熊谷市佐谷田）から、人や物が来ていたことがわかるのです。

また、「第成」や「丸人」といった墨書土器は、人名を表します。墨書土器には、姓と名が書かれる場合もありますが、北島遺跡から出土した墨書土器は、「金」「文」「秦」などの姓、「土万」「第成」「丸人」「荒男」「少君」などの名のみのどちらかが書かれました。

「金」「文」「秦」は、朝鮮半島や大陸から渡来してきた人々の姓です。幡羅郡という郡名も、弥《み》勒菩《ろくぼ》薩《さつ》像で有名な京都の太秦《うずまさ》に広隆寺を建立（寺院を建てることを建立、宮や家を建てることを造営といいます。）した秦氏とかかわる渡来系の人々の郡名（ハラ＝ハタ）です。

幡羅郡には、上秦《かみつはた》郷や下秦《しもつはた》郷（熊谷市）があり（図7）、下秦郷の近くには、朝鮮半島の人々が着る筒袖の服をかたどった埴輪や、大陸の騎馬兵が馬の腰に旗を指した埴輪などを立て並べた行田市酒巻十四号古墳などが作られましたから、彼らが、北島遺跡の豪族の下に集まったことは間違いありません。

一方、名前の墨書土器のほとんどは、男性名でした。女性名は、「家刀自《いえとじ》」という墨書土器が一点あっただけでした。家刀自とは、『日本霊異記《にほんりょういき》』などによると、女主人のことです。ちなみに男主人は「家長《いえぎみ》（公）」と呼ばれました。

さて、北島遺跡の人名墨書土器が、男性名、しかも「名」だけだったことは、北島遺跡で行われた祭りや宴会が、男性、しかも「姓」で区別する必要のない集団で行われていたことを示しています。今でも山村や離島、昔からの付き合いの残る地域では、お互いを苗字で呼ばず、屋号（家号）や「名」あるいは通称で呼び合っていることと同じです。

とくに名前に共通した一文字をもつ人名が、北島遺跡では確認できます。「安成《やすなり》」「浄成《きよなり》」「第成《ただなり》」は「成」のグループ、「土《つち》万《まん》」「国万《くにまん》」「佃万《つくだまん》」は「万」（万呂《まろ》）のグループ、「丸人」「中人《なかひと》」は「人」のグループ、「人君」「少君」は「君」グループなどです。また「君」と「人」を結ぶ「中人君」という墨書土器もありました。

これは、親子や兄弟、あるいは親類などが、名前の一字を受け継いだことを示します。また、「南家《なんけ》」「後家《こうけ》」「林家《はやしけ》」などの

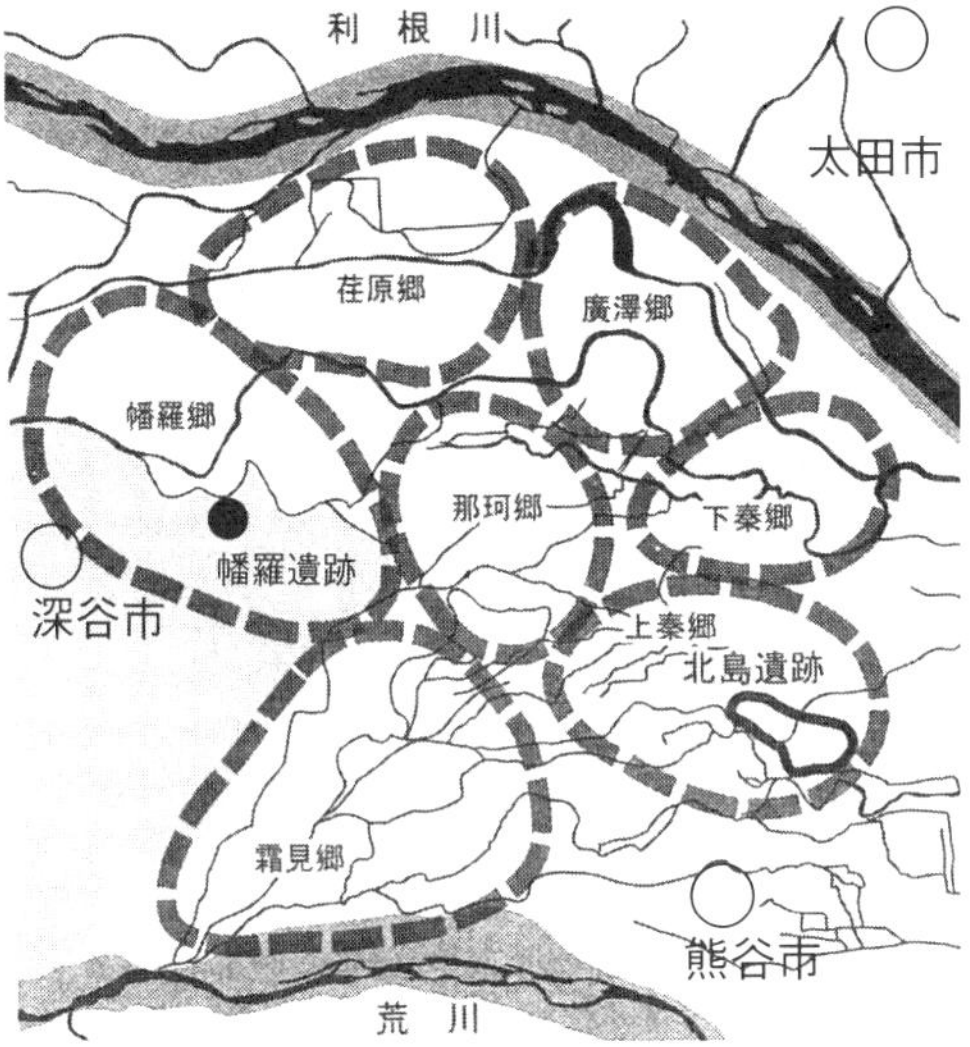

図7　武蔵国幡羅郡の郷

家（屋）号で呼ばれた家、集団がありました。奈良時代の有名な家（屋）号としては、大宝律令をつくった藤原不比等《ふひと》の四人の子供が、北家《ほっけ》（房前《ふささき》）、南家《なんけ》（武智麻呂《むちまろ》）、式家《しきけ》（宇合《うまかい》）、京家《きょうけ》（麻呂《まろ》）と呼ばれていました。

この墨書土器に登場した人名や家（屋）号のなかに、北島遺跡で行われた祭りを主催した人物が、いたのです。北島遺跡でどのような宴会やお祭りが行われたのか、発掘調査から具体的に明らかにできませんが、土地の開発や田植えなどで多数の人々が働いたあと、酒や肴《さかな》を振舞う宴会が、盛大に催されました。

豪族たちが、競って酒や肴を振舞ったので、国から与えられた口分田の耕作がおろそかとなるため、あまり度を越えた振る舞いをしてはいけないと釘が刺されました。このような振る舞いが、豪族の家で行われ、そのとき用いられた食器が、大量に豪族の家に残されたのでした。

城柵と居宅

奈良時代の初めごろの豪族居宅の代表は、百済木遺跡でしたが、平安時代中ごろの代表は北島遺跡（図8）です。奈良時代にも郡司級の豪族が住んだ遺跡でしたが、平安時代にも再び、豪族の家が作られました。

一辺八〇メートルを超える方形の区画には、東南に四脚門、北東に棟門が取り付いていました。そして、区画の溝を延長すると、掘立柱建物が三棟建ち、周囲の守りとしていました。区画の中には、主屋と思われる巨大な掘立柱建物（南北棟）が、東よりに建ち、付属する建物もありました。

主屋の建物の周囲からは、愛知県名古屋市や同県小牧市で焼かれた「緑釉《りょくゆう》陶器」が多数出土しました。緑釉陶器は、中国の青磁《せいじ》を模倣し、わが国で作られた高級食器です。皿や椀に加え、コー

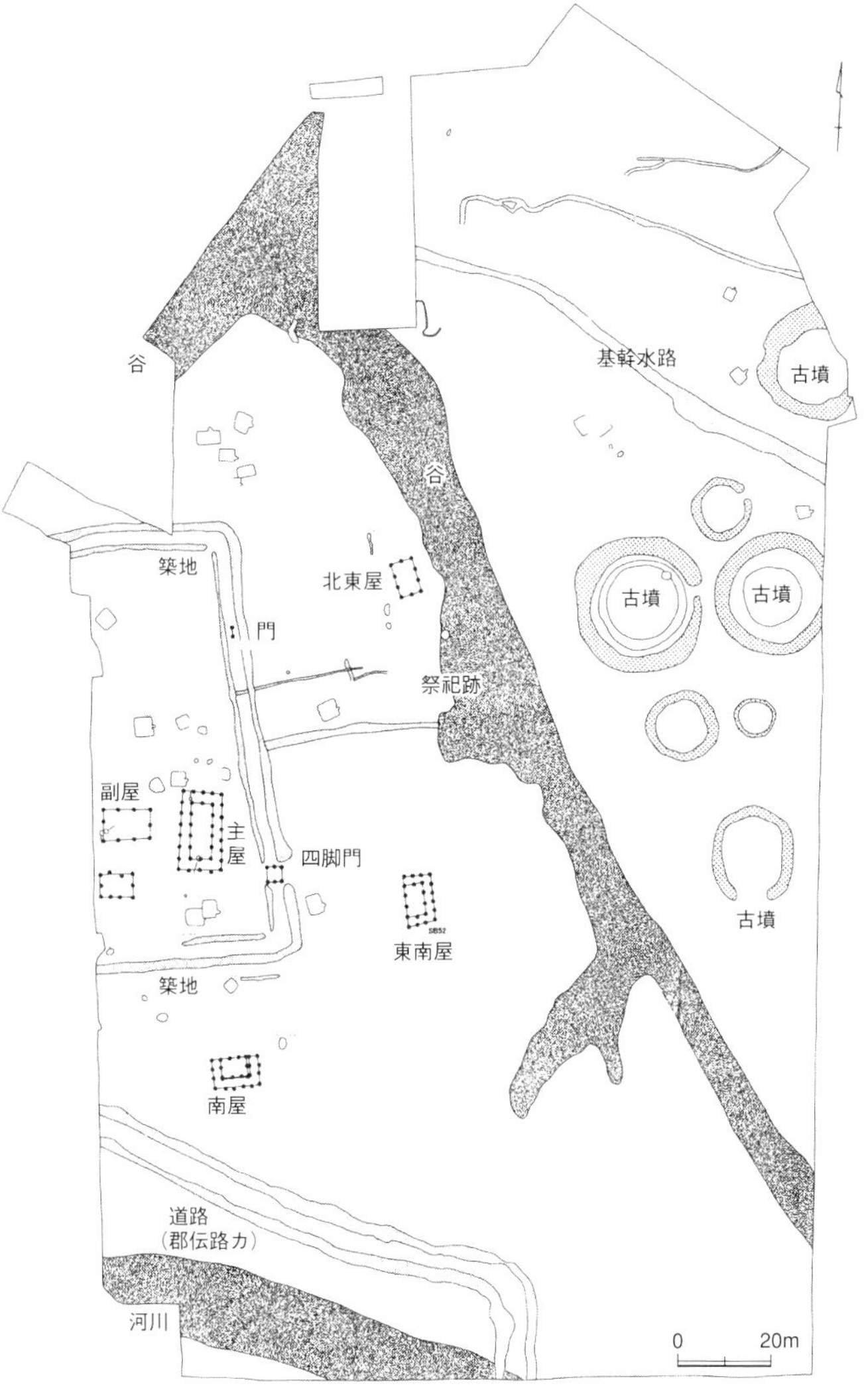

図8　平安時代の豪族の家（埼玉県熊谷市北島遺跡）

ヒーの受け皿のような「段皿《だんざら》」、丼のような「大椀《だいわん》」などがありました。

やはり、倉庫はみられません。また、竪穴住居も百済木遺跡のように区画の東側に付属していました。北島遺跡のような居宅が出現した背景には、関東地方と東北地方北部との歴史的な関係が存在したと私は考えています。奈良時代の後半から平安時代はじめにかけて、関東地方の人々は、東北地方北部へ向かいました。未開墾地が広がる東北地方北部には、律令国家に組み込まれることを拒絶した蝦夷たちが住み、彼らと戦闘を繰り返しながら版図《はんと》を広げていったのです。そのため城柵と呼ぶお城と役所の合体したような施設が作られました。

なかでも平安時代には、太平洋岸に多賀城（宮城県多賀城市）から志波城（岩手県盛岡市）と北上し、日本海側で秋田城（秋田県秋田市）まで進みました。この城柵の政庁、とくに志波城の政庁と周辺の竪穴住居群の関係が、北島遺跡の豪族居館と共通するのです。

おそらく、この東北地方との戦闘を経験した関東地方の豪族たちが、城柵に習って一辺五〇から九〇メートルの溝を方形に巡らせる居宅を作ったのでしょう。その特徴を奈良時代の居宅と比べると、①溝や土塁、柵列を明確に巡《めぐ》らすこと、③釉薬をつけた陶器や大陸の陶磁器などのぜいたく品が出土すること、④主屋が大形の竪穴住居から大形の掘立柱建物に変わることなどです。

さて、次章では、豪族の居宅とかかわりの深い郡家や国府の館について述べたいと思います。

第三章　郡家の館

国司の館

「新しき年の初めの初春の今日降る雪のいや重《し》け吉《よ》事《ごと》」

大伴家持《おおとものやかもち》が、天平宝字《てんぴょうほうじ》三年（七五九）の正月の宴会で詠《よ》んだ歌です。家持は、因幡《いなば》国（鳥取県鳥取市）の長官として下り国府で詠んだこの歌を、『万葉集』の最後に収めました。

『万葉集』の編まれた奈良時代、日本は、中国の制度に倣《なら》い国、郡、里（郷《ごう》）という単位で分かれていました。国は県、郡は郡や市、郷は、町村に相当します。そして国には国司、郡には郡司、郷には郷長《ごうちょう》という役人がおりました。

現在では、県知事や市長などは、選挙によって選ばれますが、奈良時代、国司は都から派遣された役人、郡司はほぼ代々その地域の豪族、そして郷長は比較的裕福な農民が、郡司によって選ばれていました。また、郡司や国司は、一人ではありませんでした。国司は、守《かみ》、介《すけ》、掾《じょう》、目《さかん》。郡司は大領《だいりょう》、少領《しょうりょう》、主政《しゅせい》、主帳《しゅちょう》と四ランクがあり、多数の人々で構成されていました。

現代にたとえれば、市役所では、市長の下に助役、収入役、参事など、会社では、社長、専務、部長といった管理職と同じで、その下に実務を担当したたくさんの平社員（「雑任《ぞうにん》」）がいたのです。そして国司は国府《こくふ》、郡司は郡家《ぐんけ》、郷長は郷家《ごうけ》と呼ばれた役所に勤務していました。

奈良時代の役人は、朝、日の出とともに勤務に励み、正午には勤務が終わりました。ずいぶん楽なようですが、午後にも膨大な残業が待っています。それはともかく、朝早くから勤務しなければならなかったので、国司や郡司は、役所の近くに住んでいました。都から派遣される国司は、公務員官舎にあたる館があてがわれ、そこに泊まっていました。

前述のように館《たち》は、客人が目的のために一時的にとどまる場所です。今でも、旅館や体育館、美術館などが使われます。古くは、外国使節が宿泊した「むろつみ」と呼ばれていました。奈良時代には、「たち」と呼ばれました。国司が、派遣された国にとどまり続けたことから鎌倉時代以降、「やかた」と呼ばれるようになったのです。

ところで、国、郡、郷は、一度にでき上がったわけではありませんでした。まず、大化の改新のあと、各地の豪族たちの申請や国司の判断、国の政策で郡の前身となる「評《ひょう》」という単位ができました。そのなかに「戸《こ》」と呼ぶ大家族を五十集めて、「五十戸」という単位を作りました。五十に満たない戸は、「余戸《よこ（あまるべ）》」としました。

その後、七世紀の末になって、おぼろげにあった地域のまとまりが、「国」という単位にまとまっていきました。国よりも郡（評）が前にでき上がっていたのです。ですが、大化の改新の翌年には、東国国司（または総領《そうりょう》）と呼ばれる役人が、都から派遣されていました。その後、国の成立以降、国司が常に駐留することとなります。

　ところで、国府の遺跡を発掘調査した成果によると、これまでに八世紀前葉をさかのぼる国府、とくにその中心施設である政庁（議事堂）は発見されていません。そのため、国司は各地の郡家で政務にあたっていたのではないかといわれていました。

　そこで発見されたのが、武蔵国幡羅《はら》郡の郡家とされる埼玉県深谷市幡羅遺跡の大形建物でした。

郡家と国司

　平成十八年六月。幡羅遺跡から今までの郡家の政庁《せいちょう》（中心建物群）を超える大形の建物が見つかったと、携帯電話の向こうから小躍《こおど》りする声が、響いてきました。深谷市教育委員会の知久《ちく》裕昭《ひろあき》氏でした。

　幡羅遺跡は、以前から奈良時代のお寺の跡や、湧き水を祭った神社、大形倉庫（正倉《しょうそう》）の跡や大形の溝などが発見され、武蔵国幡羅郡（埼玉県深谷市）の役所（郡家）ではないかとされてきた遺跡です。その遺跡で郡家の中心施設となる「政庁」が発見されたというのです。

　五月晴《さつきば》れの昼下がり、幡羅遺跡に到着すると、緑のねぎ畑のなかに黄色い関東ローム層が、ポカンと口を開けていました。地面には、楕円形の黒いシミが、規則正しく並び、そこが建物の柱跡であることが、はっきりわかりました。

　木造の建物は、礎石や柱を埋めた穴しか残りませんが、考古学者は、そこから建物の大きさ、部屋の形、床の有無し、天井の高さ、屋根の形、軒の長さなどを復元していきます。また、穴の重《かさ》なりや穴の並び方、方角、深さや土の状況から建物が何棟、どのような配置で並んでいたかを調べ、当時の景観を考察していきます。

建物の柱は、径一メートル、深さ一メートルほどの穴を掘り、太さ三〇センチ前後の柱をその中に入れ、柱の周りに土や砂利を入れて埋めもどします。これが「掘立柱《ほったてばしら》」です。幡羅遺跡でみつかった大形の建物は、この「掘立柱建物《ほったてばしらたてもの》」でした。

ところで、柱と柱の間は「間《けん》」、建物の中心部を「身舎《もや》」、身舎の周囲に取り付く部分を「庇《ひさし》」と呼ばれています。この身舎の桁行《けたゆ》き(長軸方向)の柱の間の数と庇の付いた数で、建物の大きさを「五間四面《ごけんしめん》」や「四間三面《しけんさんめん》」と表現します。これを「間面《けんめん》表記法」といいます。

幡羅遺跡で発見された大形掘立柱建物は、「五間四面」です。一般的な建物が庇を付けない三間屋や四間屋であることを考えると、幡羅遺跡の建物は、桁違いに大きかったことがわかります。また、この建物は、身舎の中央東よりに小さな柱穴《はしらあな》が二つありました。この柱穴は、身舎を分割する間仕切《まじき》りでした。

郡家の施設のなかで最大の建物は、政務を司《つかさど》り、儀式に用いる政庁の庁屋(一般的には正殿《せいでん》)です。だから、知久氏が、まず疑ったのは、政庁の庁屋でした。しかし、庁屋ならば、吹き抜けでガランドウのはずです。

同席した東京大学の佐藤信《まこと》氏もこの大形建物と、前面の建物との間の距離が近く、同時に建つ可能性は低いとされました。儀式の建物をまったく否定するわけではありませんが、空間を分割した建物は、居住にかかわる建物でしょう。それは「館《たち》」です。

奈良文化財研究所の山中敏史《としじ》氏も柱穴の大きさや形、柱穴を埋めている土の違いから、大形の建物と前面の建物が同時に二棟建つことに否定的でした。山中氏は、巻尺を柱穴の柱《はしら》のあった場所に

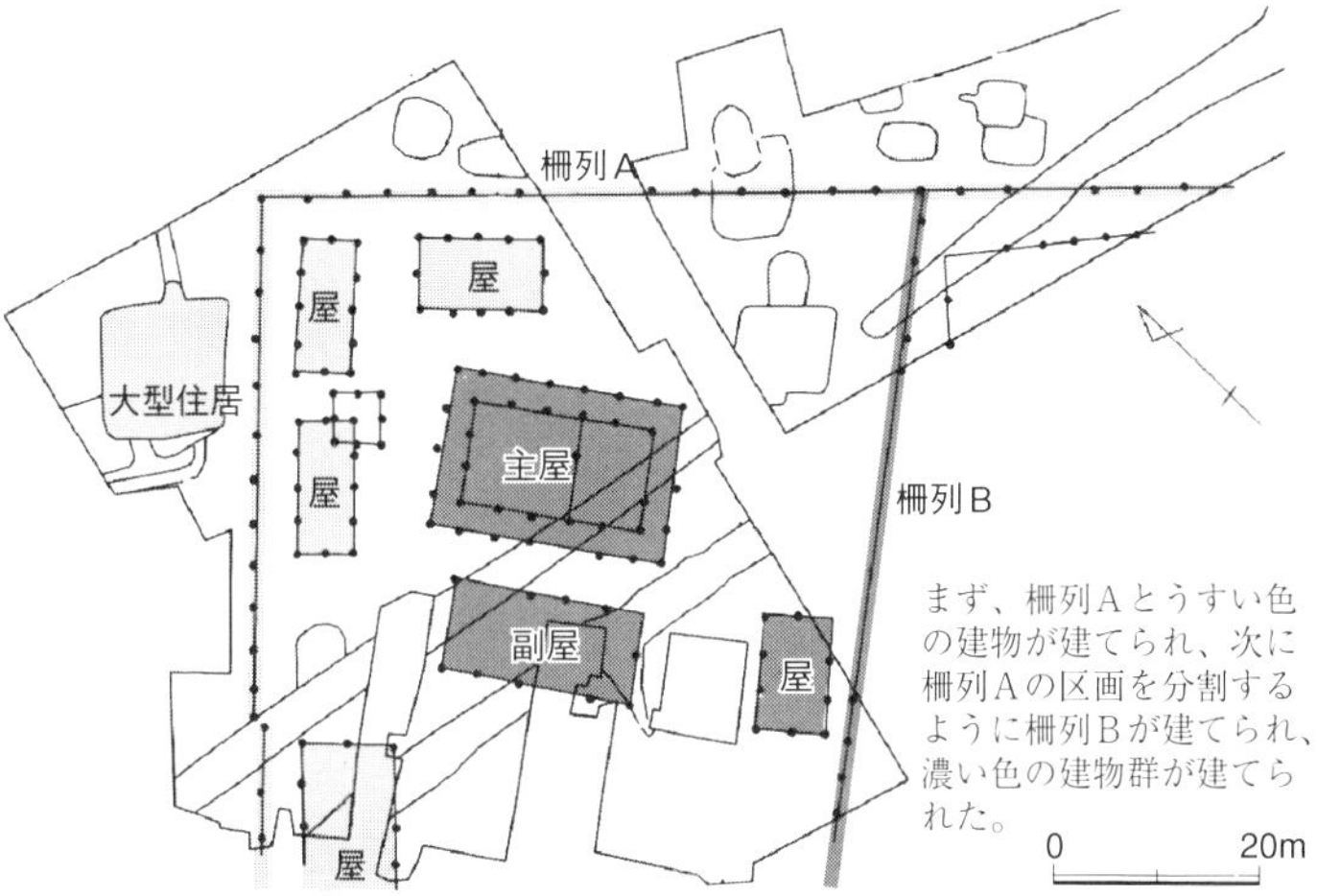

まず、柵列Aとうすい色の建物が建てられ、次に柵列Aの区画を分割するように柵列Bが建てられ、濃い色の建物群が建てられた。

図9　幡羅郡の幡羅遺跡（埼玉県深谷市）

当て、柱と柱の間隔が何尺で建てられていたか確かめられました。そして二棟が同時に建つことを完全に否定されたのです。

　わたしは、柵に囲まれた建物の方位の違いから新旧二時期があると判断しました。図9のように、まず柵Aに添って小形の建物が建ち、次にこの区画を分割するように柵Bが設けられ、大形の建物（主屋と副屋）を建てたと考えたのです。なお、黒丸は柱をすえた穴、結んだ線は、柱通りをつないでいます。

　古い建物群は七世紀の末、新しい建物群は八世紀初頭から前葉と考えました。そして、この大形建物には、建て替え（重《ちょう》複《ふく》）がないことから、八世紀中葉以降、その機能は、別の場所に移転したと考えました。

　おそらく、この五間四面の建物の機能は、八世紀前葉に成立する国府、ここでは武蔵国府（東京都府中市）へ移転したのでしょう。そして、この建物の機能とは、国司が各郡をめぐったときに宿泊し、そこで政務を執《と》った「国司館《こくしのたち》」だったのです。

国府はまだなくとも「国」はあり、国司や勅使（天皇の命令を伝える人）たちは、都から派遣されていました。彼らは主な郡家《ぐんけ》（評家《ひょうけ》）の館《たち》に宿泊し、仕事をしていたのでした。郡司となった豪族たちも国司の来た郡家では、肩身が狭かったことでしょう。また、郡家で下働きをしていた雑任たちから、国司の前では形無しの郡司をどのように見ていたのでしょう。

しかし、すべての郡に大形建物はなく、国司の六年（のちに四年）に一度の交替ごとに、郡を転々としていたのかもしれません。

郡家の館

『上野国交替実録帳《こうずけこくこうたいじつろくちょう》』という古文書があります。古代の役所（官衙）を研究する上でバイブルのような史料です。都から派遣されてくる国司は、次の国司と交替のとき、その国の財政状況や神社・学校などの建物や備品、また、各郡で管理されている建物や正倉について、引継ぎを行います。そのときの文書が、わずかに上野国（群馬県）だけ残っています。

この文書には、郡司が政務を司《つかさど》った政庁、宿泊施設の館《たち》、税金を納めた正倉があり、それぞれ国家の建物として管理されていた建物ということになります。郡家の建物は、郡司のものではないのです。

また、これらの建物があるかないかで発掘された遺跡が、郡家かどうかの判断をします。政庁は、「庁屋《ちょうおく》」と呼ばれる大きな建物と、細長い建物が、広場を囲み「コ」の字形に配置されます。正倉は、大形で床貼りのある建物が、複数棟軒を並べて建てられました。厨《くりや》は、給食施設なので、食事

表１　『上野国交替実録帳』の館（１）

郡名	項目	主屋	副屋１	副屋２	厩	厨	納屋他	註
（碓氷郡）	（郡廳）							闕失
	（一舘）							闕失
	（一舘か二舘）	宿屋	副屋	向屋	厩	—		
	三舘	宿屋	副屋	向屋	□（平：厩）	—		
	四舘	宿屋	—	向屋	厩	—	納屋	
	厨	×	酒屋	借（平：備）屋	×	竈屋	納屋	
片岡郡	官舎	廳屋	舘屋	宿屋	厩（平：厨）			
	一舘	—	向屋	副屋	—	—		
	二舘	宿屋	副屋	向屋	厩	—		（1）
	三舘	—	南向屋	北副屋	厩	—		
	四舘	宿屋	向屋	副屋	厩	—		
	厨家	—	—	—	—	—		
（甘楽郡）	（郡廳）							闕失
	一舘	宿屋	向屋	—	—	—	西納屋	（2）
	二舘	宿屋	向屋	—	厩	—		
	三舘	宿屋	向屋	—	厩	—		
	四舘	宿屋	東副屋	南副屋	厩	—		
	厨家	—	—	—	—	—		
多胡郡	郡廳舘	宿屋	向屋	副屋	厩	厨家	西納屋	
	（一舘）	—	—	—	—	—	—	
	二舘	宿屋	向屋	—	厩	—		
	三舘	—	向屋	副屋	—	—	納屋	
	四舘	宿屋	—	副屋	—	—	納屋	
	厨家	×	酒屋	—	×	竈屋	納屋	
緑野郡	（郡廳）	廳屋	南向屋	北屋	西屋	—		（3）
	一舘	宿屋	向屋	副屋	厩	—		
	二舘	宿屋	副屋	向屋	—	厨家		
	三舘	宿屋	副屋	向屋	—	—		
	四舘	宿屋	向屋	副屋	厩	—		
	厨家	×	酒屋	備屋	×	竈屋	納屋	
那波郡	郡廳	郡廳	向屋	副屋	—	—	公文屋	
	一舘	宿屋	向屋	副屋	厩	—		
	二舘	宿屋	向屋	副屋	厩	—		
	三舘	宿屋	向屋	副屋	—	厨家		
	四舘	宿屋	向屋	副屋	厩	—		
	厨家	×	酒屋	備屋	×	竈屋	納屋	
群馬郡	郡廳	—	—	—	—	—	—	（4）
	雑舎	廳	酒屋	備屋	—	厨屋	納屋	（5）
		小野院	—	—	—	—	—	（6）
		八木院	—	—	—	—	—	（7）
	（一舘）	—	—	—	—	—	—	
	（二舘）	—	—	—	—	—	—	
	（三舘）	—	—	—	—	—	—	
	（四舘）	—	—	—	—	—	—	
	（厨家）	—	—	—	—	—	—	
吾妻郡	（一舘）	—	—	—	—	—	—	
	（二舘）	—	—	—	—	—	—	
	三舘	宿屋	向屋	—	—	—	—	
		長田院	—	—	—	—	雑舎	
		伊参院	東一屋	北一屋	—	—	雑舎	
	官舎	長田院	—	—	—	—	—	
		伊参院	東一屋	北一屋	—	—	雑舎	
	郡院	南一屋	東一屋	西屋	—	—	東一板倉	（8）
	□（厨）家	×	酒屋	南備屋	×	竈屋	西納屋	
	一舘	宿屋	向屋	副屋		厨屋		

表２　『上野国交替実録帳』の館（２）

郡名	項目	主屋	副屋１	副屋２	厩	厨	納屋他	註
	（二舘）	—	—	—	—	—	—	
	（三舘）	—	—	—	—	—	—	
	四舘	宿屋	向屋	副屋	—	厨屋	—	
	郡廳	屋	東屋	—	—	—	公文屋	
	大衆院	—	東一屋	南一屋	×	—	雑舎	
利根郡	（郡廳）	郡廳	—	—	—	—	—	(9)
	（一舘）	—	—	—	—	—	—	
	（二舘）	—	—	—	—	—	—	
	（三舘）	—	—	—	—	—	—	
	（四舘）	—	—	—	—	—	—	
	（厨家）	×	—	—	×	—	—	
勢多郡	（郡廳）	廳屋	向屋	副屋	—	—	—	
	一舘	宿屋	向屋	副屋	—	厨屋	—	
	二舘	宿屋	向屋	副屋	厩	—	—	
	三舘	宿屋	向屋	副屋	厩	—	—	
	四舘	宿屋	向屋	副屋	厩	—	—	
	厨家	×	□（酒）屋	—	×	竈屋	—	
□□（佐位）	郡廳	廳屋	向屋	副屋	—	—	西屋	
	（一舘）	—	—	—	—	—	—	
	（二舘）	—	—	—	—	—	—	
	（三舘）	—	—	—	—	—	—	
	（四舘）	—	—	—	—	—	—	
	厨家	宿屋	—	—	×	×	—	
新田郡	郡廳	東□（長）屋	西長屋	南長屋		厨	公文屋	(10)
	一舘	宿屋	向屋	副屋	—	厨屋	—	
	二舘	宿屋	南屋	副屋	—	厨屋	—	
	（三舘）	—	—	—	—	—	—	
	四舘	宿屋	向屋	副屋	—	厨屋	—	
	厨家	×	酒屋	備屋	×	竈屋	納屋	
山田郡	（郡廳）	廳屋	西副屋	—	—	—	納屋	
	一舘	宿屋	向屋	副屋	—	厨	—	
	二舘	□□（宿屋）	向屋	副屋	厩	—	—	
	□□（三舘）	宿屋	向屋	副屋	厩	—	—	
	四舘	宿屋	向屋	副屋	厩	—	—	
	厨家	×	酒屋	備屋	×	竈屋	納屋	(11)
邑楽郡	（郡廳）	廳屋	東横屋	西横屋	—	—	—	
	一舘	宿屋	向屋	副屋	—	厨屋	—	
	二舘	□（酒）屋		備屋	×	竈屋	—	(12)
	（三舘）	—	—	—	—	—	—	
	（四舘）	—	—	—	—	—	—	
	（厨家）	—	—	—	—	—	—	

（１）厩と向屋の順序逆
（２）宿屋と向屋の間に西納屋
（３）緑野郡は、郡廳が正倉の項に記載
（４）郡廳を構成する建物は書かれず倉のみ。別に正倉の項あり
（５）他に掃守倉あり
（６）倉の記載のみ
（７）倉の記載のみ
（８）他に掃守屋
（９）細目の記載なし
（１０）□□屋が他にあり
（１１）板倉東長屋あり
（１２）厨家の間違いか

凡例
※１平は『平安遺文』をさす。
※２項目の（）は、記載の無い項目をさす
※文字は、史料に準拠した。
※正倉の記載は外してある
※網がけは闕失部分の復元

を作る施設や大量の食器が出土します。さらに厩《うまや》は、馬の厩舎や馬子《まご》たちの家がありました。
問題は、館です。『上野国交替実録帳』で館は、一館《いちのたち》から四館《しのたち》まであり、宿屋《しゆくおく》、向屋《むかいおく》、副屋《ふくおく》、厩が一棟ずつありました（表1・2）。「向」や「副」から、建物がL字形やコの字形に配置されていたこともわかります。また、「宿」から「館」が、宿泊を前提としていたことがわかります。「館」というと、主《あるじ》の屋敷、武器庫、守衛の家、厩舎や馬を調教する馬場《ばば》などが、高い土塁《どるい》で囲まれていたように思われますが、そうではありませんでした。

ひところ、豪華な衆議院会館や新しい参議院会館を建設することが、問題となりました。地方から集まってきた国会議員たちは、東京の宿として「公館」が用意され、あるいは地方に赴任する国家公務員に地方官舎が準備されていたように、奈良時代の官人たちも「館」を利用しました。

ところで、「館」を「やかた」というようになったのは、室町時代以降です。『今昔物語集』（平安時代）では、都の中で国司は「邸《てい》」または「家」に住んでいましたが、地方に下ると、「守館《かみのたち》」「介館《すけのたち》」と呼ばれる館に住んでいました。

ＮＨＫの大河ドラマ『炎立《ほむら》つ』や『源義経』では、奥州平泉の藤原秀衡《ひでひら》のことを「御館《みたち》」と呼んでいました。「館」に敬称の「御」をつけ、そこに住む人を「御館」と呼んだのです。奥州藤原氏は、鎮守府《ちんじゆふ》将軍、陸奥国守《かみ》を任命されたわけですから、都から派遣されてしかるべき人でした。また、奥州の別の場所（本貫地）から仕事のため移り住んだので、そう呼ばれたのかもしれません。

さらに、『今昔物語集』では、「館」を「ちょう」（廳・庁）とも呼びました。平安時代の末には、国府の政庁が廃《すた》れて、「館」で政務を執ったからです。『上野国交替実録帳』でも多胡《たご》郡の一館《いちのたち》が、

「郡庁館《ぐんちようのたち》」と記され、宿屋、厨家、西納屋《にしのなや》、向屋、副屋、厩他から構成されていました。

「やかた」とは、「屋方《やかた》」であり、大きな屋《や》（家・宅《やけ》）に住む御方ということですから、ずいぶん意味は違います。豪族の家は、「大家《おおや》」や「大屋《おおや》（大宅）」とも呼ばれ、郡家の事務の一部を担っていました。ちょっと違いますが、江戸時代に庄屋や名主の家が、行政がすべき仕事、たとえば郵便物の取次ぎを行い、のちに特定郵便局となったことと似ています。

国司と対照的に郡司のすまいは、『今昔物語集』では、ことごとく「家」とされました。奈良時代の『日本霊異記《にほんりょういき》』でも同じです。郡司は、その郡の清廉潔白で有能な人が、国司の推薦と式部《しきぶ》省の試験（考課《こうか》）を通じて選ばれました。郡司は、もともと地元の人です。生涯、郡司でいられます。

たとえ本宅が、郡家から離れていても、郡内にはいくつも別宅があり、その一つが、郡家の近くにあったとしても不思議ではありません。また、郡家が、もともと豪族が拠点を置いた場所に建てた場合もあったでしょう。

ですから、郡家には、『上野国交替実録帳』に書かれた建物のほか、郡司たちの家や郡家で働く人々の家、郡家にかかわる手工業品を生産した工房（アトリエ）、神や仏を祭った社《やしろ》や寺などさまざまな建物があったのです。

郡の大きさ、人口、田畑の広さ、中心的な手工業などは、郡を経営する郡司にとっては重大な関心事でしたが、古代国家にとっては、国家の財源を納める倉と、国司や勅使の旅行を支える宿泊や食事、馬を準備するための建物が必要でした。

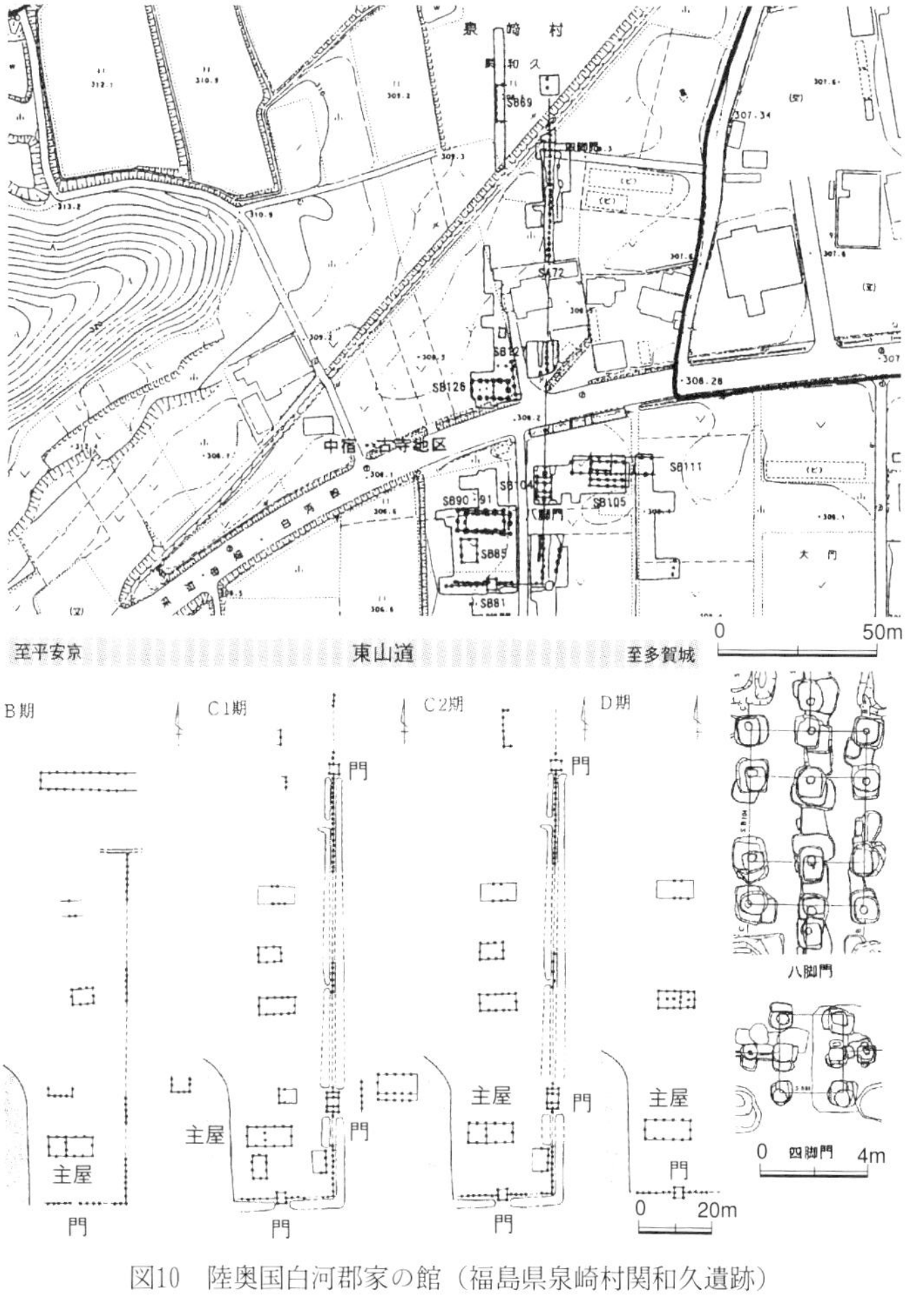

図10　陸奥国白河郡家の館（福島県泉崎村関和久遺跡）

つぎに、発掘調査で明らかになった館の遺跡について、いくつかご紹介したいと思います。

福島県泉崎《いずみざき》村関和久《せきわく》遺跡では、陸奥《むつ》国白河《しらかわ》郡家の館（図10）が発見されています。

陸奥国の玄関

都から東に下る東山道《とうさんどう》は、下野《しもつけ》国那須《なす》郡家（栃木県小川町）を出ると那珂《なか》川をわたり、蔵川、または奈良川ぞいののどかな谷間をさかのぼり、陸奥国の白河郡に入ります。陸奥国は、「道の奥」、都からもっとも遠い国という意味です。途中、峠らしい峠もありませんが、国境《くにざかい》には、追分《おいわけ》神社や境の明神があり、この付近で坂迎《さかむか》えが行われたのかもしれません。

境の明神には、源義経を藤原秀衡《ひでひら》のもとに招いた「金売《かねう》り吉次《きちじ》」の屋敷跡の伝承地があります。さらに阿武隈《あぶくま》川をくだると急に平野が広がり、再び袋が閉じるような場所に白河郡家は作られました。陸奥国の玄関であるとともに、郡内で最も多賀城（宮城県多賀城市）に近い場所でした。

発掘調査で白河郡家は、正倉院、政庁院、館院などが明らかになっています。「院《いん》」とは、溝や土塁、柵などで囲まれた区画のことです。正倉院は、溝に沿って大形の倉庫が規則正しく並んでいました。正倉院の北には館院があり、その間に東山道が、東西に通っていました。その東山道を東に行くと、政庁院、そのとなりに厨家が想定されています。

都から下ってきた国司は、丘陵の尾根を北に見ながら、まず館院に入り、ついで政庁に向かいました。東山道に取り付く門は、四脚門の南門です。しかし正門は、八脚門《はっきゃくもん》の東門でした。門の呼びかたは、扉の取り付く列の柱を数えず、両側の柱（脚）の数で表現します。郡家の館は四脚門か八脚門、政庁は四脚門や八脚門、正倉は二本柱で屋根のある棟門《むなもん》か鳥居のような冠木門《かぶきもん》でした。

当然、脚の数が多いほど格式《かくしき》が高く、重要な場所に用いられました。ではなぜ、白河郡の館院の正門は、東に取り付くのでしょうか。

二つの理由が考えられます。ひとつは、正門から三〇〇メートル東の政庁に向かうため。もうひとつは、大路《おおじ》（東山道）に正門を開けないという規則があるからです。奈良や京の都では、貴族の邸宅の門は、長屋王家でも大路から入った小路《こうじ》に開いていました。ですから地方の郡家や国府の館でも、都のくらしを踏襲《とうしゅう》していたのです。

さて、東の八脚門を入ると、二間《ふたま》に分かれた横長の建物とやや小形の建物が、L字形に並んでいます。その周囲には、二棟の小形建物があります。『上野国交替実録帳』の「宿屋」と「副屋」にあたるのでしょう。ここからやや離れて、三棟の建物が並んでいます。また、八脚門の西には、大形の建物が、塀の向こうにありました。大形の井戸も近くにあったこと、多量に食器や墨書土器が出土したことから、館に付属した厨と考えられます。

なお、養老二年（七一八）、に陸奥国の一部を割いて、石背《いわしろ》国（福島県東部）と石城《いわき》国（福島県西部）ができました。両国は、わずか三年しか続きませんでしたが、国府は、都に最も近い白河郡と磐城《いわき》郡（福島県いわき市）に置かれたといわれています。ひょっとしたら、白河郡の館院には、石背国司がくらしていたかもしれません。

そして、厨で準備した酒や肴《さかな》を館に運ばせ、国司は、四脚門越しに広がる正倉群の屋《や》並《なみ》に上がる月や星をめでて、一献《いっこん》傾けていたのかもしれません。

鋼の郡の館

東北電力の相馬《そうま》火力発電所のある原町《はらのまち》市の山は、古代の東日本最大の製鉄コンビナートでした。七世紀から九世紀に操業された製鉄遺跡で、鉄を原料から作り出し刀やよろい、弓矢などの武器を作っていました。そのため、製鉄に欠かせない燃料の木炭を作った窯《かま》、さらに土器を焼いた窯も発見されたのです。

平成十二年、この製鉄遺跡を運営したこの郡の役所の遺跡が見つかりました（図11）。遺跡の名前は、原町市泉廃寺です。役所の跡なのに「廃寺」とは、どういうことでしょう。実は、発掘調査前、瓦が出土することから寺の跡と考えられていたからです。

しかし、発掘調査で陸奥国行方《なめかた》郡家の政庁や正倉群、そして館院が発見されたのですが、いまでも「廃寺」と、呼ばれているのです。

野馬追《のまお》いの里《さと》資料館の軽トラックが、春間近の田園に現れました。なかから教育委員会の藤木海《かい》氏が降りてくると、丘陵の南側に点々と並ぶ館、正倉、厨、政庁、そして寺院を隈《くま》なく案内してくれました。そして、館院の背後の丘陵に作られた竪穴住居群を指差し、「郡家で働くために郡内から集められた人々の家」と答えたのです。

行方郡の地名は、常陸《ひたち》国（茨城県）の行方郡（霞ヶ浦の東側）の人々が、移り住んだことから付けられました。古くから東北地方へは、関東地方からたくさんの人々が、開拓のため移住していたことが、『日本書紀《にほんしょき》』や『続日本紀《しょくにほんぎ》』という歴史書にも書かれています。開拓者たちは、故郷の地名を新天地に付けたのです。

ほかにも武蔵国加美《かみ》郡（埼玉県上里《かみさと》町付近）から来た人が、賀美《かみ》郡（宮城県加美《かみ》町）、上野国新田《にった》郡（群馬県太田市付近）から来た人が、新田郡（宮城県色麻《しかま》町付近）をつくりました。また、常陸国那珂《なか》郡亘理《わたり》郷（茨城県水戸市）から来た人がつくった亘理郡（宮城県名取市付近）は、郷の名が用いられま

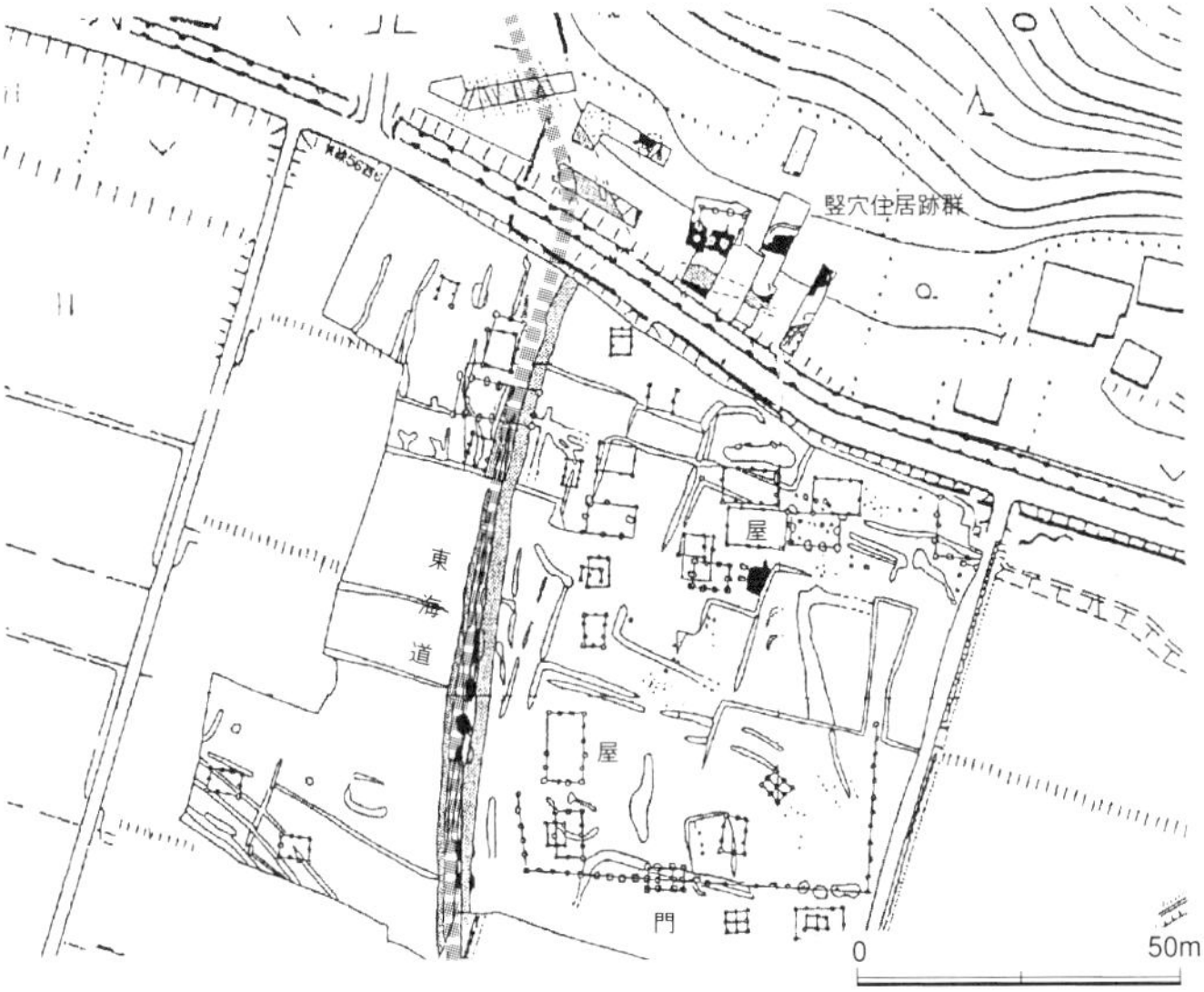

図11　陸奥国行方郡家の館（福島県原町市泉廃寺）

した。

明治時代、新政府に破れた徳川幕府の人たちが、北海道に入植し、新しく開拓した村に故郷の地名を付けたことと似ています。たとえば福島県会津若松市から移住した若松町（現在、久遠《くどう》郡せたな町）、広島県から移住した北広島市など、吉永小百合主演の映画『北の零年《ぜろねん》』のような世界が、奈良時代以前から東北地方南部に繰り広げられていたのです。館の北には、茨城県の霞ヶ浦付近から来た人が、住んでいたかもしれません。

また、館の西には、古代の東海道が通っていました。今の東海道は、東京が基点ですが、古代の東海道は、都のあった京都や奈良が基点となっていました。ですから、常陸国府のある茨城県石岡市から太平洋岸を陸奥国府である多賀城

（宮城県多賀城市）まで向かっていたのです。次は、東海道から館院に入ってみましょう。

行方郡家の館院

南から北に向かう東海道沿いに館院の正門はありませんでした。正門は、東海道から小路を東に向かった八脚門です。八脚門は、館院の西に寄って作られました。

元来、日本人は、左右対称のシンメトリーを嫌います。大陸文化にあこがれつつも、左右対称は受け入れませんでした。

わが国最初の寺院である飛鳥寺《あすかでら》や四天王寺《してんのうじ》こそ、左右対称でしたが、法隆寺《ほうりゅうじ》や川原寺《かわはらでら》などは、左に塔、右に金堂《こんどう》などと異なっています。また、役所の中心建物の政庁こそ、左右対称でしたが、まったくの左右対称とはいえず、ましてや生活にかかわる館や都の邸宅などは、左右対称に作られませんでした。

話を行方郡の館院にもどします。館院の建物は、院の西側と北側にまとめて作られていました。よく観察すると、似た建物が近い場所に並んだり、重なったりしています。どうやら、すべての建物が同時に建っていたのではなく、建て直しがあったようです。また、北東にかたまった建物は、二回の建て替えがあったかもしれません。

ここには、東西に長い建物二棟とL字型に並ぶ一棟があり、その前に竪穴住居がありました。『上野国交替実録帳』にある「宿屋」、「副屋《ふくおく》」、そして「向屋《むかいおく》」、さらに八脚門を入った近くの建物が、馬を置いた「厩《うまや》」でしょうか。竪穴住居は、この区画内に一軒だけです。「厨」とも考えられますが、大形建物の前に立ちふさがっていますから、館院を建てる建設小屋だったかもしれません。

なお、「厨」は、背後の尾根の竪穴住居群が担ったのでしょう。また、西側の建物群は、事務棟や従者の宿泊施設、納屋などと考えられます。

そして、中心建物の前は、広場になっています。四〇メートル四方の広場です。館の中で儀式《ぎしき》が行われたのでしょう。ひょっとしたら、この館院は、東海道の駅家《うまや》、郡家と郡家の連絡にあたった「郡傳《ぐんでん》」の役割もあったのかもしれません。

ところで、藤木氏が紹介してくれたホテルは、部屋の壁に窓が無く、天井に窓のある不思議な部屋でした。朝食をとりながらホテルの人に話を聞くと、むかしのボーリング場を買い取った人が、改造してホテルとしたそうです。「館」も意外と多機能に使われていたのかもしれません。

館を出て東に向かうと、糒《ほしいい》（蒸した米を乾燥したもの）や頴稲《えいとう》（穂摘みした稲）がつまった正倉群を眺めながら、事務棟の間を抜けて政庁へと向かいます。政庁の八脚門をくぐると、四方に庇の付いた庁屋と、その左右に十間を超える長屋、そして石敷きの庭が広がっていました。

この郡家では、行方郡の一般的な事務を行うとともに、郡家の北側の山で行われている鉄の生産について、そこに従事する人の作業量や生産量、食事の問題などをコントロールし、製品を多賀城へ出荷する仕事を行っていました。それを担当したのは、政庁の周囲に建てられた小形の建物群でした。政庁のもっとも大切な役割は儀式だからです。

政庁から南には、舟を浮かべた新田川の流れ、そして東には、朝日に輝く寺が見えました。舟は、鉄の素材や製品を満載し、川岸の港（津《つ》）から海岸伝いの港を経由して、多賀城に向かいました。郡家の東には、郡司一族の菩提を弔うために建てられた寺があり、五穀豊穣、安定した鉄作りが祈願されていました。そして、舟の舵取《かじと》りは、多賀城へ安全に着くことを願っていました。

右手に四王山《しおうやま》を仰ぎながら、国府《こう》川をさかのぼり不入岡の集落を抜けると、不入岡《ふにおか》遺跡に着きます。

館と倉庫

鳥取県倉吉市の不入岡周辺には、国府川の浸食した崖線に沿って、伯耆《ほうき》国分僧寺や尼寺、伯耆国府などの遺跡が累々《るいるい》と築かれ、ここが久米《くめ》郡だけではなく、伯耆国の政治や文化の中心だったことがわかります。いまでは、本当にのんびりとした農村ですが、往時は県庁のまわりのように賑《にぎ》わっていたのです。

さて、不入岡遺跡は、久米郡家として二時期の変遷がありました。奈良時代の前半は、政庁と「館」の時代、後半は、正倉院と「長屋《ちょうおく》」群の時代でした。前半の時代、大きな溝に囲まれた中に長屋が三棟あり、その中央に大形建物が一棟ありました。ここが、久米郡家の政庁です。政庁を囲む溝の西と北には、「コ」の字型にめぐる柵列があり、なかに建物群がありました。

とくに西側の建物群は、四方に庇のある二棟の建物でした。この建物が、「館」の「宿屋」でしょう。そして、その周囲の建物は、「向屋」「副屋」に相当する建物でしょう。さらに西隅の四本の柱は、柵列に囲まれた建物群に入る西門（四脚門）だったかもしれません。

これが、後半の時代になると、政庁は、近くの伯耆国府へ移転し、溝で囲まれた区画の中に総《そう》柱《ばしら》の倉庫（倉）と側柱《がわばしら》の倉庫（屋）が建てられました。区画の外には、桁行き十間以上の側柱建物（長屋）が十棟以上、累々と建ち並びました。

この建物群は、次のような説が出ていました。

①税金の調《ちょう》（特産品）や庸《よう》（労働、のちに織物）を検査して収納する施設、

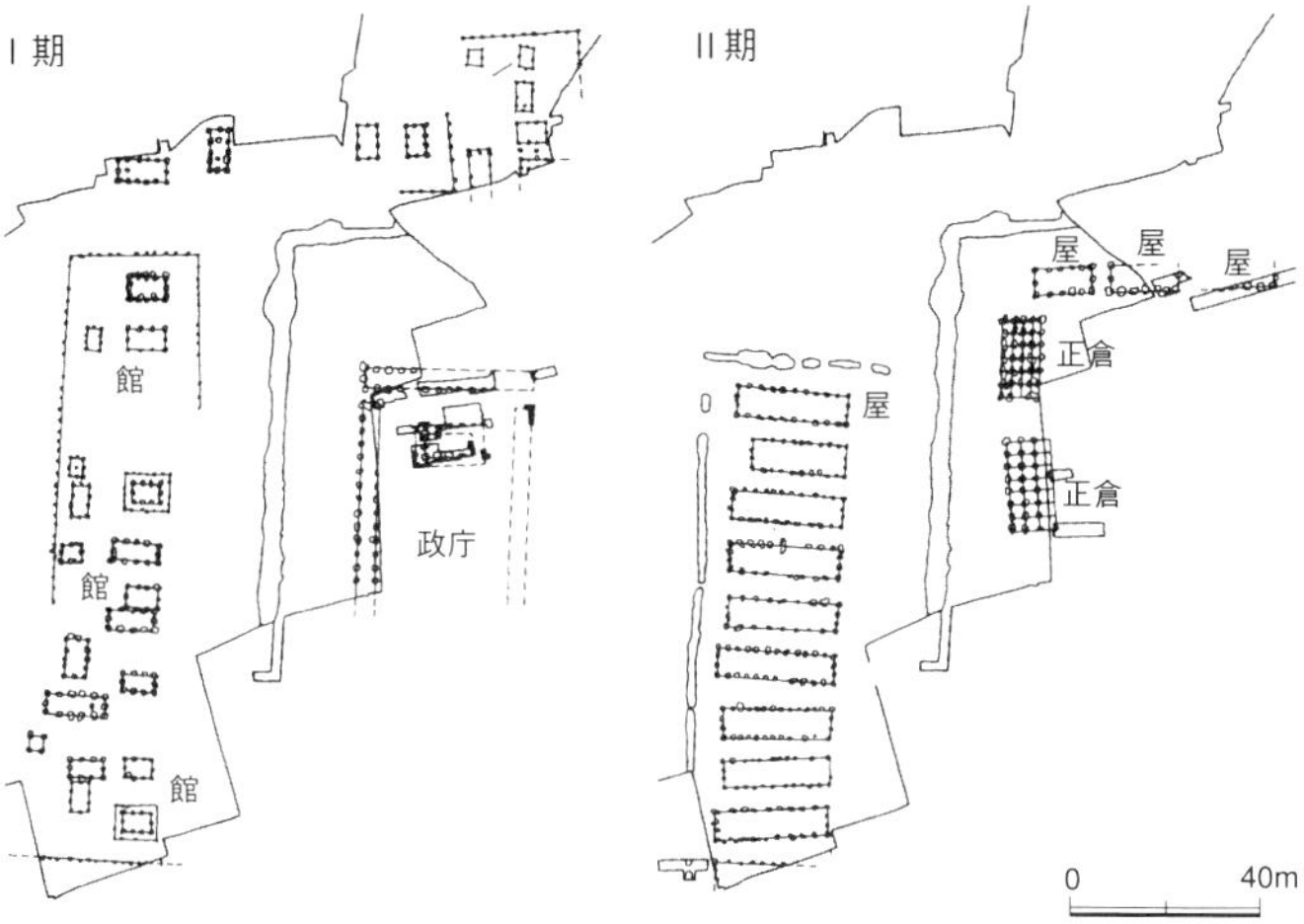

図12　伯耆国久米郡家の館（鳥取県倉吉市不入岡遺跡）

②兵士が駐留する施設、
③馬を管理しておく「馬房《ばぼう》」などの施設です。

なかでも、不入岡遺跡が、国府川に隣接することから、物資の輸送のため一時的に保管しておく物流センターや港湾倉庫のような施設という結論となりました。

　同じような長屋群が、のちに多賀城の南、市《いち》川橋《かわばし》遺跡（宮城県多賀城市）でも発見されました。征夷《せいい》事業のため、さまざまな物資が、関東地方や陸奥国各地から送られ、汐入川《しおいりがわ》をさかのぼって多賀城に運ばれました。その物品が、多賀城の南の市川橋遺跡で荷降ろしされ、その物資を保管したのが、同じような長屋群でした。

　なお、「市川橋」という地名を考えると、ここに物流センターや、物品を交換した古代の「市」が立っていたかもしれません。おそらく国府が、市の運営に当たり、市の立つ日や物品の交換などをコントロールしていたと考えられます。

正倉と泥棒

近接した伯耆国府と久米《くめ》郡家（不入岡遺跡）の関係ですが、このように考えられます。

まず、不入岡遺跡の久米郡家ができ、八世紀前半に伯耆国府の政庁ができたので、国司たちは、わざわざ不入岡遺跡の館に宿泊することは必要なくなり、その機能を失います。しかし、正倉と長屋群で構成された倉庫の機能のみが、この不入岡遺跡に残ったと考えられるのです。

ところで、『今昔物語集』にこんな話があります。伯耆国府の近くに「□院《いん》」（古代の文献史料の中で読めない文字や欠けている文字は、□で表現します。）と呼ぶ倉があったのですが、飢饉《ききん》のときに倉の糒《ほしいい》を盗もうと、屋根を壊して忍び込んだ男が、倉の中に落ちました。しかし、倉の中に糒はすでになく、盗人は、餓死寸前で国府の役人に助けられたというのです。

正倉が空だったのは、役人の不正で税の糒を蓄えられなかったのか、飢饉で人々に食料を振舞い（賑給《しんごう》）、倉が空になったのかわかりません。なお、伯耆国の「□院」は、郡家と別の場所に設けられた郡家の支所（出先機関）のような施設です。『上野国交替実録帳』には、群馬郡に「八木院」、吾妻《あがつま》郡に「長田《ながた》院」、「伊参《いざま》院」などの支所がありました。

泥棒は、何の痕跡も残さないように逃げるので、遺跡や遺物の中から古代の「泥棒」を探し出すことはとても難しいように思います。しかし、意外と泥棒は、その足跡を遺跡に残しているのです。日本に十万基以上ある古墳のうち九割以上が、盗掘を受けているといわれています。

発掘調査をすると、その過程で盗掘孔と呼ぶ穴が発見されます。古墳の発掘調査では、まず、この盗掘孔に埋まった土をさらう作業から始めます。すると、泥棒が破壊した石室の石材が散乱した跡や、取りこぼした遺物の一部が、この盗掘孔の中から出てくるのです。また、石室の中は暗いので、明かりを取るために置いた灯明皿などが、出土することもあります。

また、手に納まるような奈良時代の三彩陶器《さんさいとうき》の小壺《こつぼ》が、平安時代中ごろの竪穴住居跡から出土することが、しばしばあります。飛鳥時代から奈良時代にかけて各地で建てられた寺院が、平安時代になるとだんだんと左前になり、寺の宝物《ほうもつ》を市で売りさばいたという話もありますが、なかには、「盗人」が奪った三彩陶器や金属器があったかもしれません。

郡家の人々

さて、郡家の遺跡を調査すると、一般の集落で見られるような小形の掘立柱建物や竪穴住居がたくさん発見されます。郡家の活動を支えた下働きの人々の家が、役所の建物の周りにたくさん存在していたのです。わたしは、これらの名もない人々の家も含めて、郡家の遺跡として考えたいと思っています。

書記官の主政《しゅせい》や主帳《しゅちょう》だけでは、さばききれない文書を代筆した「郡書生《ぐんしょせい》」、税金の稲を貯めた倉の鍵を管理する「鎰取《かんどり》」、租税や出挙（高利貸し）の稲にかかわった「税長《ぜいちょう》」などのホワイトカラーのほか、郡の厨家では、「厨長《くりやちょう》」が「駆使丁《くしてい》」を使い炊事を仕切っていました。

また、「器作《うつわつくり》」や「造紙《かみすき》」などの技術系の人々、松明《たいまつ》を作る「採松丁《きこりてい》」、炭を作った「炭焼丁《すみやきてい》」、厩の馬の食料を確保した「秣丁《まぐさてい》」などがいました。さらに、さまざまな仕事にたずさわった駆使丁が、五十人もいました。かれらは、雑徭《ぞうよう》（年に六十日の労働役）を負担しない代わりに郡家で働いていたのです。

ところで以前は、かれらは、「郡雑任《ぐんぞうにん》」と呼ばれ、郡内の各地から郡家に通っていたと考えられていました。しかし、郡家遺跡の発掘調査が進み、郡家遺跡にたくさんの竪穴住居があることがわかってきました。役所の周辺に住んでいたことが明らかになったのです。どの竪穴住居もカマドを設け、炊事のための長甕《ながかめ》（機能は鍋や釜）や甑《こしき》（蒸し器）、食事のための坏《つき》や椀を使っていました。そこには、一般の農村と変わらないくらしがあったのです。

このように郡家には、国が管理する建物、郡司となった豪族の居宅、そして郡の行うさまざまな仕事をこなすために、郡内から集められた人々の家がありました。さらに国司のためには、館が用意され、食事や馬の提供などにすぐ適応できる体制が、整えられていたのです。

そこで次に、地方豪族の役人としての顔と、大農場主としての顔について、さらに詳しく迫ってみましょう。

第四章　豪族のくらし

古代の豪族は、国家から生活を保障された役人でありながら、多数の人を使って広大な土地を耕作する農業経営者でした。そして、役人の職や農業主としての経営権は、親から子、兄から弟、子から孫へと引き継がれました。

下級官人と大農業主

律令国家は、才能のある優秀な官僚が、政治や経済の場で活躍することによって、国や地域がさらに発展し、国が豊かになっていくと考えていました。現に奈良時代までは、唐に留学し右大臣《うだいじん》となった吉備真備《きびのまきび》（備中《びっちゅう》国出身）や、都造りの責任者である造宮卿《ぞうぐうぎょう》となった高麗福信《こまのふくしん》（武蔵国出身）など地方出身の官人がいましたが、それはほんの一握りでした。

建て前は、「考課《こうか》」という試験（中国では科挙《かきょ》）で官人としての才用や昇進が決まる仕組みになっていました。しかし、貴族の子供は、「蔭位《おんい》」という制度で特別の枠や昇進がありました。キャリア官僚、二世議員、世襲的採用の公務員、特定郵便局長など、現代でもあまり違いはないではありませんか。

ところで、地方豪族も自らの政治的、経済的基盤を守ることに必死でした。平安時代の『善家秘《ぜんけひ》記《き》』という三善《みよし》氏の家伝《かでん》に、次のような話があります。

賀陽豊仲《かやのとよなか》という豪族は、備中国賀夜《かや》郡（岡山県賀陽《かや》町付近）の大領《だいりょう》として強大な権力をもち、この地域に君臨していました。また、弟の良藤《よしふじ》は、銭儲《ぜにもう》けが上手で少目《しょうさかん》という国司の末席《まつせき》の職を買い取りました。別の弟の豊蔭《とよかげ》は、統領《とうりょう》とよばれ猛者《もさ》を率いていました。別の弟の豊恒《とよつね》は、備中国一ノ宮《いちのみや》である吉備津彦《きびつひこ》神宮の神官でした。さらに、豊仲の子供の忠貞《たださだ》は、平安京を守る左兵衛《さひょうえ》の志《じょう》（三等官）になっていました。

古代の「華麗なる一族」は、賀夜郡の郡司、国府の役人、神社の神官、京の武官という地位にあることで、備中国に君臨することができたのです。この一族でも役人の末席に一族をすえなければ、ただの農場主だけでは、その地域政権を維持し続けることが、できなかったことも事実です。

ここで地方豪族の二つの顔、大農業主という顔と、下級官人という顔を遺跡の中に見つけたいと思います。

まず、農業経営者の顔として、大規模農場を潤す用水の確保に努めた豪族の話、地域の人々を宗教的につなぎとめるために行われた「田祭《たまつ》り」の話、そして、特産物の生産を通じて富を貯える豪族の姿を糸紡ぎと機織《はたお》りの道具、魚取りの網の錘《おもり》、牛馬に押した焼印、乳製品の生産と壺などの話を通じ、豪族の姿を考えたいと思います。そして、次章で豪族の官人としての顔をしめす遺物を取り上げることとします。

豪族たちは、手工業製品を税として集めることを契機として、税をはるかに超える生産を行い、余剰品を流通させて多くの富を獲得していました。また、生活に直接関係のない嗜好品《しこうひん》やぜいたく品を作り、「市《いち》」で売買することで、経済的に豊かになっていく者も現れました。最後に流通にかかわり経済的に裕福になった豪族を、高級陶器の獲得方法をめぐり、考えてみたいと思います。

力田の輩

聖武《しょうむ》天皇は、天平《てんぴょう》十三年（七四三）三月、諸国に国分僧寺《こくぶんそうじ》と国分尼寺《こくぶんにじ》、奈良に東大寺と法華寺《ほっけじ》を建立《こんりゅう》する詔《みことのり》を出しました。国分寺や東大寺の建設は、それまでに無い国家プロジェクトとして進められましたが、民衆に新たな負担として大きくのしかかりました。

しかし、この負担をバネに私腹を肥やした者たちがいたのです。その契機となったのが、律令国家の税制や財政を根幹から揺るがした墾田永年私財法《こんでんえいねんしざいほう》でした。国分寺建立の詔から二年後の五月に発布されたこの法律は、この年の十月に出される東大寺の大仏をつくるという詔と対になっていました。つまり、古代国家は、国分寺や東大寺の大仏をつくる莫大《ばくだい》な資金を、墾田永年私財法によって獲得しようと考えたのです。

田を切り拓いて私有地が増えることは、一見、農民にとっては、良いことのように思えます。しかし、開発を許可する権限は、国司や郡司にあったため、開発を主導したのは、東大寺や国分寺などの大寺院や貴族、そして地方の豪族に限られていました。

東大寺は、藤原氏とともに近江国（滋賀県）から北陸地方にかけて、荘園《しょうえん》を次々と作っていきます。平城京に住む貴族や寺社は、豪族のもつ地域支配力を巧みに利用し、農民を集めて墾田を増やし、農民たちに稲を貸し付け、そこから土地代や年貢《ねんぐ》をとったのです。

越前《えちぜん》国足羽《あすわ》郡（福井県鯖江《さばえ》市）で生江臣東人《いくえのおみあずまんど》が、東大寺の栗川《くりかわ》庄を作るため、足羽川から水を引くと溝（農業用水路）を掘る費用や人数、日数などを東大寺に請求した「東大寺為南野開溝功食注文《とうだいじみなみのかいこうこうしょくちゅうもん》」という文書が、東大寺の正倉院に残っています。
天平神護《てんぴょうじんご》二年（七六六）三月の日付ですから、今の四月ごろです。田植え前に灌漑《かんがい》用水路の整備を行うところです。用水路は、幅四尺二寸（約一・三メートル）、深さ四尺（約一・二メートル）で、六百十三丈（約一・八キロメートル）にわたって掘られました。

その測量技術にも圧倒されますが、人件費や食料などが克明に計算され、計画的な建設作業が行われていたことに驚かされます。食料として一人一日二升（一・四四リットル）の米と四勺《しゃく》（二八・八ミリリットル）の塩、さらに日当（功稲《こうとう》）を稲で一束《そく》支給されました。

バックホーやダンプカーの無い時代。木製の鋤《すき》や鍬《くわ》で延々と掘り続けたのです。鋤や鍬などの労働用具は、豪族や東大寺などが準備したといわれますが、実態はよくわかっていません。

豪族たちは、用水路の開削を契機に墾田を増やし、見返りを布や米などとともに古代国家へ寄進しました。国家も、東大寺や国分寺の建立、東北地方での戦争、新しい都づくりといった巨大なプロジェクト（公共事業）をかかえていましたので、その諸費用を捻出《ねんしゅつ》するためにも、地方豪族たちの懐と農民を強制的に動員できる力を当てにしていたのです。これは、古代版の「民間活用」による事業展開です。

埼玉県本庄市には、幅一〇メートル、深さ三メートルの巨大な溝が、長さ一〇キロメートルにわたって掘られていました。「児玉大溝《こだまおおみぞ》」と呼ばれるこの溝は、群馬県と埼玉県の県境を流れる神流《かんな》川から取水し、児玉郡内の本庄台地を貫き、本庄低地に広がる水田を潤しました。

この溝の近くには、拠点的集落の古井戸《ふるいど》、将監塚遺跡《しょうげんづか》がありました。この遺跡には、大形の竪穴住居や掘立柱建物群、「厨《くりや》」という給食センターもあり、「児玉大溝」の開削を推し進めた豪族の家と、農民たちの村と考えられます。この溝が掘られた児玉郡の「五十戸（郷）」の税が、東大寺の収入とされていたことも開発を推し進めたのかもしれません。

豪族が寄進した財産には、一見、地方にとって大きな負担と見える国分寺や東大寺の建立が、実は、豪族たちにとって大きなビジネスチャンスだったのです。荘園の開発や手工業製品の売買で富を手に入れた地方豪族のなかには、一生、郡司でいるよりも中央官庁の官人となる道を選択したものも現れてきました。

「献物叙位《けんもつじょい》」という言葉があります。東大寺や国分寺の建設に多額の財産を寄進したり、戦争状態にあった東北地方北部へ米や船などを送ったりすることで、位階《いかい》を授かったことです。銭、繊維製品、墾田、米、塩、牛馬などがありました。国家に寄進することで、末端の貴族となる者まで現れました。

位階をもらった者は、公の席に位階に従った服装や被り物、手にもつ笏《しゃく》、腰に締める帯などを付けて出席できました。この点は、第七章で詳しくお話ししたいと思います。位階のある者は、農民たちに何よりもまぶしく、権力の象徴として映ったことでしょう。

神火事件

奈良県の西大寺《さいだいじ》に莫大な財産を寄進し、死後「従五位下」という位をもらった大伴部《おおともべの》直《あたい》赤男《あかお》という男がいました。西大寺は、奈良時代の中ごろ、称徳《しょうとく》女帝と道鏡《どうきょう》が、聖武天皇の東大寺（僧寺）と法華寺（尼寺）に習い、西隆寺《さいりゅうじ》（尼寺）とともに平城京に建てた寺です。赤男の寄進は、商布《しょうふ》千五百段《たん》、稲七万四千束、墾田四十町《ちょう》、林六十町におよびました。

ところが、寄進した神護景雲《じんごけいうん》三年（七六九）の九月十七日に赤男の住む武蔵国入間郡の郡役所の倉（正倉）が、焼失する不思議な事件が起こりました。この入間郡家の「西北角《せいほくのすみ》」にあった出雲《いずも》伊波比神《いはいのかみ》が、このごろ大切に祭っていないと怒り、雷を正倉に落としたというのです（写真7）。四棟の正倉が焼け、納められていた穀《こく》一万〇五一三斛《こく》（約二〇〇〇キロリットル）も灰になってしまいました。穀とは、籾殻《もみがら》のついたコメのことを言います。いわゆる「神火《じんか》事件」です。神火事件の真相は、郡司が正倉に納めるはずの稲を途中で着服したことを、国司にばれないように正倉を燃やして、証拠の隠滅を図ったのだとされています。

入間郡の神火事件では、郡司が免職となり、責任を取りましたが、再び一族から郡司となることを許されています。入間郡司は、奈良時代最大のクーデターである藤原仲麻呂《なかまろ》の乱で、功績をあげた物部直広成《もののべのあたいひろなり》の一族でした。新興豪族の大伴部直赤男が、郡司の職を狙って西大寺に寄進を行ったことが、神火事件の引き金となったといわれます。

ところで、神火事件は、わが国の正史である六国史《りっこくし》などに十一件みられます。東日本に集中し、それぞれの郡で正倉が焼け、穀や頴《えい》、糒《ほしいい》などが焼けてしまいました。頴は稲穂の状態、臼《うす》で舂《つ》いた米を舂米《しょうまい》、蒸したのち干した米を糒といいました。糒は、水でもどして食べられることから、非常食や旅行の携行食となりました。発掘調査でも、火災にあった正倉がみられることがあります（表3）。焼けた土や炭となった木材、米（炭化米）の下から大形の倉

写真７　神火事件の舞台となった出雲伊波比神社

庫が発見されるからです。

さて、郡家の正倉は、郡司が郡のためや、郡司が財産を貯めた倉と考えられがちですが、本来は、国家の税を各郡に国家が建てた倉庫で管理したのです。郡司は国家の財産を管理し、一部を運用する役人でしかなかったのです。

郡家の正倉に納めた稲が、国家の財産でしたから、焼失すると大きな問題となったのです。入間郡の郡司ばかりでなく、豪族たちは、神火といっては、不正な支出を粉飾し、私腹を肥やしていったのです。

この郡家の起源を探ると、各地の豪族たちがもっていた私有地（田荘《たどころ》）におかれた倉や、大王《だいおう》家（「天皇」の言葉が正式に登場するのは、天武天皇以降なので、それ以前を大王と表記します。）の直轄地《ちよつかつち》である「屯倉《みやけ》」の倉といわれています。

しかし、豪族の家の中に倉らしい倉はありませんでした。おそらく「屯倉」にあった倉が、その

表3　正倉の火災を確認した郡家遺跡

遺跡名	国名	郡名	所在地	備考
南小林	陸奥	未定	宮城県古川市	
東山官衙	陸奥	賀美	宮城県宮崎町	
一里塚	陸奥	黒川	宮城県大和町	
郡山台	陸奥	安達	福島県二本松市	
清水台	陸奥	安積	福島県郡山市	
関和久	陸奥	白河	福島県泉崎村	
泉廃寺	陸奥	行方	福島県原町市	宝亀5年火災（『続日本紀』）
根岸	陸奥	磐城	福島県いわき市	
郡	陸奥	菊多	福島県いわき市	
長者屋敷	常陸	久慈	茨城常陸太田市	
台渡里	常陸	那珂	茨城県水戸市	
神野向	常陸	鹿島	茨城県鹿嶋市	
東平	常陸	茨城	茨城県石岡市	
古郡	常陸	新治	茨城県協和町	弘仁8年火災（『日本紀略』）
平沢官衙	常陸	筑波	茨城県つくば市	
西坪	常陸	河内	茨城県つくば市	
中村	下野	芳賀	栃木県真岡市	
長者ヶ平	下野	芳賀	栃木県喜連川町	
多功	下野	河内	栃木県上三川町	
千駄塚浅間	下野	寒川	栃木県小山市	
天良七堂	上野	新田	群馬県新田町	
（不詳）	上野	緑埜	群馬県藤岡市	宝亀4年火災（『続日本紀』）
日秀西	下総	相馬	千葉県我孫子市	
（不詳）	上総	猨島	千葉県猿島町ヵ	神護景雲3年火災（『続日本紀』）
（不詳）	上総	夷灊	千葉県茂原市ヵ	弘仁7年火災（『類聚国史』）
（不詳）	武蔵	入間	埼玉県川越市ヵ	神護景雲3年火災（『寧楽遺文』）
御殿前	武蔵	豊島	東京都北区	
（不詳）	越中	礪波	富山県	昌泰4年火災（「越中国官倉納穀交替記」）
国府	甲斐	山梨	山梨県春日居町	
（不詳）	遠江	不詳	静岡県西部	
弥勒寺東	美濃	武儀	岐阜県関市	
岡	近江	栗太	滋賀県栗東町	
大高野	伯耆	八橋	鳥取県東伯町	
長者屋敷	伯耆	会見	鳥取県伯耆市	
団原	出雲	意宇	島根県松江市	
市沢町	出雲	意宇	島根県松江市	
後谷	出雲	出雲	島根県斐川町	
小郡官衙	筑後	御原	福岡県小郡市	
長者屋敷	豊前	下毛	大分県中津市	
立願寺	肥後	玉名	熊本県玉名市	

前身となったのでしょう。この点については、後述します。

豪族たちは、稲を備蓄するよりも、その稲を運用して山野を開墾し田畑を増やし、出挙《すいこ》（高利貸し）によって動産を蓄積し、地域との絆《きずな》をさらに深めたのでした。

「軽《かろ》きものは馬にて運び、重きものは舟にて運べ。」

古代の日本では、税や年貢を都に運ぶには、人が肩に担いで運ぶことになっていました。しかし、実態は、舟や馬などが盛んに用いられたため、法律も改正されました。これは、その条文の一部です。

糸紡ぎと機織り

「軽きもの」とは繊維製品、「重きもの」とは米や塩、鉄などのことです。繊維製品の生産が盛んな東国は、馬の飼育やあつかいに長《た》けていました。その一方、西国は、船による輸送、交通が活発でした。中国には、「南船北馬《なんせんほくば》」ということばがあります。わが国は、さしずめ「西船東馬《せいせんとうば》」といったところです。

さて、「軽きもの」は、高級な「絹」をはじめ、綾や羅《ら》、絁《あしぎぬ》、麻布《あさふ》などさまざまな織物がありました。古代には、東国から大量の繊維製品が、馬の背に揺られ、国府や都に向かったのです。

ところで、繊維製品の生産は、まず糸を紡《つむ》ぐこと（紡績《ぼうせき》）から始まります。植物の繊維や蚕の糸に撚《よ》りを加えて、糸を作ります（図13）。糸は糸巻き（座繰《ざぐ》り）で枷《かせ》に巻かれます。巻かれた糸は、植物の色素や貝などの色素で染められます。色とりどりになった糸を機織器で布に織り上げていきます。

絹や麻布などが、遺跡の中から出土することはとても稀です。腐って土となるからです。

図13　糸紡ぎの様子（『信貴山縁起絵巻』）

しかし、糸を作るときに用いたはずみ車の紡錘車《ぼうすいしゃ》は、石や鉄などで作られていたため残りやすく、どこの集落からも出土する可能性のある遺物でした。古墳時代は、石製や土製の紡錘車だけでしたが、奈良時代以降、鉄製の紡錘車が作られました。鉄製の紡錘車は、絹糸を撚《よ》ったという説があります。

また、低地の遺跡ならば糸を巻くときに使った枷、布を織った機織器などが、出土する可能性があります。

しかし、枷や機織器などは、低地の遺跡でも郡家や国府、流通の拠点となる「川津《かわつ》」、そして豪族の居宅などの遺跡に出土がしぼられます。

これは、糸を紡ぐ紡績段階までの作業は、それぞれの村で行われていましたが、一括して機織りをしなければならない、または染色の過程は、役所や豪族たちが、深くかかわっていたことを示しています。とくに衣服の色は、位階とかかわる重要な要素でしたから、役所が厳しく管理していたのかもしれません。この点は、次章で詳しく述べます。

つまり、集落で紡がれた糸は、枷に巻かれて役所や豪族の家の織物工房に集められたのでした。それは、織物は税であり、交易や貴族への献上品だったからです。また、紡錘車が大量に出土する遺跡は、紡績の生産が盛んだった集落で、なかには、別の集落の負担（税、調庸布《ちょうようふ》）までもかかえた集落だったかもしれません。

先に登場した大伴部直赤男は、「商布《しょうふ》千五百段《たん》」を都の西大寺に寄進しました。郡司でもない大伴部直赤麻呂が、これほど多くの商布を手に入れていたのは、奈良時代に繊維産業が、急速に発達していたことを裏付けます。そして、赤男のように経済活動で巨万の富を得て、裕福な豪族となる者が登場したのが、奈良時代だったのです。

水産加工品の生産も、豪族が私富を貯える契機となりました。

土錘と漁業

「武蔵国男衾郡川面郷大贄一斗鮒背割　天平十八年十一月」

これは、平城京から出土した木簡《もっかん》に書かれていた文章です。天皇へ奉る食品（大贄《おおにえ》）として、武蔵国の男衾《おぶすま》郡川面《かわも》郷（埼玉県深谷市）から送られた「鮒背割《ふなのせわり》」一斗《と》（一八リットル）に付けた荷札です。背割りの鮒とは、「熟《な》れ鮨《ずし》」のことです。内臓をとり、おなかに米飯をつめて重石で漬け、乳酸で発酵させた食品です。いまでも秋田県のハタハタ鮨《ずし》や奈良県の柿の葉鮨、滋賀県の鮒鮨《ふなずし》などがあります。

ところで、「鮒背割」は、川面郷で穫れた魚だけ、あるいは川面郷の人たちだけで作っていたかというと、そうとも限りません。たとえば、魚が穫れなかったら別の郷の魚を用いるか、他の郷の人々が協力していたからです。

その一方、税を納めるために税の分だけ、鮒の背割りを作っていたのではありませんでした。余剰分《よじょうぶん》を「市」を通じて高値で売買し、責任者の男衾郡司や川面郷長《ごうちょう》たちは、収益を上げていたことでしょう。

遺跡からそのまま鮒の背割りが、出土することは無いでしょうが、鮒を捕まえる網の錘《おもり》や漬け込んだ甕《かめ》は、発掘調査で見つかる可能性は充分あります。なお、漬け物に桶《おけ》を用いるのは、中世以降とされます。桶を作った台鉋《だいがんな》が登場するのが、中世以降だからです。

網の錘は、土錘《どすい》といい、小枝に土を巻き付けて焼いた簡素なつくりです。焼けたあと小枝は、炭となり、空洞となるのでそこに麻紐《あさひも》などを通して網に付けます。地域によって形が異なり、内陸部の群馬、埼玉、栃木県では、管状の土錘、海岸沿いの千葉、茨城県では、球状の土錘が用いられました。

土錘は、各地の集落、竪穴住居から出土しますが、一、二点の場合が多く、網を復元できることはあまりありません。しかし、豪族の居宅では、土錘がまとまって出土することがあります。第二章で登場した埼玉県の熊谷市北島遺跡では、井戸や竪穴住居から土錘がまとまって出土しました。

とくに井戸から出土した土錘には、麻の繊維が残っていて、網ごと井戸に捨てられたことがわかっています。

豪族たちが魚を獲り、鮒背割のような加工食品を作ったのは、自分たちが食べるだけや税として納めるだけではありませんでした。商品としての価値もありましたが、客人へ振る舞うという役割もありました。

豪族たちは、春や秋の農繁期に近郷近在から多数の人々を集めました。田植えや稲刈り、あるいは開墾や用水路の掘削などで働いてもらうためです。そして、集まってくれた人々に酒や魚を振る舞ったのです。人々は、より良い報酬《ほうしゅう》や振る舞いを求めて、豪族や寺社を選択しました。ですから、豪族たちは、よりおいしい魚や果実、そしておいしい酒を準備したのです。

あまりにも豪族たちが、農繁期に競って酒や魚で人々を集めるので、農民達が租税を納める口分田が荒廃して困る。自粛《じしゅく》するようにというお触《ふ》れが出されるほどでした。しかし、この「魚酒型労《ぎょしゅかたろう》働《どう》」がないと、貴族や官僚たちの荘園も耕作できなかったので、あまり強くはいえませんでした。

牛馬の牧

古代の天皇や貴族から地方の豪族たちにとって馬は、最高級のブランド品、あるいは高級外車のような存在でした。良い馬を育て、宮中で行われる「駒競《こまくらべ》」に出品し、天皇や貴族の目にとまれば、立身出世の足がかりとなったのです。

ところで、古代国家は東北地方北部の蝦夷《えみし》と永く戦闘状態にあったため、関東地方の諸国は、古くから人や食料、武器、船、そして馬を最前線へ送り続ける供給地（兵站地《へいたんち》）としての役割を担い続けていました。

甲斐《かい》（山梨）、信濃《しなの》（長野）、上野《こうずけ》（群馬）、武蔵（埼玉、東京）の四ヶ国に広がる関東山地の山麓には、馬を飼育した牧場が、たくさんありました。もともと、山野は、「公私共利《くしきょうり》の地」といわれ、国家（公）も農民（私）も双方が利用できる場所でした。山野には、薪炭《しんたん》の原料や食料や手工業製品の原料となる動植物などがありました。

けれども、貴族や天皇家は、山野に目印（傍示《ほうじ》）を立て、そこを私の土地、「牧《まき》」だから入るなといって、農民たちからそれまでの森林資源を奪っていったのです。そして、「牧」の牛馬には、焼印《やきいん》が押され、毛色や年齢などを記した「牧馬帳《まきばちょう》」という台帳で管理されました。

本来、軍事目的の軍団や交通のために駅家《うまや》、国府などに牛馬が飼育されていました。牛馬を使うため、諸国に設けられた官営の牧の牛馬には、二歳になると、国司と牧の管理者である牧長《ぼくちょう》が立会って、駒《こま》（仔馬《こうま》）は左の髀《もも》の上に、犢《こうし》（子牛）は右の髀の上に「官《かん》」の文字を書いた焼印を押すこととなっていました。

ところが、なかには不届き者がいて、官の馬を奪い、「官」字よりも大きな文字を上から押して、自分の馬だと主張したのです。そこで延暦《えんりゃく》十五年（七九六）、官の印よりも大きな焼印を牛馬に押してはならない、という法律が出されました。

これまで四十例近くの焼印が、遺跡から出土しています。しかし、不思議なことに奈良時代の焼印はありません。また、焼印の出土は、関東地方と長野県、山梨県に偏《かたよ》ります。平安時代、陸奥国（東北地方）は、名馬の産地でしたが、東北地方から出土がありません。

焼印は、文字の書かれた印面《いんめん》と木製の柄《え》に装着した部分からできています。なかには、焼印の文字と同一の文字が、同じ集落の墨書土器と共通する場合があります。それは、地名や氏族名、牧の所有者（領家《りょうけ》）名だったかもしれません。

『一遍上人絵伝《いっぺんしょうにんえでん》』には、暴れる馬に戸惑う民衆の姿が描かれています。その馬の髀《もも》には、「有」の文字がクッキリと書かれています。ちなみに、埼玉県熊谷市円山《まるやま》遺跡の竪穴住居から、「有」の焼印が出土しています（第十章参照）。この遺跡からは、「有・□・□・□」と書かれた石の紡錘車《ぼうすいしゃ》も出土しています。

『一遍上人絵伝』は鎌倉時代、円山遺跡は平安時代初めですから、直接関係はないかもしれません。また、群馬県の榛名《はるな》山麓には、「有馬牧《ありまのまき》」という牧がありましたから、その「有」かもしれません。

あるいは、鎌倉時代に青森県の八戸《はちのへ》市にあった牧のなかに「有」の文字を用いた牧がありましたから、ここと関係しているかもしれません。なお、この牧は、鎌倉幕府を支えた御家人《ごけにん》の一人、武蔵国の畠山重忠《はたけやましげただ》とかかわりのある牧です。

いずれにせよ高級ブランド品を持つように豪族たちは、名馬を生産したのでした。なかでも長野県東御《とうみ》市・佐久市にあった望月牧《もちづきまき》は、牧のなかの牧としての地位を築き、「牧」という焼印を用いることが許されたのでした。

なお、遺跡から出土する焼印は、木皿などに押した小形の焼印もあり、そのすべてが、牧の馬に押した焼印とは限りません。

東国は馬、西国は牛の飼育が盛んだったといわれます。おごれる平家を都から追放した坂東《ばんどう》武士は、東国の牧で生産された馬の機動力を活用したといわれますが、東国で牛はほんとうに飼われていなかったのでしょうか。

「蘇」の貢納

平安時代のはじめに、『延喜式《えんぎしき》』という法律の細かな決まりが整いました。そのなかに「諸国献《しょこくけん》蘇番次《そばんつぎ》」という項があり、「蘇《そ》」という乳製品をいつ、どの国が、どれほど納めるかということが書かれています。

たとえば、武蔵国は、「武蔵国廿《にじゅう》壺七口各大一升 十三口各小一升」と書かれ、伊賀国《いが》(三重県)など五ヶ国とともに、寅《とら》の年と申《さる》の年に、大きな壺七個と小さな壺十三個分の「蘇」を納めることになっていました。

平城京から出土した木簡にも、

「武蔵国進上《しんじょう》　蘇《そ》　天平七年十一月」

と書かれた荷札がありました。「蘇」とは、牛乳をとろ火で熱して水分を飛ばし、練り上げて冷やした食品です。壺に入れて運ばれた練乳《れんにゅう》のような液体でした。ちなみに壺は、図14のように背負って運ばれていました。この壺は空でしょうが、紐をかけ、底に台座を置き、台座の下には突っかえ棒の杖がありました。

話を「蘇」にもどします。『涅槃経《ねはんきょう》』というお経には、「乳《にゅう》」から「酪《らく》」を作り、「酪」から「生《なま》蘇《そ》」、「生蘇」から「熟蘇《じゅくそ》」、そして「熟蘇」から「醍醐《だいご》」を作るとあります。「醍醐」とは、乳から数えて五番目という意味です。いずれも滋養強壮《じようきょうそう》の薬として、貴族たちに珍重《ちんちょう》されました。

さて、この「諸国献蘇番次」から「蘇」にかかわった牛の数を割り出してみましょう。

まず、国ごとに大壺と小壺の数が書かれています。これを小壺の数に換算します。大壺は小壺の三倍ですから、武蔵国は大壺七個と小壺十三個なので小壺三十四個にあたります。

次に「乳」の量を換算します。「蘇」大一升は、「乳」大一斗を煮つめて作るので、小壺一個分の「蘇」は、「乳」が小十升必要になります。壺数から「乳」の必要量を換算すると、武蔵国は、小三百四十升となります。

また、よく肥えた牛は、一日大八合の乳がしぼれ、やせた牛はその半分とありますから、一日平均大六合（小一升八合）しぼれることとなります。

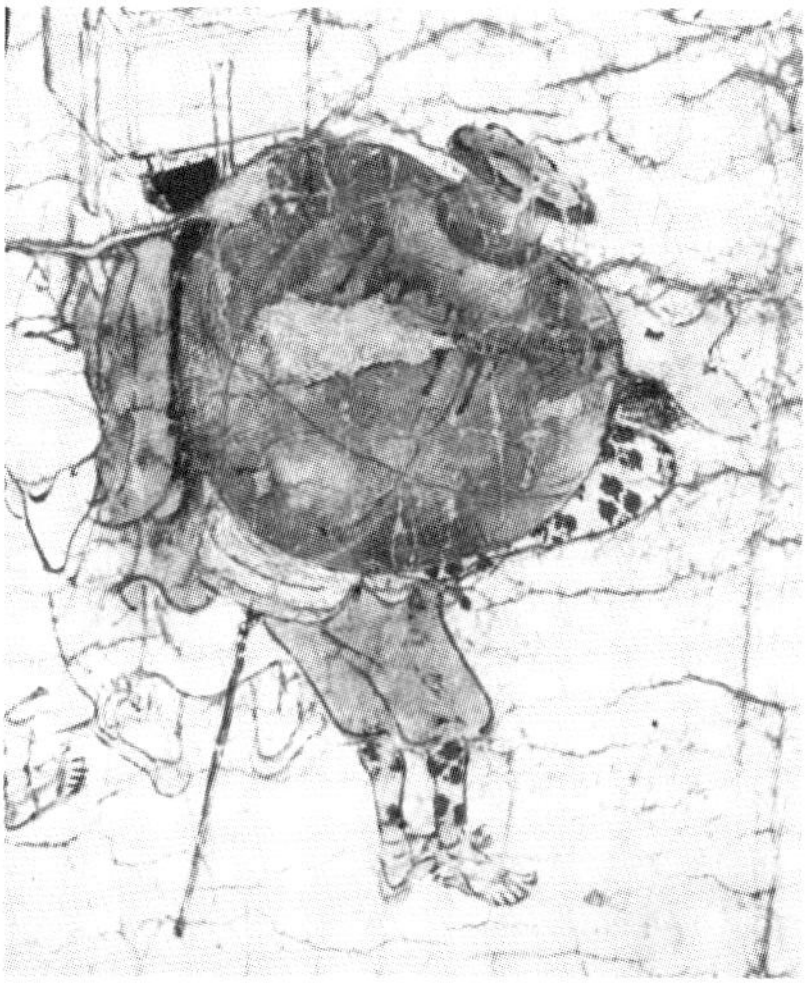

図14　壺を運ぶ男（『伴大納言絵詞』）

そこで、乳の総量を一日の平均搾乳《さくにゅう》量で割った数字が、国ごとの蘇の生産量にかかわる牛の延《の》べ頭数となります。武蔵国の延べ頭数は、百八十九頭です。表4は、各国ごとに延べ頭数を計算した数字です。

ただし、「乳」は、百八十九頭の牛の乳を一日でしぼったのではなく、数日かけて集めたのでしょう。

この数字は、牛の実態の数ではないので、最も多い常陸国を百とした割合でさらに換算してみると、国ごとの飼育割合をみることができま

表4　蘇と牛の数

	国名	大壺（個）	小壺（個）	総量（個）	乳（升）	牛（頭）	割合
第一番	伊勢	7	11	32	320	178	80
	尾張	5	10	25	250	139	63
	三河	4	10	22	220	122	55
	遠江	4	10	22	220	122	55
	駿河	4	8	20	200	111	50
	伊豆	0	7	7	70	39	18
	甲斐	0	10	10	100	56	25
	相模	6	10	28	280	156	70
	計			166	1660	922	
第二番	伊賀	0	7	7	70	39	18
	武藏	7	13	34	340	189	85
	安房	0	10	10	100	56	25
	上総	7	10	31	310	172	78
	下総	8	12	36	360	200	90
	常陸	10	10	40	400	222	100
	計			158	1580	878	
第三番	近江	7	11	32	320	178	80
	美濃	7	10	31	310	172	78
	信濃	5	8	23	230	128	58
	上野	5	8	23	230	128	58
	下野	5	9	24	240	133	60
	若狭	0	8	8	80	44	20
	越前	6	9	27	270	150	68
	加賀	6	9	27	270	150	68
	計			195	1950	1083	
第四番	能登	3	6	15	150	83	38
	越中	4	6	18	180	100	45
	越後	4	7	19	190	106	48
	丹波	3	8	17	170	94	43
	丹後	2	8	14	140	78	35
	但馬	3	8	17	170	94	43
	因幡	3	8	17	170	94	43
	伯耆	3	8	17	170	94	43
	出雲	3	8	17	170	94	43
	石見	2	6	12	120	67	30
	計			163	1630	906	
五	大宰府	15	20	118	1175	653	294
第六番	播磨	6	9	27	270	150	68
	美作	3	8	17	170	94	43
	備前	2	8	14	140	78	35
	備中	2	8	14	140	78	35
	備後	2	5	11	110	61	28
	安芸	2	6	12	120	67	30
	周防	0	6	6	60	33	15
	長門	0	8	8	80	44	20
	紀伊	2	5	11	110	61	28
	淡路	4	6	18	180	100	45
	阿波	4	6	18	180	100	45
	讃岐	5	8	23	230	128	58
	伊予	4	8	20	200	111	50
	土佐	4	6	18	180	100	45
	計			217	2170	1206	

※　割合は、常陸国を100とした場合の牛の頭数の割合を示しています。

す。

東国の国々は、のき並み五十を超えますが、西国は、讃岐《さぬき》国（香川県）と播磨《はりま》国（兵庫県）だけという意外な結果です。

遺跡から発掘調査で牛の歯や骨が出土することは、珍しくありません。熊谷市の北島遺跡でも細い溝から牛の歯や骨が、折り重なって出土していますし、同市下田《しもだ》町《まち》遺跡では、牛の角が、溝の中から出土しています。

当然、牛は、「蘇」

の生産だけでなく、その畜力を生かした耕作や開墾などの土木作業にあたったはずです。巨木の根を掘り起こし、岩を動かす作業です。やはり、牛の骨や歯が数多く出土する遺跡は、豪族の居宅や寺院、地域開発の拠点といえる遺跡です。

豪族たちは、馬ばかりではなく、牛も飼育していました。豪族の居宅近くの小規模な掘立柱建物のなかには、牛や馬の家畜小屋や飼育に携わった人々の家もあったことでしょう。

なお、北島遺跡からは、「蘇」と書いた墨書土器が出土しています。都の貴族ばかりではなく、地方の豪族たちも「蘇」を食べていたかもしれません。

「篁」と「又上」

東国の人々は、蘇や絹などを馬の背に乗せ、都に運びました。彼らを「綱丁《こうてい》」、その責任者を「綱長《こうちょう》」と呼びました。綱長には、盗賊や海賊に実力で対抗できる豪族が選ばれました。彼らはただ都に税を運ぶだけではありませんでした。税以上の物品を運び、都の「市」などで交換し、その差益をたっぷり儲けたのでした。

そして、都からの帰り道、窯業のとても盛んだった尾張《おわり》国（愛知県）や美濃《みの》国（岐阜県）で、東国では作られていなかった陶器を購入し、故郷にもどったのでした。この陶器は、緑色の釉薬《うわぐすり》をつけた緑釉陶器《りょくゆうとうき》と、灰白色の釉薬の灰釉陶器《かいゆうとうき》でした。緑釉陶器は、中国の青磁《せいじ》、灰釉陶器は白磁《はくじ》を模倣し、わが国の技術の粋を集めて作られました。

とくに緑釉陶器は、灰釉陶器よりも生産量が少なく、高級感があったため、その消費も平安京の貴族の邸宅や寺院、国府の国司館や国分寺、そして地方豪族の家に限られていました。その一方、灰釉陶器は一般の集落でも用いられましたが、大量に消費できたのは、やはり、それらの人々でした。

その流通のしくみを考えると、税の運搬などで都に上った人々が、生産地の尾張国や美濃国で購入して帰り、国府の市や「川津」などに開かれた市で売買し、そこで農民達は購入したのでした。そして、はじめて、土器だけの世界に、雅《みやび》な香りの灰釉陶器と緑釉陶器をもちこんだのです。

橙色《だいだいいろ》や白色の土器に比べ、灰釉陶器の白、緑釉陶器の緑は目にまぶしく、寺社や官衙《かんが》、そして地方の豪族たちが、競って手に入れたのでした。ここに「篁《たかむら》」と刻まれた緑釉陶器と、「又上《またうえ》」と刻まれた灰釉陶器があります（図15）。「篁」は熊谷市北島遺跡、「又上」は茨城県つくば市中原遺跡から出土しました。

ともにヘラや細い鉄筆のような工具で、生乾きの土器に文字を書き、釉薬を施して焼いていました。窯元《かまもと》で書かれた文字です。中原遺跡は、常陸《ひたち》国河内《かわち》郡家（茨城県つくば市）の金田《こんだ》遺跡群に隣接した郡司の居宅のような遺跡です。

中原遺跡からは、この灰釉陶器のほかに、八世紀後半から十世紀にかけて、茨城県内で生産された土器にも墨で「又上」と書いた土器がありました。灰釉陶器の「又上」が、九世紀後半ですから、中原遺跡にある「又上」の集団が、尾張国の窯元へ「又上」という銘を入れて欲しいと、あるいは「又上」の集団から発注を受けた窯元が、他の製品と区別するために「又上」と書いたのかもしれません。

図に見るように二文字の「又上」が、長年のうちに変化して、一字で「又上」と読むようになっています。たとえばヤマサ醤油の「山サ」が一文字で「仐」と表されるようにです。

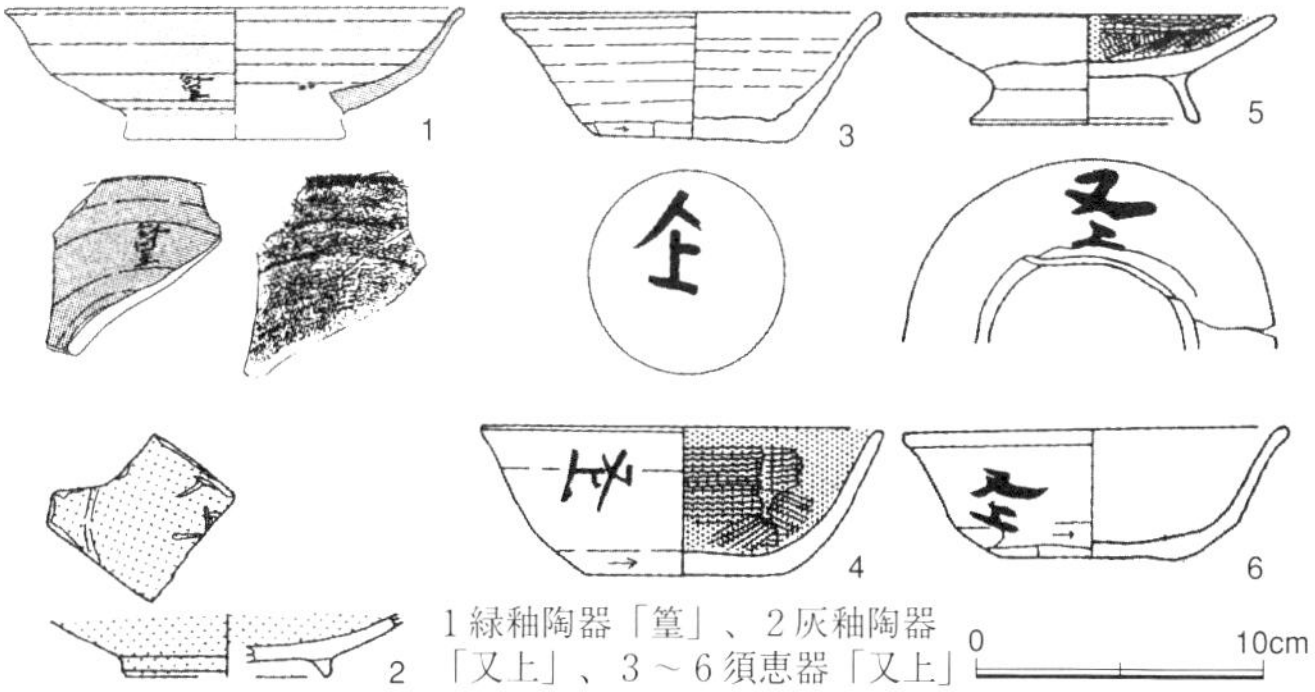

1緑釉陶器「篁」、2灰釉陶器「又上」、3～6須恵器「又上」

図15 「又上」と「篁」

都の貴族や役所などが、優秀な陶工のそろう尾張国の窯元へ発注したのではなく、地方の豪族が、自らの家の食器を整えるために、わざわざ注文した点が、とても重要です。

おそらく、十や二十食器を束にして重ね、その一番上に「又上」の銘のある食器を載せて紐《ひも》で結び、「又上」と呼ばれた中原遺跡の豪族のもとへ、運ばれたのでしょう。このように、平安時代には、数ヶ国を超えた注文生産や遠距離交易が、行われていました。

一方の「篁」は、六百五十点に及ぶ北島遺跡の墨書土器のなかにもなく、また、国内の墨書土器にもこれまで類例が無い文字です。この「篁」も「篁」にかかわる人物が、発注した緑釉陶器だったのでしょう。東国にあまねく流通した灰釉陶器と異なり、緑釉陶器は、その需要がとても限られていました。

「篁」といえば、遣唐使を固辞《こじ》し、のちに隠岐国《おき》（島根県隠岐の島）へ流された小野篁《おののたかむら》を思い起こします。小野篁は、小野妹子《いもこ》の子孫で都に住む貴族の一人でした。『今昔物語集』には、小野篁が、地獄に行ってもどってきた話が載っています。小野篁のような貴族が、注文した緑釉陶器を何らかの縁でかかわりを築いた武蔵国の者が、手に入れたのかもしれません。

いずれにせよ、灰釉陶器や緑釉陶器、さらに白磁や青磁などは、都の貴族を通じて地方の豪族たちへ伝わりました。地方の豪族たちは、貴族や天皇から頂いた舶来品や高級食器を大切に地元へ持ち帰り、豪族たちはその一部を再び配下の農民たちに分け与えたのです。そのためにも豪族たちは、馬や織物、あるいは鉄や塩などを貴族に貢ぎ、ブランド品を手に入れたのでした。

物を交換すること、つまり物の流通を通じて、富豪になる男の話が、『今昔物語集』（巻十六第二八話）にあります。わらしべ長者《ちょうじゃ》の話です。

わらしべ長者

今は昔、身分の低い侍が、長谷寺《はせでら》の門前で観音様に「食べるものを頂けなければ餓死《がし》をする」と脅《おど》しました。ある夜、観音様の夢を見た男は、こけた拍子《ひょうし》に一本のわらを手にしました。男は、そのわらに捕まえたアブを括《くく》りつけて歩いていくと、牛車《ぎっしゃ》に乗った美しい母子と出会います。母親は、子供が男のアブを欲しがるので、三個の柑子《みかん》と交換してあげました。

また、しばらく歩くと、とてものどが渇いた女性と出会いました。そこで柑子をあげると、お礼に清らかな布三段を頂きました。また、しばらく歩くと、死にそうだけども、たいそう立派な馬をもった者と出会います。男は、馬の皮をはいで売ろうと、布三段と交換しました。すると、馬が生気を取り戻したのです。

そこで、男は、馬とともにまたしばらく行くと、平安京の九条《くじょう》あたりに、引越しを準備している人がいました。そこで、男が引越しには、馬が必要だろうと売り込むと、「九条の田居《たい》（田地）の田一町、米少し」とあっさり交換できたのです。そして、近くの人にこの田を耕してもらい、収穫の半分を渡し、半分を手に入れ、徳がつき、たいそう裕福な「長者」になったという話です。

人を助けることで好機が訪れ、利益が得られる。男が長者となれたのは、長谷寺の十一面観音《じゅういちめんかんのん》を信じたから、その霊験《れいげん》が下ったのだと語られたのです。

ところで、わらしべ長者が長者となった理由は、最後に水田の経営権を手に入れ、その水田を耕作者に貸して利潤を手に入れたことにあります。水田の耕作や手工業の加工など、自らの手で行うのではなく、人手をわずらわすことで生活できる人物こそ、長者なのです。

長者とは、もともと仏教や僧侶などを支えた富豪の代表をいいました。奈良、平安時代には、広い土地が生み出す財力や、物品の売買などで手に入れた財力は、仏や神を信仰した賜物と信じられていたからです。

神火事件とかかわり、たくさんの富を手にしていた武蔵国入間郡の大伴部直赤男《おおともべあたいあかお》の話をのべましたが、かれも水田経営や手工業生産で得た富を元手に「商布千五百段」を手に入れ、彼の墾田や林などを国家に寄進し、位階や官職を手に入れようとしたのです。赤男は、現実に生きたわらしべ長者だったのかもしれません。

なお、赤男とは、渡辺一氏によると、仏前に供えた物の「閼伽《あか》」に由来しているということです。まんざら打算だけで西大寺に莫大な寄進をしたわけではなく、案外、信心深い男だったのかもしれません。

ところで、わらしべ長者の話のなかで欠けている点があります。それは、「富豪」や「長者」が、律令国家の仕組み（制度）のなかで財産を貯え、成長したことです。つまり、豪族が、位階を手に入れ、国家の役人とならないと、成長していく保証も得られなかったのです。

ちなみに「長者屋敷」と呼ばれる郡家遺跡が各地にあります（表3、86ページ）。「長者屋敷」とは、地表に正倉跡の大きな礎石や焼けて炭となった米がたくさん出土したことからついた地名です。ここに昔、長者が住んでいて、あまたの米倉を建てたという伝説が各地に残ります。今でも郡家の遺跡には、「朝日さす夕日さす丘に黄金千両」が埋まっていると語り継がれています。

次章では、律令国家の仕組み、とくに律令国家の根幹を支えた「色の世界」に焦点を当て、豪族たちのもう一つの顔、律令国家の下級官人という姿を考えてみたいと思います。

第五章　色と古代豪族

古代の日本は、中国や朝鮮半島の国々から、色によって社会を支配するシステムを学びました。色で身分や階層を表現するのは、とても簡単な方法でした。名前も素性もわからない人でも服装や冠帽《かんぼう》、笏《しゃく》などの持ち物で、どのような地位の人物かわかりましたし、自分の地位もわかる仕組みになっていました。

冠位十二階

蘇我馬子《そがのうまこ》、推古天皇、そして聖徳太子の政権は、頭にかぶる冠帽の色によって、階層をわける冠《かん》位《い》十二《じゅうに》階《かい》を定めました。「徳《とく》、仁《にん》、礼《らい》、信《しん》、義《ぎ》、智《ち》」の六段階をさらに「大」と「小」をつけて十二階としました。「徳、仁、礼、信、義、智」は色で、「大、小」は、濃い薄いで表現したといわれます。色によって身分を識別する始まりです。

冠位は、才能や功績によって個人に与えられる建て前になっていましたから、昇進や人材の広い登用がはかられました。たとえば、第七章で登場する物部《もののべ》連《のむらじ》兄《え》麿《まろ》は、武蔵国（埼玉県）の国造《くにのみやつこ》となりますが、「小仁《しょうにん》」という冠位でしたし、舒明《じょめい》天皇九年（六三七）に東北地方に遠征した群馬県の大豪族、上毛野君形名《かみつけののきみかたな》は、「大仁《だいにん》」という冠位でした。

冠位十二階は、彼らのような地方の豪族が、天皇や皇太子の側近として活躍し、そして王権を構成するメンバーだったことをはっきりと示しています。なお、冠位十二階は、不完全な仕組みでした。蘇我氏も官位を受けた形跡が無く、全国の豪族に広く与えられたわけでもありませんでした。

その後、冠位から位階《いかい》へと発展し、十三階、十九階、二十六階、四十八階、そして大宝律令で三十階となり、固定化されました。三十階は、数字で一位から八位、その下に初位《そい》をおき、それぞれを正《せい》と従《じゅう》、上《じょう》と下《げ》の四階に分けました。たとえば従八位上《じゅはちいじょう》や正三位《しょうざんみ》という具合でした。なお、三位以上は、上下はありませんでした。

これは、「位階」と呼ばれ、「官位相当制《かんいそうとうせい》」という仕組みで、役職や給料、さまざまな特権の基準となっていました。たとえば、大きな国の国司《こくし》の長官（守《かみ》）ならば従五位上《じゅごいじょう》です。

この位階を端的に表現したのが、服装です。服の色で「位《い》」を表しました。ですから、学校の朝礼のように役所の庭で官人が並ぶとき、位に基づいた色の服を着て、色の順番で並んだのです。服は、一番上に着た「衣」ばかりでなく、足にはいた「袴《はかま》」、袴の上につけた「褶《ひらみ》」まで、細かく決まっていました。

さらに、腰に下げた「袋《ふくろ》」、手に持つ「笏《しゃく》」、靴下や足袋《たび》に当たる「襪《したうず》」、足にはいた「履《くつ》」など装飾品まで、位階が色で表現されていました。色の区別できない物品は、金や銅、鉄という材質で差をつけました（表5）。

表5 古代の服飾と位階

	冠	衣	笏	袴	帯	靴	襪	褶
皇太子（礼服）	礼服冠	黄丹	牙	白	白帯	烏皮舃	錦	深紫紗
親王（礼服）								
一品	礼服冠	深紫	牙	白	條帯	烏皮舃	錦	深緑紗
諸王（礼服）								
一位	礼服冠	深紫	牙	白	條帯	烏皮舃	錦	深緑紗
二位〜五位	礼服冠	浅紫	牙	白	條帯	烏皮舃	錦	深緑紗
諸臣（礼服）								
一位	礼服冠	深紫	牙	白	條帯	烏皮舃	錦	深縹紗
二・三位	礼服冠	浅紫	牙	白	條帯	烏皮舃	錦	深縹紗
四位	礼服冠	深緋	牙	白	條帯	烏皮舃	錦	深縹紗
五位	礼服冠	浅緋	牙	白	條帯	烏皮舃	錦	深縹紗
諸臣（朝服）								
一位	皂羅頭巾	深紫	牙	白	金銀装腰帯	烏皮履	白	
二・三位	皂羅頭巾	浅紫	牙	白	金銀装腰帯	烏皮履	白	
四位	皂羅頭巾	深緋	牙	白	金銀装腰帯	烏皮履	白	
五位	皂羅頭巾	浅緋	牙	白	金銀装腰帯	烏皮履	白	
六位	皂縵頭巾	深緑	木	白	烏油腰帯	烏皮履	白	
七位	皂縵頭巾	浅緑	木	白	烏油腰帯	烏皮履	白	
八位	皂縵頭巾	深縹	木	白	烏油腰帯	烏皮履	白	
初位	皂縵頭巾	浅縹	木	白	烏油腰帯	烏皮履	白	
無位（制服）	皂縵頭巾	黄	木	白	烏油腰帯	皮履	白	
武官（礼服）								
衛府督佐	皂羅冠	位襖	牙	白	金銀装腰帯	烏皮靴		金銀横刀
兵衛督						赤皮靴		
武官（朝服）								
衛府督佐	皂羅頭巾	位襖		白	金銀装腰帯	烏皮履		金銀横刀
志以上	皂縵頭巾	位襖		白	烏油腰帯	烏皮履		烏油横刀
兵衛	皂縵頭巾	位襖		白	烏油腰帯	烏皮履		烏油横刀
主帥	皂縵頭巾	位襖		白	烏油腰帯	烏皮履		烏油横刀
衛士	皂縵頭巾	桃染衫			白布帯	草履		横刀

また、袋につけた「緒《お》」の色や結び目の数で、位階の「正」と「従」や「上」と「下」などがより細かく決まっていたのです。ただし、袋の規定は、細かすぎるので、すぐに廃《すた》れてしまいました。

このほか、女官の服や武官の服なども別に決められていました。とくに武官は、「横刀《おうとう》」や「弓《ゆみ》箭《や》」「挂甲《けいこう》」「槍《ほこ》」などを持つなど、完全武装の姿で儀式に臨みました。

衣服の色

衣服のキーワードは、位階と色でした。

古代の官人社会は、完全なピラミッド社会です。官人は、初位《そい》から「位」の階段を一歩ずつ歩んで、昇進していく仕組みになっていました。その構造は、三階建ての建物のようでした。初位から六位までは第一階。「地下人《じげびと》」と呼ばれる一般の官人。四、五位は第二階で「通貴《つうき》」。一位から三位は第三階で「貴《き》」、そして通貴と貴は、「殿上人《でんじょうびと》」として昇殿をゆるされました。建物の外の庭には、位階の無い「白丁《はくてい》」たち、そして天皇は建物の屋上ということです。

ただし、屋上に上る階段はありませんでしたし、「皇族」という別棟の建物から出てきました。また、貴族の子弟《してい》は、位階の階段を一段ずつ上るのではなく、「蔭位《おんい》」といったエレベーターで途中の階を飛ばして昇進できました。

服装や持ち物は、ある官人が階段の何段目にいるのか、どのフロアー（身分）にいるのかを目に見える形で表現していました。服や冠、袋などの繊維製品は、染め色によって細かな階層を表現できたので便利でした。しかし、手に持つ笏や靴、ベルト、太刀などは、材質や仕上げ方でフロアーを分ける仕組みになっていました。

服の色は、天武《てんむ》天皇十四年（六八五）の服制で朱華《はねず》、深紫《ふかきむらさき》、浅紫《あさきむらさき》、深緑《ふかきみどり》、浅緑《あさきみどり》、深蒲萄《ふかきえびぞめ》、浅蒲萄《あさきえびぞめ》と七段階に分かれていました。朱華《はねず》とは、白色を帯びた紅色のことで、蒲萄《えびぞめ》とは、紫がかった赤色のことをさします。

それが、持統《じとう》四年（六九〇）の服制改正で黒紫《くろきむらさき》、赤紫《あかきむらさき》、緋《ひ》、深緑、浅緑、深縹《ふかきはなだ》、浅縹《あさきはなだ》の七段階となり、さらに大宝律令（大宝元年、七〇一）では、黒紫、赤紫、深緋《ふかきひ》、浅緋《あさきひ》、深緑、浅緑、深縹、浅縹の八段階となりました（カバー参照）。なお、緋は、濃く明るい赤色、縹は、濃い藍《あい》色のことをさしました。

このように書くと位階と衣服の色が、複雑に変化したように見えますが、複雑に変化したのは、五位以上の人々であって、六位から初位までの四階は、大きく変わりませんでした。

とくに六位と七位の衣服は、一貫して深緑、浅緑色でした。地方に派遣される国司が、この位階に相当し、各省庁の実質的な仕事を行う人々もこのクラスでした。ここが、官人の中核でしたから、この人たちの服の色を簡単に変えることはできなかったのです。

地方に住む郡司《ぐんじ》のなかには、多くの寄進や財物《ざいもつ》を献上して、国司よりも上位の位階を手にいれた者がいましたから、浅緋（五位）の衣服を着た郡司が、深緑（六位）の衣服を着た国司の前で、ぺこぺこしていることもあったでしょう。

ちなみに、馬に乗った国司と郡司が、道で出会ったとき、郡司は馬から下りて「礼《れい》」をしなければなりませんでした。

腰帯の色

次は、冠、笏、靴、腰帯《ようたい》（ベルト）、太刀などの持ち物の規定です。

官人たちは、大きなお祭りや元日などの儀式のときには、礼服に対応した冠をかぶり、普段は、薄い絹織りの黒い頭巾《ずきん》をかぶっていました。

笏とは、手に持った板切れのことで、「こつ」というと縁起《えんぎ》が悪いので、「しゃく」と呼ばれました。五位以上は、象牙《ぞうげ》で作った牙笏《げしゃく》を用いましたが、象牙が手に入りにくくなると、六位以下の用いていた白木《しらき》でもよくなりました。

木笏《もくしゃく》に用いられた木材は、岐阜県飛騨《ひだ》地方の櫟《いちい》（鉛筆の木）の木が主に用いられました。とくに、岐阜県高山市の南、位山《いやま》国際スキー場のある「位山」は、笏の産地ということで名付けられました。ほかに柊《ひいらぎ》や桜、榊《さかき》、杉などが用いられました。

笏は、本来、裏に式の次第《しだい》や人名などを書いたカンニングペーパーを貼る板でしたが、だんだんと官人が、威儀《いぎ》を正す持ち物となりました。『今昔物語集』には、貧乏な官人が、他人の家からかってに塀の板をはぎとって、笏を作ったという話があります。

また、腰帯と呼ばれたベルトと、腰に吊るした太刀は、金銀装と烏油《くろつくり》という仕上げ方で、五位以上と六位以下を明確に区別していました。五位以上、すなわち貴族は、立派な金銀装の腰帯や太刀でした。

烏油とは、黒漆を用い、黒光りするように仕上げたことです。また、金銀装は、銀で作られた銀装、銅の上に金メッキをした金銅装、金箔《きんぱく》をかぶせた金装などがありました。東大寺の正倉院には、銀装唐様《からよう》太刀が残っています。

なかでも、太刀の鞘《さや》や腰帯の革《かわ》は、表面が劣化することを防ぐため、黒漆が塗られました。また、太刀を飾った金具やベルトを飾った金具は、銅で作られていましたので、サビ止めのため黒漆がコーティングされたのです。

ですから、六、七位の深緑、浅緑の服には、黒漆で仕上げた腰帯や太刀はとても映《は》えたでしょうが、八位や初位の着る藍《あい》色の服には、同じ寒色《かんしょく》の腰帯や太刀は、それほど映えなかったことでしょう。実は、この点がとても重要なのです。位階の低い者に自分の立場をわからせる効果があったからです。

そのうえ、郡司であっても五位となれば、緋色の赤い衣服に、金銀装の太刀や金銀装の腰帯を締めていたのです。いかに金銀の細工が映えたことでしょう。このような視覚的効果で国司は、地方の豪族たちを支配し、地方の豪族たちは、農民たちを支配したのです。視覚による人心支配。これこそが、律令国家の本質でした。

ところが、遺跡の中から色のついた遺物を探し出すことは、とても困難です。なぜならば、衣服や笏、靴などは、有機質ですから、土の中に埋まると腐ってしまうからです。しかし、腰帯と太刀は、飾り金具だけですが、腐らずに残るため、比較の対象となるのです。

わずかに五位と六位を分ける目印でしかありませんが、それでも有効な手段といえます。なお、

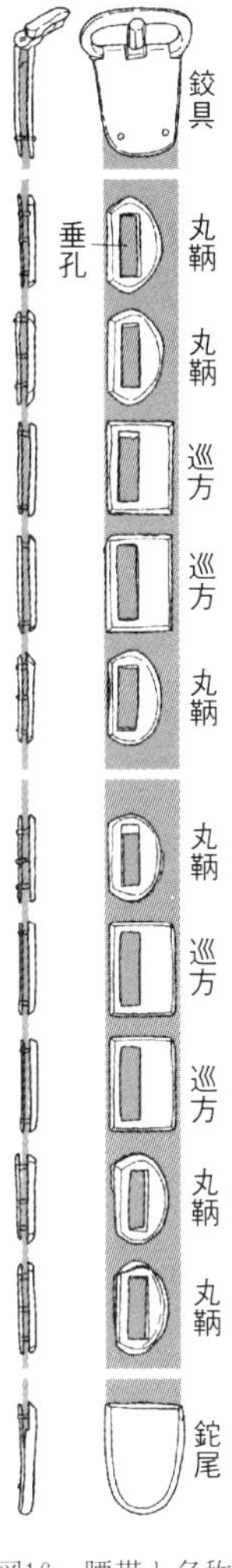

図16　腰帯と名称

奈良時代後半から石で作った腰帯の飾り金具が登場し、その後、金属製の飾り金具は、失われていきます。石製の飾り金具に代わっても六位以下は、黒い石か雑石《ざっせき》と呼ばれる質の悪い石を用いることとされていました。また、白玉《はくぎょく》の飾りは、三位以上に限るといった規則も出されました。

官人の墓

官人は、奈良の都や京都にだけではなく、全国津々浦々《つつうらうら》にいました。その証拠が、どこの遺跡からも出土する腰帯の飾り金具です。しかし、どこでもと書きましたが、すべての遺跡ではなく、官人がそこで生活した（居宅）、そこで仕事をした（役所）、そこで葬られた（古墳や古墓《こぼ》）、そして、官人とかかわった人物がいた遺跡（集落）から出土するのです。なお、奈良時代以降の墓を古墓といいます。

ですから、官人が腰に締めた腰帯の飾り金具が出土したからといって、必ずしもその遺跡が役所とは限らないのです。しかし、北は北海道から南は鹿児島県まで、腰帯の飾り金具が出土する遺跡があります。青森県や北海道の金具は、秋田城（秋田県秋田市）や胆沢城（岩手県奥州市）などに来た官人と、個人的に接触した蝦夷《えみし》たちがもらったのでしょう。

ところで、腰帯を古墳に副葬した地域があります。群馬県や宮城県、山形県、岩手県、秋田県などの古墳です。群馬県と東北地方の古墳。一見、何もつながっていないように思えますが、「征夷《せいい》」ということばで両者は、深くつながっていました。つまり、古くから群馬県の大豪族、上毛野君《かみつけののきみ》が、東北地方へ大遠征をしていたからです。

そのため、両地域では、文化的に共通する点が多く、古墳に刀の柄が、ワラビのような形をした「蕨手刀《わらびてとう》」や、埼玉県の秩父《ちちぶ》から産出した自然銅を契機に作られた「和同開珎《わどうかいちん》」、そして腰帯をセッ

写真8　腰帯の出土（群馬県高崎市八幡山1号墳）

トで古墳に葬るという共通したルールがありました。

しかし、これらが出土した古墳は、大豪族の古墳ではありませんでした。一〇メートルほどの小さな古墳が、十から百基ほど密集して造られた群集墳の一基でした。古墳から腰帯が出土するときは、金具が、六個から十二個ほど連なって出土します（写真8）。

腰に腰帯を締め、太刀を添えて葬られたということは、位階に従った衣服を着て葬られたということになります。

古墳に葬られた人は、古代国家の官人となって、壬申の乱や征夷の戦いを勝ち残り、手に入れた官位や官職を未来永劫《えいごう》とどめるように、このハレの姿で古墳に葬られたのでした。古代国家が作り上げた色により支配される世界が、古墳に葬られた人のステイタスとなって冥界《めいかい》までも続いていたのです。

堅魚木の屋根

『日本書紀』に次のような雄略《ゆうりやく》天皇の逸話があります。

雄略天皇が、河内《かわち》の志幾《しき》（大阪府八尾市付近）というところを通ったとき、屋根に堅魚木《かつおぎ》をのせている大きな家を見つけました。天皇は、「天皇の宮でないのに、屋根に堅魚木をのせるとは、何という無礼者だ。家を焼いてしまえ。」といわれたので、その家の志幾の大縣主《おおあがたぬし》は、あわてて鈴を付けたとても大切な犬に白い布をかけて献上し、ようやく天皇の怒りがおさまったというのです。

この話は、堅魚木が天皇の宮の象徴であり、建物の大きさや形、とくに屋根の構造が、地位や身分をあらわす目印だったことを語っています。なお、堅魚木とは、神社の屋根に、横向きに数本のせた棒のことをいいます。また、大縣主は、大阪府知事ぐらいでしょうか。

さて、時代は下って奈良時代。都の平城京に家を建てようとする人は、位階に基づくさまざまな規制を受けていました。今の建築基準法や都市計画法にあたります。

たとえば、平城京には、一町ごとの大路と、そのなかを分割した小路という街路がありましたが、天平十三年（七四一）以前に出された規則で、四位以下の人々は、大路に門を開けませんでした。そのことが、一九八六年の長屋王《ながやおう》家の発掘調査で明らかになりました。長屋王邸と、となりの藤《ふじ》原麻呂《わらのまろ》邸が、二条大路《にじょうおおじ》に大きな二本柱の棟門《むなもん》（屋根つきの門）を開いていたのです（写真9）。

ところで、『続日本紀』や法律の注釈書である『令義解《りようのぎけ》』には、門にかかわる細かな規定はみられません。しかし、藤原京以来、平安京まで四脚門《しきやくもん》以上の門を構えた邸宅はありません。地方の豪族の家でも門は、棟門か冠木門《かぶきもん》（鳥居《とりい》状の門）でした。都の貴族の邸宅を意識していたのかもし

写真９　藤原麻呂邸の門の跡

れません。ですから寺院や役所の門ではない限り、八脚門《はっきゃくもん》は建てなかったのです。

また、門があるということは、門に連続する塀や柵《さく》、築地《ついじ》、あるいは、生垣《いけがき》や垣根《かきね》など宅地を区切る遮蔽物《しゃへいぶつ》があったと考えるのが自然です。都でも地方でも、門のある家とない家がありました。ただし、門の有無は、直接、位階と結びつきません。

位階と関係するのは、宅地の広さでした。藤原京と難波京《なにわきょう》（大阪府大阪市）について、その規定が残っています。藤原京では、右大臣《うだいじん》が四町以下、直廣貳《じっこうに》（四位）以上は二町、大参《だいさん》（五位）以下は一町、勤《きん》（六位）以下は上戸《じょうこ》で一町、中戸《ちゅうこ》で半町、下戸《げこ》で四分の一町以下でした。

また、難波京では、三位《さんみ》以上は一町以下、五位《ごい》以上は半町以下、六位《ろくい》以下は四分の一町以下でした。一町《ちょう》は、約一・六ヘクタールです。藤原京の宅地より難波京が狭いのは、官人の数が、急速に増えたこととかかわるようです。

どのくらい広い宅地に住んでいるかで、その人の位階や身分が、だいたいわかる仕組みになっていました。貴族は、広い敷地に建つ瓦葺き屋根の主屋を建て、石敷き池や庭園を作り、さまざまな人々を召抱えていました。その一方、下級の官人は、小さな宅地に主屋、副屋、井戸、野菜畠などを作り、生活が苦しくなると、土地や建物を切り売りしていたのです。

これが、平城京という都市の実態でした。貴族の邸宅から、下級官人の小規模住宅まで、宅地の大きさが、視覚的にわかることで、古代の官人社会は、秩序を保っていたのでした。

屋根の色

「営繕令《えいぜんりょう》」という規則のなかには、邸宅の中に「楼閣《ろうかく》」を建てて、となりの家をのぞいてはいけないという決まりがありました。「楼閣」とは、二階建て以上の建物で高殿《たかどの》や楼観《ろうかん》などとも呼ばれました。平城京の北には、「佐保楼《さほろう》」と呼ぶ長屋王の別荘があったとされています。長屋王が、佐保楼に上って景色を見ながら詠《よ》んだ歌が、『万葉集《まんようしゅう》』に残っています。

また、権力を手中に収めた藤原仲麻呂《ふじわらのなかまろ》（恵美押勝《えみのおしかつ》）が、敵対勢力を監視するため、自宅の「田村《たむら》第《だい》」に「楼閣」を建てたのですが、天皇の内裏《だいり》（すまい）が臨めたため、逆臣《ぎゃくしん》と噂されました。宮の中をのぞいた者は、杖《つえ》で百回打たれる刑になりました。

さらに、神亀《じんぎ》元年（七二四）、五位以上の者は全員、六位以下でも裕福な者は、屋根に瓦を葺《ふ》き、壁や柱を赤や白に塗りなさいという命令が下ります。これは、赤い柱で白い壁、屋根の上に黒い瓦をのせた家が、どこまでも続く都を作ろうという古代国家の景観政策でした。従来の住宅は、白木《しらき》のままの壁や柱でしたから、日に焼けて黒ずみ、また屋根もすすけて見栄《みば》えが悪いからだというのです。しかし、平城京内の寺院はともかく、邸宅に瓦葺建物はあまり浸透していきませんでした。なかには、屋根の棟だけ瓦で飾る甍棟《いらかむね》の建物も登場しました。

その一方、神護景雲《じんごけいうん》元年（七六七）には、平城京の東院玉殿《とういんのぎょくでん》といわれる建物に「瑠璃《るり》」の瓦を葺いたと、『続日本紀《しょくにほんぎ》』にあります。「瑠璃」の瓦とは、三彩《さんさい》（黄、茶、緑）の釉薬をつけた瓦のことです。平城京の発掘調査で三彩瓦《さんさいがわら》が出土したことから、実証されました。

また、平安京では、緑色の釉薬《ゆうやく》をつけた緑釉瓦《りょくゆうがわら》が、天皇家や摂関家にかかわる建物で用いられました。天皇のくらす内裏《だいり》の建物や、朝廷の儀式《ぎしき》を行った大極殿《だいごくでん》、公の宴会場の豊楽殿《ぶらくでん》、そして新幹線から見える東寺《とうじ》や西寺《さいじ》、天皇の遊覧施設の神泉苑《しんせんえん》、宇多《うだ》天皇の建てた仁和寺《にんなじ》、そして藤原道長の建てた法成寺《ほうじょうじ》に緑釉瓦が用いられました。

ところで飛鳥時代に始まった瓦葺き建物は、奈良時代にピークを迎えます。しかし、平安時代も後半になると、寺院でも瓦は葺かれにくくなり、再び、瓦が屋根に多量に用いられたのは、お城の建物に瓦が葺かれた安土桃山時代からでした。そして、どこの家でも瓦を葺くようになったのは、昭和三十年代以降のことになります。

食器の色

遺跡から発見される遺物で、最も多いのは土器です。土器には、カマドや炉にかけて食べ物を調理する道具と、盛り付けに使う食器、さらに液体を貯蔵する壺や甕《かめ》があります。

古墳時代の中葉（五世紀）以降、手で持つ食器が現れると、食器にさまざまな形が出現しました。

また、それまで素焼《すや》きの土器（土師器《はじき》）だけでしたが、登り窯で焼いた須恵器《すえき》という土器が登場しました。土師器は、橙色《だいだいいろ》や茶色でしたが、須恵器は、灰色に焼きあがりました。また、土師器は、赤い顔料《かんりょう》を塗ったり、ワラ灰《ばい》などの炭素を吸着して黒く仕上げたりしました。

　ですから、古墳時代には、橙色、赤色、黒色、灰色の焼き物があったこととなります。その後、奈良時代に中国の唐三彩《とうさんさい》を模倣し、奈良三彩《ならさんさい》が都の工房で作られました。しかし、地方まで浸透することはありませんでした。また、新羅《しらぎ》国から銀器や銅器といった金属製の食器が輸入され、今でも東大寺の正倉院に残っています。

　奈良時代には、金属器の金、銀、金銅、銅などの色と、朱漆《しゅうるし》や黒漆《くろうるし》を塗った漆黒《しっこく》や朱色、そして三彩などの色が加わります。漆塗りの食器は、金属器を模倣して作りました。当然、漆を塗る前の白木の食器（木地）も存在しました。

　平安時代になると、さらに中国の青磁《せいじ》や白磁《はくじ》といった陶磁器を模倣して、緑釉陶器《りょくゆうとうき》や灰釉陶器《かいゆうとうき》が作られました。青磁や白磁は、陶石《とうせき》を細かく砕いて作る陶磁器でしたが、わが国の緑釉陶器や灰釉陶器は、粘土をこねて作る土器の延長線上にありました。しかし、ここに緑や灰色といった色の食器が、新たに加わることになります（写真10）。

　そして、儀式やお祭りのとき、天皇や王臣貴族たちは金属器や青磁、白磁、朱漆、黒漆の食器を用い、貴族や上級官人、地方の豪族は、緑釉陶器や灰釉陶器、漆器、須恵器、土師器、黒色土器などの食器を用い、一般農民は、灰釉陶器、須恵器、土師器、黒色土器などの食器を用いたのでした。平安時代、食器による序列が、ここに完成したのです。

写真10　各種の灰釉陶器（埼玉県上里町中堀遺跡）

律令国家は、食べ物を盛り付ける食器の世界にまでも、色による識別を行う徹底した社会でした。しかし、これは、儀式のときに用いられた食器の世界の話です。食器の大半は、灰釉陶器、須恵器、土師器、黒色土器でしたから、通常は、こうした土器が用いられたのでしょう。

なお、中国では、金属器より上位の「玉器《ぎょくき》」がありました。白から緑味がかった「玉《ぎょく》」と呼ばれる石を加工して作られます。埼玉県行田市の将軍山古墳からは、玉の皿（盤《ばん》）が出土しました。

このほか、正倉院に残る水玉模様のカットグラス、イスラム陶器や高麗《こうらい》青磁といった舶載《はくさい》の食器もありました。これらは、天皇や貴族、または、外交施設に独占されていました。

ところで、漆器は、金属器を模倣し、須恵器や土師器は、漆器や金属器を模倣するといった模倣の連鎖がみられました。それは、上位の食器へのあこがれでもあったでしょうが、食器に現れた階層の秩序を映しているのかもしれません。

色と古代社会

博物館や資料館に行くと、土器ばかり並ぶ縄文時代や弥生時代のコーナーを通り過ぎ、きらびやかな飾り太刀や馬具、鏡などの並ぶ古墳時代となり、ふたたび瓦や土器ばかりの奈良、平安時代となります。とくに、奈良時代以降は、寺や仏像が展示の中心となり、部屋の薄暗さとともに、抹香《まっこう》くさい雰囲気が漂います。

そこには、色によって支配された奈良時代の国家像など微塵《みじん》も無く、「色あでやかな古墳時代から墨一色の奈良時代へ」というキャッチフレーズが当てはまりそうです。

なぜでしょう。それは、古墳時代にはきらびやかな金属製品が、リサイクルされないまま古墳に埋葬され、それを展示しているからです。しかし、奈良時代になって、金銅製の馬具や飾り太刀を生みだす高度な技術が、失われたわけではありませんでした。むしろ、より研ぎ澄まされ、秀麗な作品ができていました。

しかし、色彩によって視覚的に秩序づけられた社会を復元しようとしても、服飾や建物などの知りたい情報は、土の中で腐ってしまい残りません。ですから、「律令国家の基本は色彩だ」といっても、それを証明する遺物が、とても乏しいことも事実です。

そのなかで位階に基づいた規則、たとえば腰帯や太刀、門や屋根瓦、宅地の大きさなどが、法律の通りきちんと守られていたことが、前述のようにわかりました。そして、「色」は、身分の秩序を視覚で表現し、繰り返しその上下関係を脳裏にインプットさせるために、国家が考案した演出だったのです。そして、役所は、そのために準備された舞台装置だったのでした。

元旦、平城京の大極殿《だいごくでん》（儀式を行うところ）では、天皇を前にして、学校の朝礼のようにすべての官人が、位階の順に並び、「元日拝礼《がんじつはいれい》」を行います。今では元旦や天皇誕生日などに、たくさんの人が皇居を訪れ、その群集に天皇が手を振ります。

それを地方の役所でも規模を小さくして行ったのです。国府や郡家の政庁と庭が、その舞台となり、国司の守が、天皇の「御言持《みこども》ち」として、居並ぶ官人たちを前に、天皇のかわりを演じたのでした。演者には、演者にふさわしい政庁という舞台と、官人たちより一ランク上の色の衣装が、用意されました。

わが国の古代国家は、国家の権力をどのようにして民衆に伝えるかという点で、「見せる権力」を選択しました。古墳時代も古墳という巨大なモニュメントを地上に残し、その内部に死者とともにたくさんの宝物を埋葬しました。しかし、新しい国づくりでは、現実的な役所や居宅、そして寺といったモニュメントに「見せる権力」が移ったのです。

また、豪族や民衆は、税の運搬などで都へ上り、九州北部へ防人《さきもり》として、また東北地方北部へ衛《え》士《じ》として向かいました。都では、見知らぬ役人と、また、見知らぬ人と軍隊をともにしなければなりませんでした。

そこでは、故郷での家柄や人間関係など、まったく通用しません。ことばも通じなかったでしょう。しかし、服の色や装身具、持ち物などで上下関係だけは、しっかりとわかったのです。「見せる権力」の象徴が、「色」だったからです。

そして、奈良時代は、現代よりもっと方言がきつく、また、朝鮮半島や大陸から来た渡来人たちは、外国語をつかっていたでしょう。その彼らを束ねる共通語、標準語となったのが、「文字」でした。国内の津々浦々の豪族たちや僧侶が、「文字」を理解できることで、はじめて古代国家は、国家の意思を末端の社会まで、浸透させることができたのです。

さて、「色」によって秩序付けられて官人となった豪族たちが、次に「文字」とどのようにかかわったのか。官人は、文字をあつかう職業です。筆、墨、紙、そして硯《すずり》が大切な文房具でした。土で作った硯、「陶硯《とうけん》」を通じて、次章では、古代社会と地方の豪族について考えてみたいと思います。

第六章　文字と豪族

平安のお触書

長屋《ながや》のご隠居《いんきょ》が、辻《つじ》（交差点）に立てられた「高札《こうさつ》」を魚屋や大工の人たちに、知ったかぶりして読む場面を時代劇でみかけます。「高札」は、新しい法律や犯罪者の手配などのお触《ふ》れを記した立て札です。ご隠居が「高札」を読んだのは、江戸時代に文字を理解した人が少なかったという暗黙の前提があるからです。

しかし、江戸時代には、想像以上の人々が、小さいころから文字を勉強していました。全国各地には、寺子屋《てらこや》や私塾《しじゅく》といった学習の場があり、熱心な教育が行われていました。一説に、江戸時代の日本の識字率《しきじりつ》（文字を読み書きできる人の比率）は、世界一だったといわれます。

さて、わが国で最も古い「高札」が、石川県津幡《つばた》町の加茂《かも》遺跡で発見されました（図17）。たて二三・七センチ×よこ六一・三センチの木の札には、一七行三六〇文字の漢字がびっしりと書かれていました。「加賀郡牓示札《かがぐんぼうじふだ》」という名称で呼ばれたこの板には、平川南氏によると加賀郡の役所

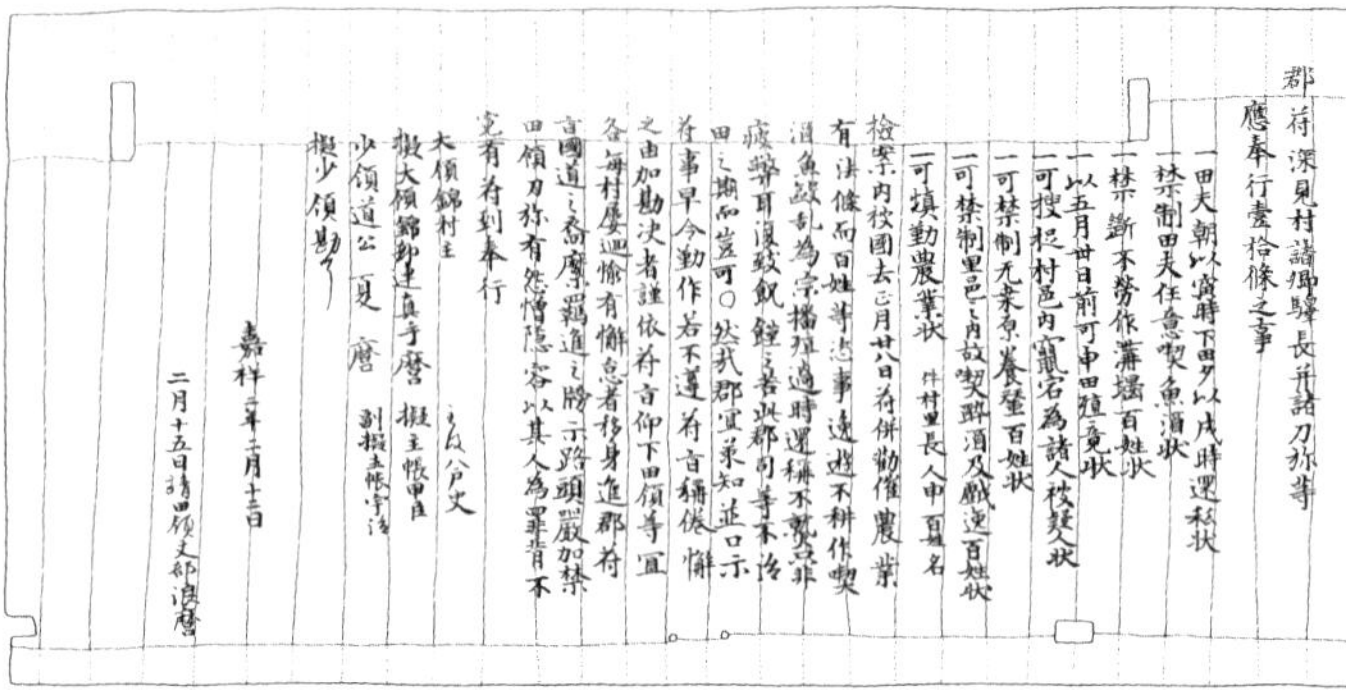

郡符　深見村□郷駅長并諸刀祢等
應奉行壹拾條之事
一田夫朝以寅時下田夕以戌時還私状
一禁制田夫任意喫魚酒状
一禁断不労作溝堰百姓状
一以五月卅日前可申田殖竟状
一可捜捉村邑内竄宕為諸人被疑人状
一可禁制无桑原養蚕百姓状
一可禁制里邑之内故喫酔酒及戯逸百姓状
一可填勤農業状　件村里長人申百姓名
檢案内被國去正月廿八日符併勧催農業
有法條而百姓等恣事逸遊不耕作喫
酒魚殴乱為宗播殖過時還稱不熟只非
疲弊耳復致飢饉之苦此郡司等不治
田之甚而豈可〇然郡宜承知並口示
符事早令勤作若不遵符旨稱倦懈
之由加勘決者謹依符旨仰下田領等宜
各毎村屢廻愉有懈怠者移身進郡符
旨國道之裔縻羈進之牓示路頭厳加禁
田領刀祢有怨憎隠容以其人為罪背不
寛有符到奉行
大領錦村主　主政八戸史
擬大領錦部連真手麿　擬主帳甲臣
少領道公　夏麿　副擬主帳宇治
擬少領勘了
嘉祥二年二月十二日
二月十五日請田領丈部浪麿

図17　牓示札（石川県津幡町加茂遺跡）

が、深見《ふかみ》村（津幡町）の有力者に次の八ヶ条を守りなさいと、書かれていました。その八ヶ条とは、

「一、午前四時から午後八時まで働け。
一、農民は、ぜいたくな酒や魚を求めてはいけない。
一、溝や堰《せき》を造るときに怠ける者は罰を与える。
一、五月三〇日より前に田植えを終りにしなさい。
一、税金を滞納して逃げる人を隠してはならない。
一、桑畑が無いのに蚕《かいこ》を飼ってはいけない。
一、過ちを犯すほど、酔っ払いすぎてはいけない。
一、まじめに農業に取り組むこと。　」

でした。

加茂遺跡は、京の都から越後国（新潟県）に向かう北陸道と、能登《のと》国府のあった石川県七尾《ななお》市に向かう能登《のと》路の交差点近くにあった遺跡です。

人々は、能登や越中《えっちゅう》国（富山県）から都へ、都から能登、越中国へ加茂遺跡の前を通り過ぎて行きました。さまざまな人々が、行き交うような場所でしたから、国家の意思を多くの人に伝え易かったのです。

わが国では、加茂遺跡の牓示札にみられるように、平安時代には、この牓示札を読み内容を理解し、再び文字で意思を伝えることができる人々が、少なからずいたことを物語っています。

ところで、わが国で最も古い文字資料は、中国から北九州にあった「奴国《なこく》」に贈られた「漢委奴国王《かんのわのなのこくおう》」印、いわゆる志賀島《しかのしま》の金印です。その後、銅鏡や鉄剣などに文字が刻まれましたが、墨と筆で書かれた文字が登場するのは、三世紀後半、弥生時代の末になってからのことです。

筆で書かれた最古の文字は、「田」という文字です。三重県松阪《まつさか》市嬉野《うれしの》の片部《かたべ》遺跡から出土した小形の壺に書かれていました。このように墨で文字を書いた土器をとくに「墨書土器《ぼくしょどき》」と呼びます。しかし、この墨書土器が、各地の遺跡から一般的に出土するのは、四百年後の八世紀、奈良時代以降のこととなります。

けれども、『日本書紀』には、推古《すいこ》天皇十八年（六一〇）に高句麗《こうくり》国（朝鮮半島北部にあった国）から来た曇徴《どんちょう》が、紙や墨などを伝えたとありますから、すくなくとも七世紀の初めには、土器ではなく紙や木に書かれた文字が存在したといえます。

実際には、大阪府大阪市の大坂城と同じ場所にあった難波宮《なにわのみや》から出土した、「戊申《ぼしん》年」（六四八）と書かれた木片が、「木簡《もっかん》」では、最古といわれています。文字の書かれた木片を「木簡」と呼びます。「木簡」には、地方から都にのぼった特産物につけた荷札や借金の証文、お墓の卒塔婆《そとば》、先ほどの「牓示札」などがありました。スーパー銭湯の下足番《げそくばん》も木簡です。

一方、紙は遺跡に残りにくいのですが、漆《うるし》を保存した容器の蓋《ふた》として再利用された紙は、皮のようになって残る場合があります。「漆紙文書《うるしがみもんじょ》」です。紙は貴重でしたから、一度、役所や寺などで使われた紙をリサイクルしたのです。カレンダーや戸籍《こせき》、教科書などが、漆紙文書となって遺跡から出土しています。

そのほかに、文字が使われたことを示す遺物に硯《すずり》があります。墨の文字を書くためには、筆と墨と硯が必要だからです。ですから、硯の出土した遺跡には、文字にかかわる人物がいたこととなるのです。それは、墨書土器や木簡など直接、文字の書かれた遺物が出土しなくとも、牓示札を読んで理解できた人々が、そこにいたことを証明してくれるのです。

文房四宝

現在では、小学三年生から習字の勉強が始まります。習字道具セットには、筆、硯、墨、水滴《すいてき》、文鎮《ぶんちん》、下敷きなどが入っています。授業時間の短縮から、硯で墨をすらずに墨汁《ぼくじゅう》を硯にたらして、習字を始めます。ですから硯は、プラスチック製の容器で墨汁がこぼれないようにできています。傑作なのは、この硯に「心月硯《しんげつけん》」と書いてあり、後に述べる飛鳥時代の中空《ちゅうくう》円面硯《えんめんけん》（写真11）そっくりなのです。

それはともかく、硯と筆、墨、そして紙は、古くから「文房四《ぶんぼうし》宝《ほう》」と呼ばれ、究極の品が求められました。ところが、硯以外は有機《ゆうき》質《しつ》のため、遺跡から出土することはとても稀です。とくに筆や墨は、大仏の開眼《かいげん》に使った筆や墨が東大寺の正倉院《しょうそういん》に残るほかは、遺跡から四、五例が出土しているにすぎません。

ちなみに東大寺の正倉院には、「青斑石 陶硯《せいはんせきのとうけん》」と呼ぶ硯が、一つあるだけです。この硯は、六角形に加工した青斑石《せいはんせき》の枠の中に「風」の字の形をした「風字《ふうじ》硯《けん》」をはめ込んでいます。

プラスチックの硯はともかく、現在は、石の硯（石硯《せっけん》）が使われています。中国では、古く唐の時代から、石を加工して硯が作られていました。しかし、わが国では、六世紀の末から七世紀始めにかけて、朝鮮半島の百済《くだら》や新羅《しらぎ》の影響を受け、焼き物の硯が用いられ始めました。

その後、朝鮮半島や大陸の影響を受けつつ、焼き物の硯が平安時代末まで使われます。そのため、この時代の硯は、食器や甕《かめ》などとともに登り窯で焼かれたので、「陶硯《とうけん》」と呼ばれています。平安時代の中ごろになると、中国から石の硯が輸入され、しばらくして日本でも石の硯を作るようになりました。

写真11　中空円面硯（長野県上田市勝負沢遺跡）

ところで、最初から硯として作られた陶硯よりも、食器をひっくり返して底を磨いたり、甕の破片を磨いたりして硯とした「転用硯」が、盛んに使われました。

奈良時代の『正倉院文書』には、東大寺にあった写経所《しゃきょうじょ》で、食器の蓋を磨いて硯とした「坏蓋研《つきぶたけん》」を市で購入するという文書が残っています。

硯は、「研」または「研」という文字で登場し、「ケン」と読んでいました。「研」とは、研《と》ぐこと。つまり、表面を研いで滑らかにし、墨をすりやすくしたのが、「研」でした。ですから、固形の墨をする前に硯は、表面をつるつるに磨いていたのです。坏《つき》とは、浅めのお茶碗です。その土器は、ただの蓋ではなく、墨をする部分を十分平滑に研がれた蓋だったのです。

また、陶硯に直接、墨で「研」と書いた場合もありました。茨城県つくば市熊《くま》の山《やま》遺跡の陶硯には、「大殿墨研《おおとののすみのけん》」、東京都府中《ふちゅう》市の武蔵国府《むさしこくふ》関連遺跡の陶硯にも「多　研《た(ま)のけん》」と書かれていました。「大殿墨研」は、「大殿《おおとの》」と呼ばれた豪族が使った硯、またはその豪族の住む「大殿」という建物に常備された硯という意味です。

一方の「多研」は、武蔵国府に隣接した多磨《たま》郡の役所（郡家《ぐんけ》）の硯という意味です。県庁の隣に市役所があり、そこに常備された硯ということです。この文字は、黒の墨ではなく、朱《しゅ》の墨で書かれていました。

「研」を「すずり」と呼んだのは、平安時代に「すみすり（墨磨り）」と呼んだことからきているようです。清少納言《せいしょうなごん》の『枕草子《まくらのそうし》』には、「研」として登場します。また、「硯」の文字は、中国の石硯が、「石を見て」良し悪しを判断したところからきているようです。

平安時代には、菅原道真《すがわらのみちざね》の詩集『菅家文草《かんけぶんそう》』のなかに石硯を詠んだ漢詩があります。このころから日本でも舶来の石硯が用いられていました。また、『源氏物語絵巻』の秋草《あきくさ》の章や『絵師草子《えしぞうし》絵巻《えまき》』の絵師の家には、方形の硯を入れた硯箱《すずりばこ》が描かれています。平安時代にさかのぼる石硯の発見例はとても少ないのですが、このころから「硯」の文字が用いられていたようです。

ところで、「研究」とは、物事を研ぎ、真相を究めることだそうですから、硯に墨汁をたらすのではなく、よく研がれた硯の上で墨を丹念にすったほうが良いと、私は考えます。

最古の硯

もう少し詳しく、硯の歴史をみてみましょう。

まず、硯は、古く中国の漢《かん》の時代から始まります。洛陽《らくよう》（現在の中国・西京市）付近の円形の硯、楽浪《らくろう》（中国東北部）付近の長方形の硯でした。墨もまだ固形の墨は登場せず、粉末の墨を硯の上で溶いていていました。

日本で最も古い硯は、島根県松江《まつえ》市の田和山《たわやま》遺跡という弥生時代の遺跡から出土した漢の石硯といわれています。薄い板状の石片《せきへん》で一部がくぼんでいます。その後、硯はみられなくなり、再び登場するのは、飛鳥時代、七世紀の前半となります。最も古い国産の硯は、京都府宇治《うじ》市の隼上《はやあが》り窯《よう》という登《のぼ》り窯《がま》で、須恵器の食器や甕、さらに寺の屋根を葺《ふ》いた瓦などとともに焼かれました。

この陶硯が、七世紀前半といえるのは、次の理由からです。まず、隼上り窯で陶硯と一緒に焼かれた瓦は、推古天皇の豊浦寺《とゆらでら》（奈良県明日香村）に使われていました。豊浦寺（向原寺《むくはらでら》）は、推古天皇元年（六三四）に金堂や礼仏堂《らいぶつどう》などが造られたことが確かですから、この陶硯は、それ以前、七世紀前半の陶硯といえるのです。

このように、文献史料で年代が明らかな建物や、火災でできた地層などを基準として、そこから出土した遺物に年代を与えていきます。隼上り窯の陶硯のほかにも、わが国最大の須恵器の生産地、大阪府堺市《さかいし》の陶邑窯跡群《すえむらかまあとぐん》の高蔵《たかくら》四三号窯から出土した陶硯が、最古という説があります。ただし、この説には難点があります。

この高蔵四三号窯で焼いた須恵器が、奈良県明日香村の飛鳥寺《あすかでら》を造るとき、地面を整地した地層の下から出土した須恵器と共通していたことで、蘇我馬子《そがのうまこ》が飛鳥寺を建立した推古天皇元年（五九六）前後の陶硯ではないかという説です。

けれども、この陶硯の形やデザインは、奈良時代前半の陶硯と近いため、最古とすることが保留されています。しかし、六世紀の末には、すでに文書や僧侶による写経などが始まっていましたので、六世紀にさかのぼる陶硯が、今後、発見されるかもしれません。

話は、隼上り窯の陶硯にもどします。隼上り窯では、図18のようなさまざまな形の陶硯が焼かれました。風呂の洗い桶をひっくり返したような「圏脚円面硯《けんきゃくえんめんけん》」、高坏《たかつき》の形をした「高坏型円面硯」、脚のない「無脚《むきゃく》円面硯」、内部が空洞となる「中空《ちゅうくう》円面硯」などです。円面硯とは、墨をする部分が円形の硯を指します。

なお、考古学の約束事で土器の図は、左半分が外面の情報、右半分が断面と内側の情報を描くようにしています。

じつは、隼上り窯のようにひとつの窯で、さまざまな形の陶硯を焼くことは、一般的にありません。とても稀でした。陶硯を使う人は限られていましたから、発注者の数というか、注文の種類が多かったためでしょう。また、陶硯の作り始めは、さまざまな形態があり、自然に淘汰《とうた》されたのかもしれません。携帯電話も最初はいろんな形がありましたが、だんだんと薄型の二つ折りになってきました。奈良時代になると、圏脚円面硯と中空円面硯を除いて廃れます。

ところで、七世紀前半の陶硯はとても少なく、現在のところ北九州と畿《き》内《ない》に集中し、わずかに静岡県や石川県、山形県などの古墳や遺跡から点々と出土しているだけです。北九州や畿内では、陶硯を作った須恵器の窯跡もみつかっています。

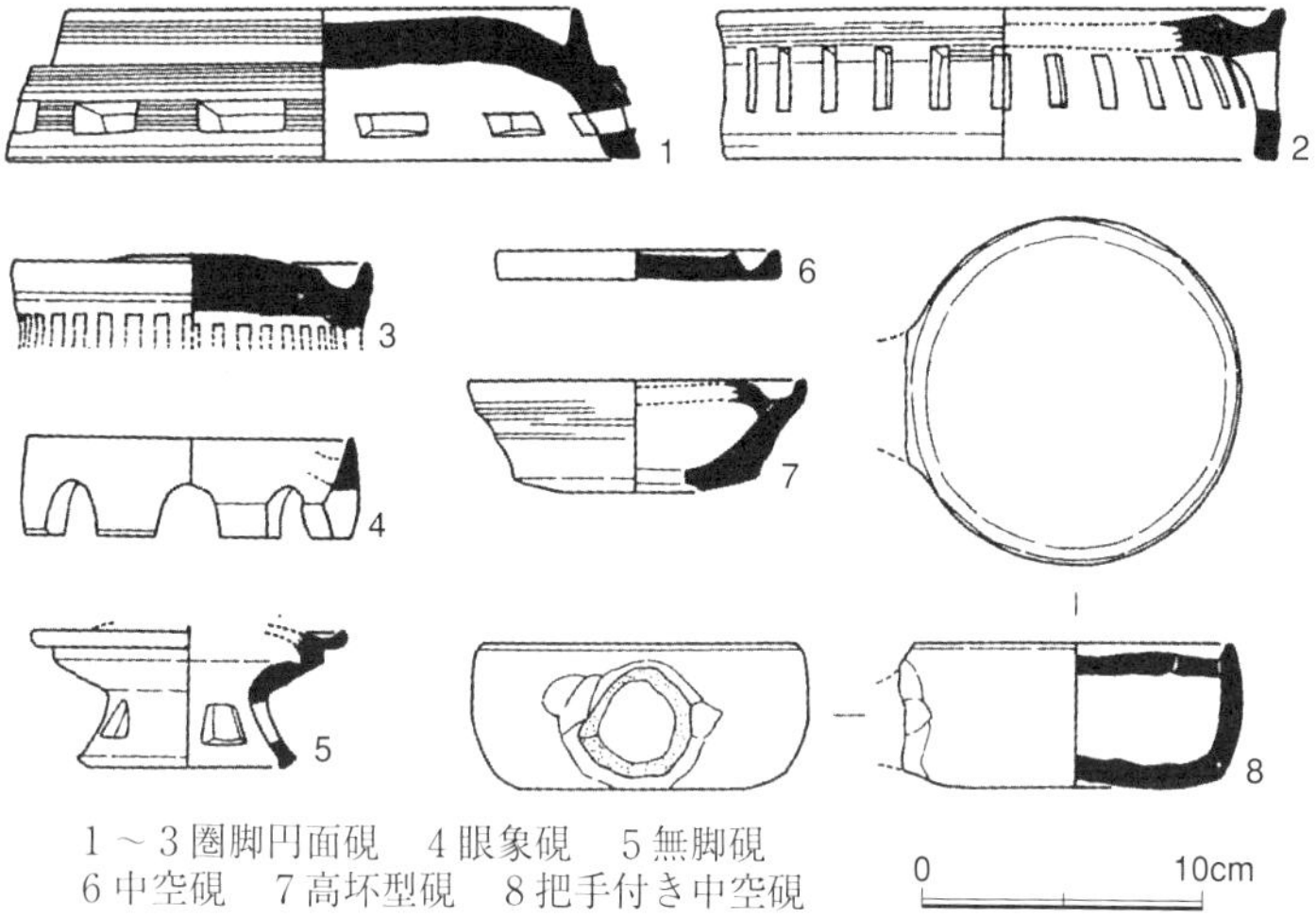

1～3圏脚円面硯　4眼象硯　5無脚硯
6中空硯　7高坏型硯　8把手付き中空硯

図18　隼上り窯の硯（京都府宇治市）

七世紀前半は、まだ地方に役所がなく、文字を書く仕事をする人は、大王の宮のあった大和《やまと》（奈良県）や渡来人が多く住んだ河内《かわち》（大阪府）、近江《おうみ》（滋賀県）、筑紫《つくし》（福岡県）などにいたから、陶硯が出土したのです。

それは、王権が、文字を始め機織《はたお》りや製鉄、窯業、土木、測量そして仏教など、最先端の科学や技術を携えた渡来人たちと、距離を置きつつも王権から手放さなかったからでした。

畿内以外の地方の遺跡で、七世紀前半の陶硯が、出土することもありました。なぜでしょう。考えられることは、三つあります。

ひとつは、地方で、陶硯を作った人が、古墳に葬られるときに硯を一緒に葬った場合です。静岡県や石川県で古墳から出土している陶硯のことです。隼上り窯跡でも近くの隼上り古墳から、陶硯が出土しました。

二つ目は、大王の宮に出向いた地方の豪族

が、文字にかかわる仕事をしていたため、陶硯を手に入れて故郷にもどった場合です。

三つ目は、畿内から来た派遣官が、携行してきた陶硯を、赴任地に残していった場合です。二つ目も三つ目も、地方の遺跡から畿内で作られた陶硯や、外国で作られた陶硯が出土する点は一致します。

たとえば、山形県米沢市西谷田《にしやた》遺跡では、多種類で、複数の陶硯が出土しました。この遺跡は、川べりの港（川津《かわつ》）に作られ、荷の上げ下ろしをした遺跡でした。大化改新の直後、日本海を能登半島から北海道の渡島《おしま》まで、大遠征した阿部比羅夫《あべのひらふ》のような派遣官が、持ってきたのかもしれません。

最古の戸籍

蘇我稲目《そがのいなめ》は馬子《うまこ》の父で、物部尾輿《もののべのおこし》と仏教を日本に入れるか否かで、激論を闘わせた人物です。その稲目が、欽明《きんめい》天皇の命令で吉備《きび》（岡山県）に白猪屯倉《しらいのみやけ》を作りました。屯倉とは、大王家の経済を支える直営地のような場所です。

その後、白猪屯倉を耕す人（田部《たべ》）が増えたので稲目は、胆津《いつ》という人を使わして、耕作者の名簿「白猪田部丁籍《しらいのたべのよほろのふみた》」を作りました。この名簿ができたことで、屯倉に収める年貢や借金の管理、計画的な農業生産が、はじまるようになりました。これが、戸籍《こせき》の始まりといわれています。

この胆津の作った「丁籍」は、残っていません。書かれたのが、紙か木簡かわかりませんが、硯で墨をすって、筆につけて書いたはずです。ですから胆津は、大和から硯を持って白猪屯倉へ赴いたと考えられます。欽明《きんめい》天皇三〇年（五六五）のことですから、六世紀後半にさかのぼる硯が、今後、発見されるかもしれません。

さて、それから一世紀後、各地の豪族は、郡司となり、さまざまな文書事務をこなしていました。たとえば戸籍は、天智天皇《てんじ》九年（六七〇）に全国的な戸籍（庚午年籍《こうごねんじゃく》）ができます。このころまでに全国の郡司は、文字を操り、名前や地名などを書きこなしていたのです。

そして、郡司たちを教育したのは、各地に移り住んだ渡来人でした。百済《くだら》を救援するために、唐と新羅の連合軍に戦いを挑んだ白村江《はくそんこう》の戦いと前後して、朝鮮半島や中国からたくさんの亡命者や難民が日本に訪れました。国策によって一旦、渡来人は畿内周辺にとどまり、その後、未開発の各地に移り住みました。

大化改新（六四五年）の後まもなく、大和から派遣された総領《そうりょう》と呼ばれる役人によって、各地の豪族が、評造《ひょうぞう》（後の郡司《ぐんじ》）に任命され、わが国の文書行政が始まります。発掘調査でわかるのは、遺跡から発見される木簡です。最古の木簡は、難波宮（大阪府大阪市）に送られてきた貢《みつ》ぎ物の付け札、今のラベルでした。

ところが、郡の役所である郡家《ぐんけ》の建物が、全国各地で完成するのは、七世紀の末ごろのこととなります。つまり、郡の役所がなくても事務は行われていたのです。それを示すのが、地方から出土する陶硯です。

古く陶硯は、畿内や北九州などだけで焼かれていましたが、七世紀後葉になると、各地で焼かれ始めます。また、豪族の家や集落の遺跡からも陶硯が、発見されるようになります。このことは、七世紀後葉から、陶硯を使って文字を書く仕事や場面が、地方の人々の間にも広がっていたことを示します。

ところで、七世紀の陶硯をみますと、ムカデのように脚がついた獣脚硯《じゅうきゃくけん》（表紙参照）や高さの低い圏脚硯《けんきゃくけん》、把手《とって》のついた中空円面硯《ちゅうくうえんめんけん》などがあります。しかし、朝鮮半島の百済や新羅の硯は少なく、中国の三彩陶器《さんさいとうき》をコピーした獣脚硯や圏脚硯などが主体でした（図19）。

しかも比較的大形の硯が多く、獣脚には、複雑な文様が描かれることがありました。墨をするという実用ばかりではなく、硯を使う人のステイタス・シンボルでもあったのです。パソコンが発達した現代でも、十八金《じゅうはちきん》の万年筆や象牙《ぞうげ》の印鑑を自慢する人がいることと、あまり変わりません。

都の硯、鄙の硯

壬申《じんしん》の乱に勝った天武《てんむ》、持統《じとう》天皇は、大津宮《おおつのみや》（滋賀県大津市）から飛鳥の浄御原宮《きよみはらのみや》（奈良県明日香村）、そして本格的な都城である藤原京《ふじわらきょう》（同県明日香村）へと都を移しました。藤原京の建設と前後して、全国各地の郡家の整備が進み、ついに大宝《たいほう》元年（七〇一）、「大宝律令《たいほうりつりょう》」が制定され、天皇を中心とした中央、地方行政がスタートしました。

この間、役人の数は徐々に増え、十万人の人口をかかえる平城京（同県奈良市）には、七百人の役人が住んでいたといわれます。地方でも国府に国司、郡家に郡司など位階《いかい》（第五章参照）をもつ役人（官人）のほか、文書にかかわる事務系の臨時役人（雑任《ぞうにん》）がたくさんいました。また、六十二の国と二つの島《とう》（対馬《つしま》、壱岐《いき》）、およそ六百の郡があり、一万人を超える役人がいました。

そのすべてが、硯を用いて墨をすり、文書や木簡を書いていました。つまり、この数に匹敵する硯が存在したのです。ただし、すべての官人や雑任が、獣脚硯や圏脚硯といった陶硯を使っていたのではなく、遺跡から出土した陶硯と転用硯《てんようけん》の数を比べれば、圧倒的に転用硯が多かったのです。陶硯は、文書の最後に記した「署名《しょめい》」（サイン）に用いられただけかもしれません。

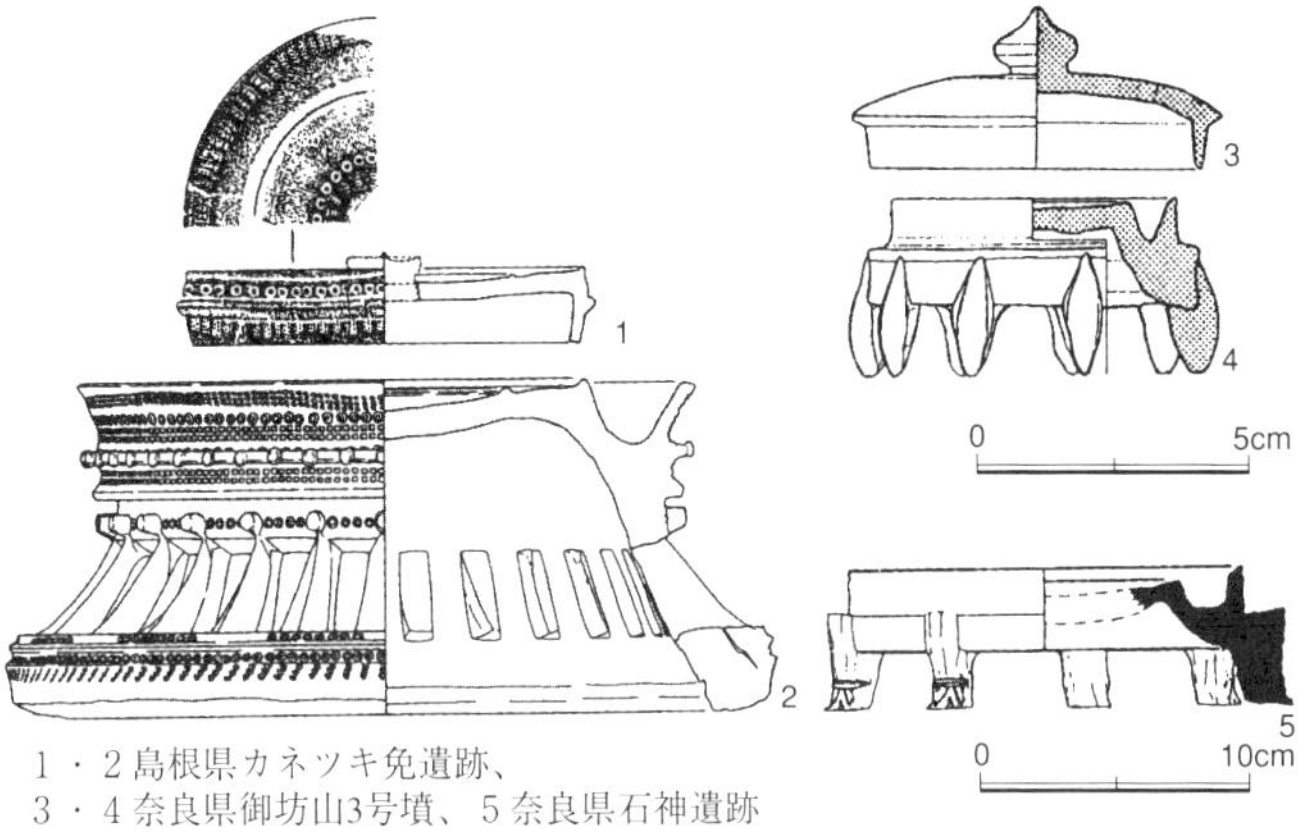

1・2島根県カネツキ免遺跡、
3・4奈良県御坊山3号墳、5奈良県石神遺跡

図19　舶来の硯

ところで、陶硯の形や大きさと、出土遺跡の種類の関係を調べると、陶硯が身分を象徴するきわめて古代的、律令的な産物だったことがわかります。たとえば、羊の蹄《ひづめ》のような形をした脚が並ぶ蹄脚円面硯《ていきゃくえんめんけん》は、藤原京や平城京、とくに役所が集中し天皇の住む宮内《きゅうない》に全国出土の八割が、集中して出土しています。

残りは、蹄脚円面硯を焼いた窯跡、多賀城《たがじょう》と大《だ》宰府《ざいふ》を始めとする国府、そして古代国家が重点的な支配をした地方の拠点的な遺跡です。とくに、この陶硯を焼いた窯は、岐阜県各務原《かかみがはら》市や愛知県名古屋市、大阪府堺市などにありました。

この蹄脚円面硯を焼くことのできた窯は、陶器を税金（特産物を納めた「調《ちょう》」）としていた和泉《いずみ》国（大阪府）、尾張《おわり》国（愛知県）、美濃《みの》国（岐阜県）などに限られていたのです。

ですから、いったん、都へ集められ、この陶硯を携えて鄙《ひな》（都に対する田舎《いなか》、鄙《ひな》びた）の国府へ国

表6　陶硯を出土した遺跡の種類

	窯		集落		国府		寺		郡家		総数
	点数	%	点数	%	点数	%	点数	%	点数	%	
上野国	17	10.5	91	56.2	47	29.0	0	0.0	7	4.3	162
武蔵国	90	27.3	150	45.5	60	18.2	1	0.3	29	8.8	330
相模国	0	0.0	6	35.3	10	58.8	0	0.0	1	5.9	17
上総国	7	53.8	6	46.2	0	0.0	0	0.0	0	0.0	13
下総国	3	7.7	26	66.7	2	5.1	0	0.0	8	20.5	39
常陸国	24	16.9	84	59.2	7	4.9	7	4.9	20	14.1	142
下野国	21	24.4	20	23.3	38	44.2	0	0.0	7	8.1	86

司が、赴任したことで、各地の国府から出土し、そして、国司が立ち寄る郡家や津《つ》、駅家《うまや》、そして豪族の家などの遺跡に埋没したのです。

しかし、その絶対量は少なく、国府でも破片が二、三点出土するだけです。おそらく、国司は、蹄脚円面硯を再び都に持ち帰ったのでしょう。とすると、この硯は、役所に常備された硯ではなく、個人で買って手に入れた硯か、役所から永久貸与《たいよ》されたのでしょう。永久貸与とは、もらったことと変わりありません。

いずれにせよ、国司は、「遠《とお》の朝廷《みかど》」として天皇の言葉を伝える「御言持《みこと》ち」として、鄙に下ったのですから、その威厳《いげん》を保つ特別な硯を携《たずさ》えて下ったのでしょう。そして、国司は、赴任《ふにん》国の役人達にこの硯の一部を賜ったのかもしれません。

役所と硯

奈良時代の一般的な陶硯は、圏脚円面硯《けんきゃくえんめんけん》です。寿司《すし》桶《おけ》をひっくり返したような形をした陶硯です。当然、平城京、各地の国府、各国の郡家、豪族の家、そして集落の遺跡からも出土します。集落の遺跡から出土するのは、集落の中に文字にかかわる職業の人が住んでいたからです。

実は、統計を取ると、表6のように関東地方では、意外にも集落から出土する陶硯が、半数以上を占めていることがわかります。しかも飛鳥時代から奈良時代、平安時代と下るに従って、その数が大きくなっていきます。

遺跡から出土する遺物の大半は、いらなくなったので捨てたゴミです。土器や石器は、腐らないからすべてが残ります。たいていは、使われた場所や使った人と近い場所に捨てられます。陶硯の場合、陶硯を使った役所や寺院、あるいは陶硯を用いた役人や僧侶などが住んだ場所に捨てられます。前者は、役所や寺院の備品として置かれた場合、後者は個人的な所有物であった場合です。

どのような遺跡から、どのような形で出土するかで、備品か私物かがわかるときもあります。また、洗面器のような陶硯は、移動するのが大変なので据《す》え置《お》き用、お椀ぐらいの陶硯は携行用だったかもしれません。

パソコンにもデスクトップとラップトップがあり、使い分けられています。また、江戸時代には、矢立《やた》という携行用の筆と墨壺《すみつぼ》がありました。把手の付いた小形の陶硯は、携行用の陶硯といわれています。

ところで、不思議なことがあります。国によって陶硯の出土数や遺跡数が極端に違うことです。奈良時代には、国、郡、郷という単位があり、等質な地方行政が行われていたと考えられがちです。しかし、地域の実情に合わせて、陶硯は準備され用いられていたのです。

平成十七年一月に、関東地方で遺跡から出土した陶硯の数を調べました。遺跡を発掘してその成果をまとめた「発掘調査報告書」を、来る日も来る日もめくり、表6や7のような結果がでたのです。はじめは、国によって陶硯の出土数が、こんなに違うとは、思いもよりませんでした。

そこで、それぞれ国によって郡の数に違いがあることから、武蔵国の郡の数を百とした数字を、

表7　国別の陶硯出土数

	遺跡数	点数	郡数	補正値	補正遺跡	補正点数
上野国	80	162	14	66.7	120.0	243.0
武蔵国	82	330	21	100.0	82.0	330.0
相模国	13	17	8	38.1	34.1	44.6
安房国	0	0	4	19.0	0.0	0.0
上総国	6	13	11	52.4	11.5	24.8
下総国	27	39	12	57.1	47.3	68.3
常陸国	51	153	11	52.4	97.4	292.1
下野国	26	86	9	42.9	60.7	200.7

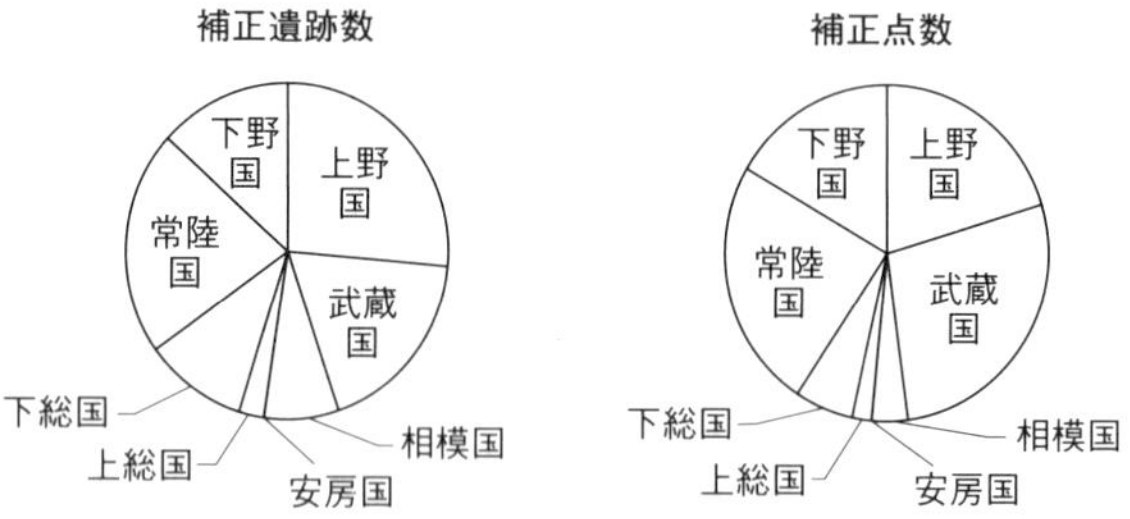

図20　国別の陶硯出土グラフ

それぞれの国の出土点数と出土遺跡数に掛け、数値の比較を行いました。この結果を円の大きさで表現したのが、表7と図20のグラフになります。

この分布の違いは、当時の人口や役人の数の違いなどではなく、その国が、どれだけ須恵器の生産が盛んだったかということに気がつきました。

たくさん須恵器の窯の作られた武蔵《むさし》国（埼玉県、東京都）や上野《こうずけ》国（群馬県）、常陸《ひたち》国（茨城県）では、陶硯が多く出土し、国内に須恵器の窯が無い国では、陶硯の出土が極端に少ないことに気がつきました。

同じように須恵器生産が、発達しなかった甲斐《かい》国（山梨県）、伊豆《いず》国（静岡県）、飛騨《ひだ》国（岐阜県）でも、陶硯の出土は少ないのです。この結果から、官《かん》衙《が》や寺、荘園、豪族の居宅等では、必ずしも陶硯を常備していなかったのではないかと、考えるようになりました。

しかも、詳細に陶硯を出土した遺跡の分布を観察すると、国という範囲ではなく、数郡をまとめた地域で、陶硯の需要数に違いがあったようです。ある豪族が陶硯を手に入れれば、その豪族と付き合いのある豪族も、陶硯を手に入れたかったでしょう。豪族たちの付き合う範囲が、だいたい数郡をまとめた地域だったため、陶硯の出土に地域による偏《かたよ》りが発生したのです。

集落遺跡から陶硯が出土することは、郡司ばかりではなく、集落内に住む人の一部が、役所や集落の富裕な家などで、文字にかかわる仕事をしていたこととなります。

そして、陶硯をあつかう者は、けして身分の低い者ではありませんでした。文字が、地域や民衆を支配するという古代的な社会の特質を考えると、陶硯は、豪族を語る格好《かっこう》の道具だったといえるのです。

硯の装飾

奈良時代の土器は、素焼きの土師器《はじき》と登り窯で焼いた須恵器《すえき》がありましたが、縄文時代の土器のような装飾性が極めて乏しく、実用性を追求した土器でした。しかし、陶硯だけは、個人的な需要が背景にあったこともあって、装飾性の高い個性的な仕上がりとなっていました。とくに台（脚）の部分にさまざまな装飾が施されました。

飛鳥時代には、前述のような獣脚硯や蹄脚硯などがありましたが、奈良時代になると、都城を除き圏脚円面硯《けんきゃくえんめんけん》（写真11）に淘汰《とうた》されていきます。文様は、透《す》かし窓やヘラで硯の台に施こされました。透かし穴には、円形、方形、長方形、十字形、L字形などがあり、「||」「×」「○」などのへ

写真12　圏脚円面硯（埼玉県北島遺跡）

ラで書いた文様と組み合って、台のまわりをめぐりました。

古くは、ヘラ書きと透かし穴の間隔が狭く、細かな意匠《いしょう》（デザイン）でしたが、しだいに間隔があき、ついに三、四単位の文様となってしまいます。また、長方形の透かし穴だけが、寺院の連子《れんじ》窓《まど》のように連続するデザインの陶硯（写真12）でも、透かし穴の間隔が狭いタイプから幅の広いタイプへと移っていきます。

また、脚《きゃく》の高さも飛鳥時代には低いのですが、次第に高くなり、平安時代に極限となります。これを「型式変化《けいしきへんか》」といいます。さらに、陶硯の大きさには、大中小があったらしく、使う場所や使う人の身分などによって異なっていたようです。ただし、明確な規定はありませんでした。

しかし、律令国家は、前章で述べたように、互いの身分や地位を目で見て確認することで、成り立っていた社会でしたから、お互いの陶硯が、どのような陶硯かを認識するため、装飾性が高まったのかもしれません。古代の陶硯は、視覚に訴える「見せる陶硯」だったからです。

ですから、この陶硯を持っていること、時間をかけてこの陶硯で墨をすること、この陶硯で署名を書くこと、このすべてが、文字をあつかう者のパフォーマンスだったのです。蹄脚円面硯《ていきゃくえんめんけん》が、都城や国府などでしか出土しないことも蹄脚円面硯が、都の官人や国司の長官（守《かみ》）が用いた特別な陶硯だったからでしょう。

そして、国司は、都から陶硯を携えて下向し、再び都へ持ち帰ったのです。また、国府や郡家で文書を書いた官人の大半が、その土地の人でしたから、彼らが陶硯を必要としたとき、その土地で使われていた土器を焼いた窯場へ陶硯を特別に発注したのでしょう。そのときは、前に作った陶硯や国司が都から持ってきた陶硯が、モデルでした。

陶硯をよく見ると、陸《りく》と海《うみ》の境の堤《つつみ》が、椀《わん》の高台と似ていたり、反転すると甕《かめ》の底や甕の口のつくりとよく似ていたりします。これは、陶硯専門の工人が、陶硯だけを作っていたのではなく、普段は食器や甕などを作っている人たちが、発注主の希望に合わせて陶硯を作った証拠です。ちょっとしたところに、工人の「手の癖《くせ》」が自然と出てしまうのです。

ですから、文様の特徴や堤の特徴、脚の先の形、あるいは焼き具合などで、尾張国（愛知県）の陶硯とか、武蔵国の陶硯ということが、ある程度わかります。工人のDNAが、土器にはすり込まれているのです。このDNAを解き明かすことで、これから、さらに細かなことがわかることでしょう。

風字硯と遣唐使

古代の陶硯にも、現代のように板状の硯があります。無脚の陶硯といい、その形から宝珠硯《ほうじゅけん》、風字硯《ふうじけん》、長方形硯、円形硯などと呼ばれています。宝珠とは、桃のようなかっこうです。花びらを象《かたど》った形の硯（八花硯《はっかけん》）もあります。

ところで、中国では、石の風字硯が、唐の時代から盛んに作られました。広東《かんとん》省高要県《こうようけん》の瑞渓硯《たんけいけん》、安徽《あんき》省婺源県《きゆうけん》の歙州硯《きゆうじゆうけん》、甘粛《かんしゆく》省臨洮県《りんとうけん》の洮河緑石硯《とうがりよくせきけん》等がとくに珍重されたようです。また、山西《さんせい》省絳州《こうしゆう》で黄河の水を沈澱《ちんでん》させた泥土《でいど》を焼いて作った澄泥硯《ちようでいけん》があったといいます。

蹄脚円面硯や圏脚円面硯が全盛だった奈良時代末、風字硯が爆発的に流行します。それまで主流の圏脚円面硯をしのぐ勢いでした。風字硯以前にも、宝珠硯や八花硯などの無脚の陶硯がありましたが、都城の宮廷や貴族、大寺院などで用いられていただけで、地方まで普及することはありませんでした。

ところが、風字硯は違いました。それは、風字硯の流行する中国からもどった遣唐使《けんとうし》が、その実態を日本に伝えたからです。風字硯は、奈良時代末にすでにもたらされていましたが、爆発的に日本中に広がったのは、空海《くうかい》や密教《みつきよう》などとかかわりがあったのでしょう。唐で密教を勉強した空海は、たくさんの仏典《ぶつてん》や漢籍《かんせき》、仏像をわが国にもたらしました。

また、空海は、橘《たちばなの》 逸勢《はやなり》、嵯峨天皇とともに三筆《さんぴつ》と呼ばれ、とても字が上手だったことはよく知られています。空海は、延暦《えんりやく》二十三年（八〇四）に唐にわたり、二年後に帰国しています。彼が真《しん》言宗《ごんしゆう》、同じく唐に留学した最澄《さいちよう》が天台宗《てんだいしゆう》を開きました。それまでの仏教が、自らの悟りを求めた仏教でしたが、空海と最澄のもたらした仏教は、人々を救うための仏教でしたから、民衆へ瞬《またた》く間に広がりました。

各地の豪族は、盛んに仏堂を建て、村のなかにも小さなお堂が建ち、托鉢《たくはつ》につかう鉢が出土する竪穴住居も増えていきます。僧侶が、地域開発に必要な最新鋭の土木技術や医術、天文学などを熟知していたため、彼らの布教活動が、地方の豪族たちにも受け入れられたのです。彼らが、仏典の写経や願文《がんもん》を書くことなど文字をあつかうことが多く、そこで唐伝来の風字硯を用いたかもしれません。

しかし、石の風字硯は、日本では、鎌倉時代にならなければ作られませんでした。平安時代には、石の硯をまねて土で作られました。わざわざ粘土の板を作り、その縁を石のように面取りし、小さな脚を削って作りました。

なかには、瓦作りの工人がかかわった風字硯もありました。裏面に古代の瓦にみられる布目の跡が残っています。なお、石を削り出して硯を作り出すためには、専用の大形のノミがなければできません。ノミを肩の内側に当て、渾身《こんしん》の力をこめて石を削っていくのです。熟練した技術がなくてはできません。

その代わり、わが国の土器作りの人々は優秀でした。唐三彩《とうさんさい》をまねて奈良三彩《ならさんさい》を作り、中国の青磁や白磁をまねて、緑釉陶器や灰釉陶器を作り出すなど、独自の工夫をしたのです。これこそが、「国風文化」です。

陶硯と墓

奈良県斑鳩《いかるが》町の竜田《たつた》には、御坊《ごぼう》山三号墳という飛鳥時代の古墳があります。大きな石をくりぬいた棺から、緑色と白色の二彩《にさい》の陶硯とガラス製の筆（筆管《ひつかん》）が出土しました。「しずく」のような脚が、周囲についた中国製の円面硯です。小形の陶硯であることから、実用品ではなく「明器」と呼ばれる副葬品だったかもしれません。

中国や朝鮮半島で作られた飛鳥時代の陶硯が、わが国で出土することは極めて少なく、筆管とともに輸入され、これを入手した人物が、御坊山三号墳の被葬者といわれています。ひょっとしたら、遣唐使とともに日本を訪れた唐人《とうじん》だったかもしれません。

古代の役人は、「刀筆《とうひつ》の吏《り》」と呼ばれました。文字を書く筆と木簡《もっかん》を削る万能ナイフの刀子が、商売道具だったからです。刀子を古代の墓に葬ることはしばしばありましたが、陶硯を葬ることは、とても限られたことでした。

ところが、古代の中国では、陶硯を墓に埋葬することは珍しくありませんでした。日本で陶硯が作られ始めた飛鳥時代は、まだ各地で古墳が造られていましたから、いくつかの古墳でも陶硯を副葬していました。表8は、陶硯を出土した古墳や古代の墓の一覧です。

前述のように陶硯を作った人が、古墳に葬られている場合はともかく、役人となった古代の豪族が、役人の表象ともいえる腰帯《ようたい》をつけて、古墳に葬られたことはありましたが、同じ役人の象徴である陶硯は、副葬されなかったのでした。これは、陶硯に対する日本と中国の大きな考え方の違いなのかもしれません。

それは、奈良、平安時代を通じてかたくなに守られましたが、平安時代末の十二世紀になって、石製の風字硯や長方形の陶硯が、墓に埋められる場合が、しばしば見られるようになってきます。博多の鴻臚館《こうろかん》貿易や平清盛《たいらのきよもり》の日宋《にっそう》貿易によって、中国の石硯が多数輸入され、これを墓に副葬する思想もわが国に導入され、鎌倉時代以降、墓に硯が副葬されていきました。

愛媛県北条《ほうじょう》市大相院《だいそういん》遺跡では、小形の石製風字硯が、中国の青磁の椀や刀子とともに平安時代末の墓に埋葬されていました（図21）。この風字硯には、細く繊細な線で人物や船のような絵画が描かれています。手に持つとずっしりと重い深い緑青《ろくしょう》色の硯です。

表8　陶硯を出土した古墳や古代の墓

遺跡名	所在地	時期	硯の種類	遺跡の種類
上野山古墳群	山形県南陽市	7世紀	円面硯	古墳
大小寺古墳群	宮城県大郷町	不詳	円面硯	古墳
七ツ池遺跡	福島県郡山市	8世紀	圏脚円面硯	古墓カ
上香貫宮原古墳	静岡県沼津市	8世紀	把手付中空円面硯	古墳
勅使法皇山12号横穴墓	石川県加賀市	7世紀	圏脚円面硯	横穴墓
隼上り1号墳	京都府宇治市	7世紀	把手付き中空円面硯	古墳
西野山古墓	京都府京都市	9世紀	黒色風字硯	古墓
竜田御坊山3号墳	奈良県斑鳩町	7世紀	蓋付き三彩獣脚円面硯	古墳
松本4号墳	島根県三刀屋町	7世紀	把手付き中空円面硯	古墳
美作国分寺古墳カ	岡山県津山市	不詳	圏脚円面硯	不詳
大相院遺跡	愛媛県北条市	12世紀	石製風字硯	古墓
中間中学校横穴墓	福岡県中間市	7世紀	円形硯	横穴墓
狐塚古墳	福岡県朝倉郡	11世紀	中国製石製四葉硯	古墳(再利用)
三沢京江ヶ浦5号横穴墓	福岡県小郡市	7世紀	圏脚円面硯	横穴墓
藤附B遺跡	佐賀県佐賀市	8世紀	圏脚円面硯	古墳カ
波見遺跡	鹿児島県	9世紀	風字硯	地下式横穴

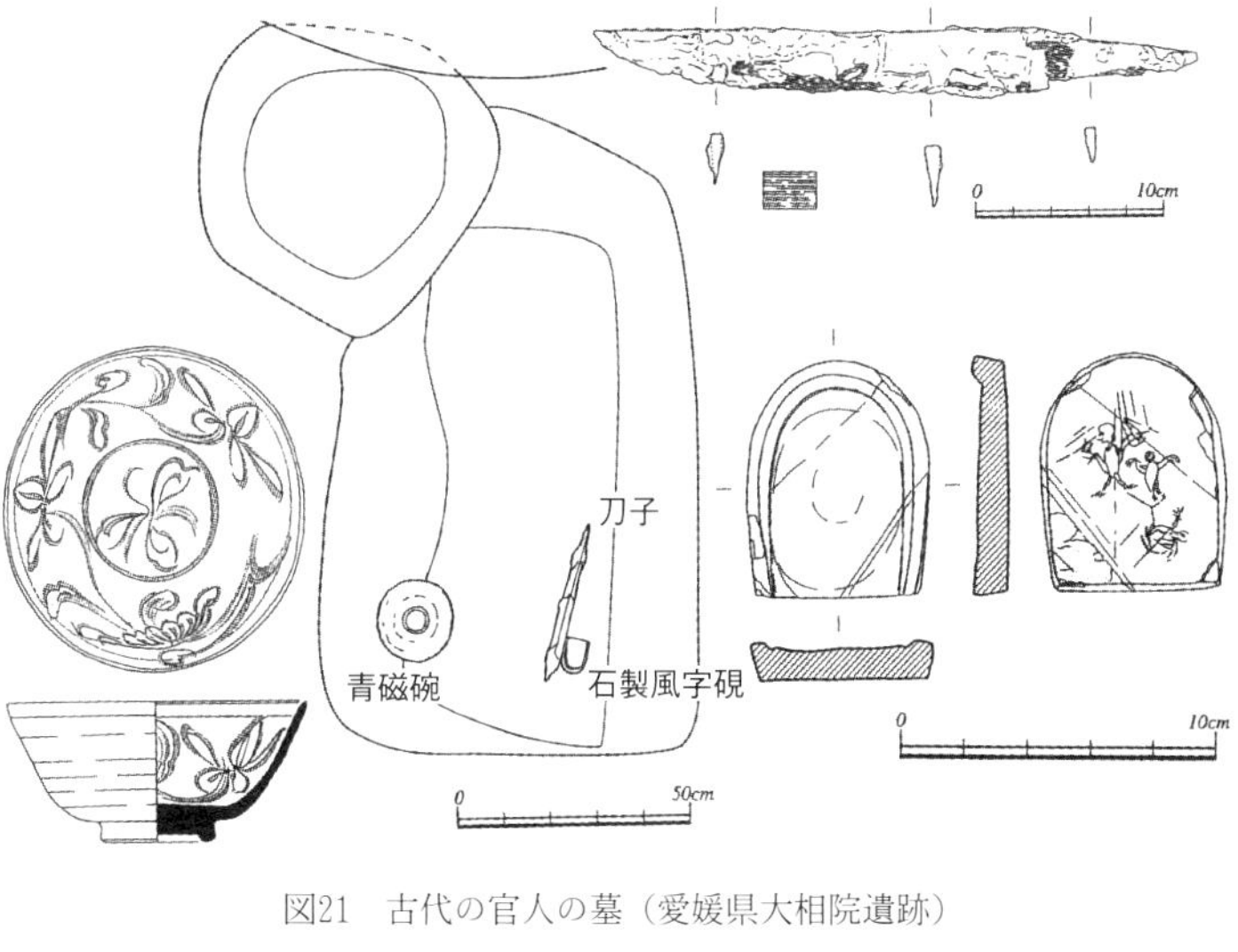

図21　古代の官人の墓（愛媛県大相院遺跡）

大相院遺跡は、瀬戸内の大海賊となった河野《こうの》氏を生み出した地域の遺跡です。この墓に葬られた人物は、ひょっとしたら、中国から訪れた海賊の先祖だったかもしれません。

陶硯の出土は、律令国家が、文字による地域支配を推進していった指標《しひょう》でもありました。それをよく示すのが、東北地方の城柵《じょうさく》遺跡や集落遺跡から出土する陶硯です。

北辺の陶硯

城柵は、東北地方北部に住む蝦夷《えみし》たちの支配のために作られた軍事施設であり、行政施設でした。東北地方の南部から徐々に北上し、平安時代前半には、ついに盛岡市や秋田市まで進みますが、その後も前九年《ぜんくねん》、後三年《ごさんねん》の役《えき》など大きな抵抗が続きました。東北地方から出土した陶硯をみると、もうひとつの蝦夷支配の歴史が見えてきます。

七世紀。飛鳥時代の陶硯は、仙台市の郡山《こおりやま》遺跡や古川市の名生館《みょううだて》遺跡といった初期の城柵遺跡から出土し、陶硯分布の北限でした（図22左）。八世紀。奈良時代になると、陸奥《むつ》国府である多賀城や宮城県と岩手県の県境まで城柵や郡家などができ、陶硯の北限となります。さらにこの地域の集落遺跡からも、陶硯の出土が見られるようになります（図22右）。

九世紀。平安時代になると、岩手県奥州《おうしゅう》市の胆沢《いさわ》城、盛岡市の志波《しわ》城、矢巾町の徳丹《とくたん》城など岩手県の北上川をさかのぼるように城柵が築かれ、そこで陶硯が用いられました（図23左）。しかし、陶硯は、盛岡市を越えて発見されることはありませんでした。志波城が、太平洋側の北の限界だったからです。

つまり、陶硯は、郡家や城柵が建ち、郡司が任命され、郡の文書事務がスタートする象徴でもあったからです。この点、七世紀後葉、郡の役所ができあがらなくとも、陶硯が先行して使われ、

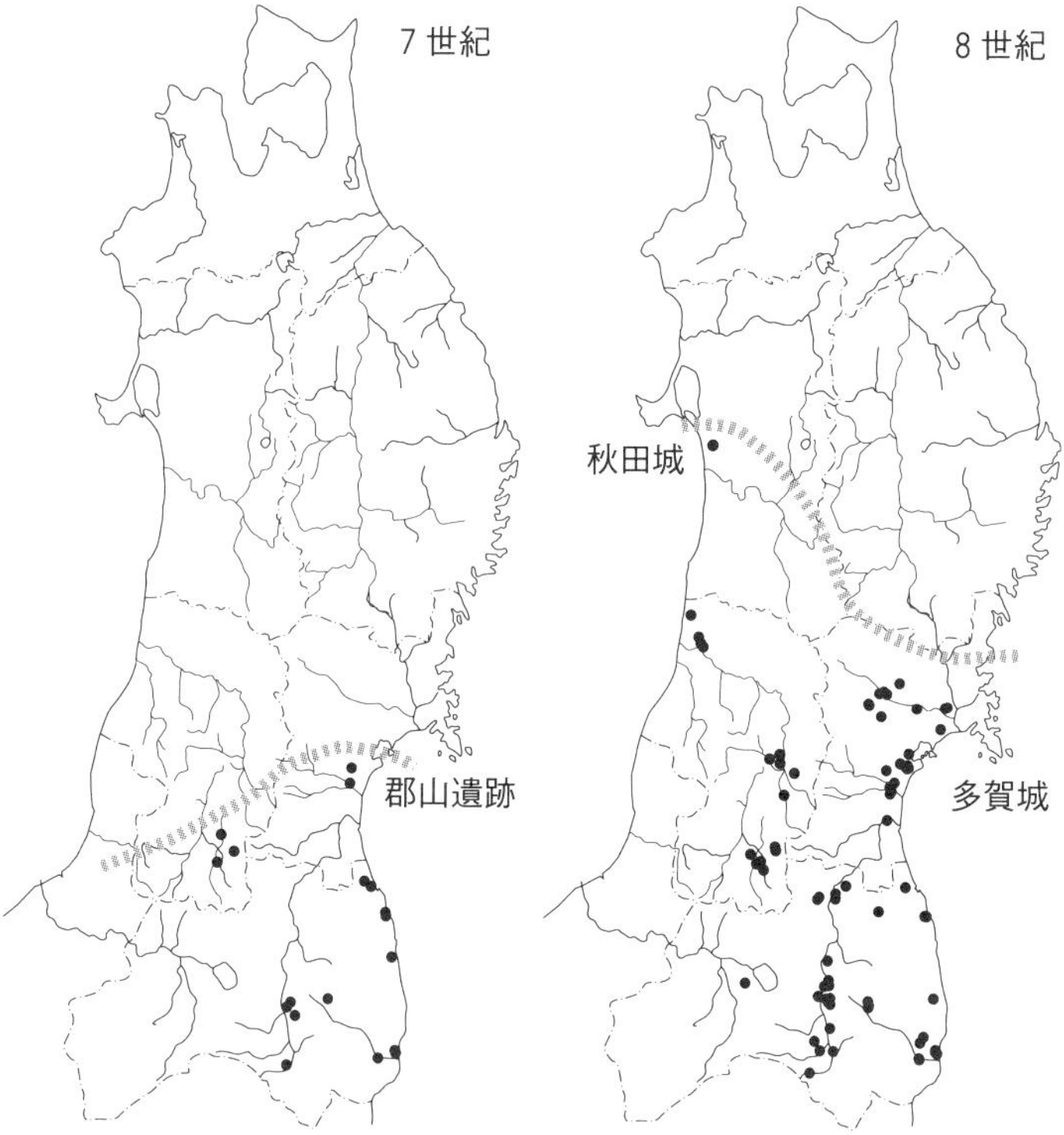

図22　東北地方の陶硯分布の推移（1）

文書の事務が行われていた関東地方とは、大きく異なっていました。役所がなければ、文書事務を行えなかった陸奥国ならではの事情といえましょう。

また、陸奥国は、東国各地から移民を集めて、郡を立てる柵戸《さっこ》という政策でしたから、城柵の建設が前提となっていたのです。

なお、陸奥国南部の福島県域では、郡家や各地の集落遺跡で七世紀から陶硯をみることができます。福島県域

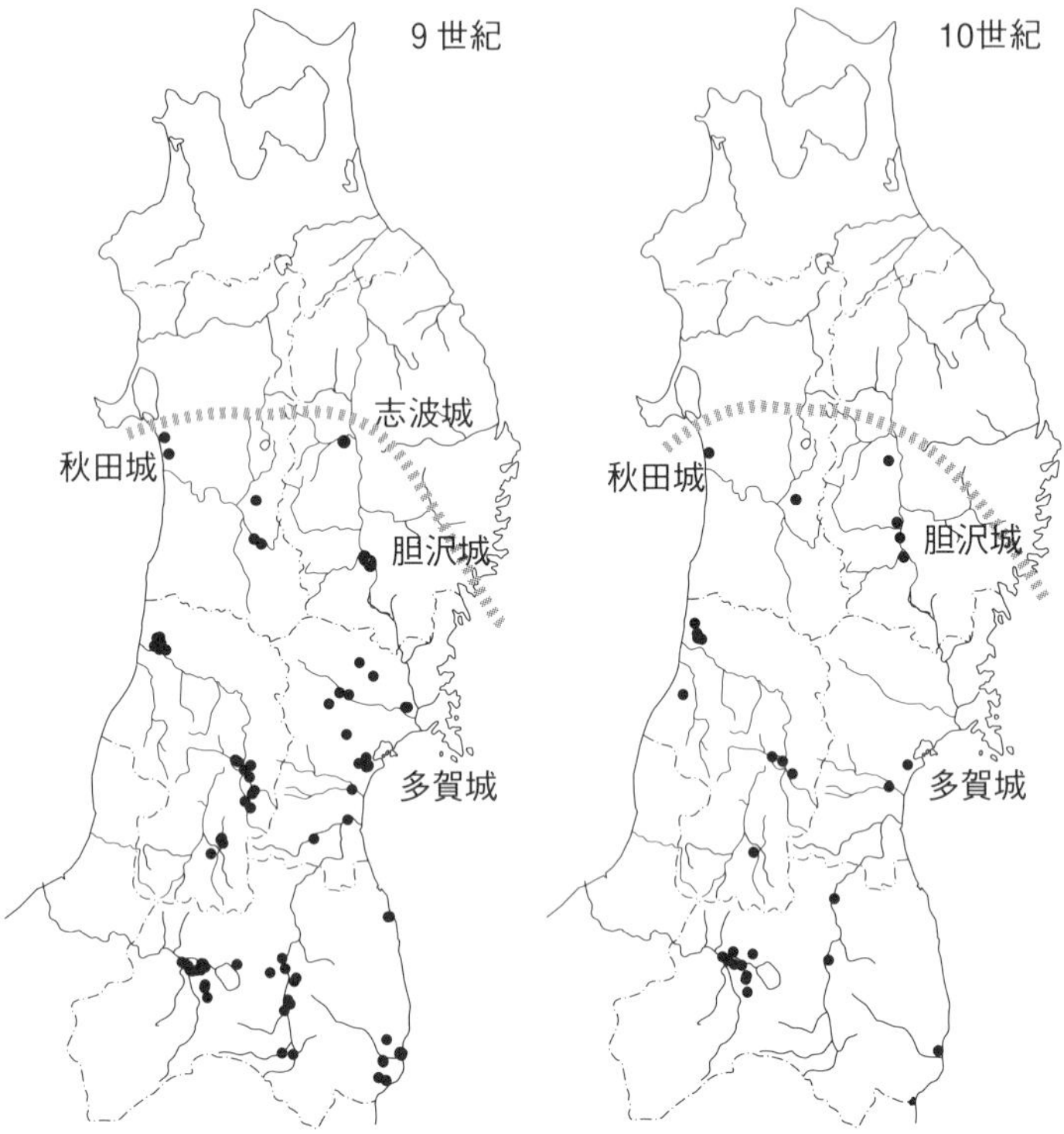

図23　東北地方の陶硯分布の推移（2）

は、関東地方と同様な支配構造が、できあがっていたのかもしれません。

　さらに、日本海側の出《で》羽《わ》国（山形県、秋田県）では、飛鳥時代こそ、酒田《さかた》市や米沢《よねざわ》盆地などでわずかにみられるだけですが、奈良時代になると、秋田市の秋田城まで一足飛びに広がります。

　しかし、平安時代、日本海側からの分布の拡大はみられません。というよりも、日本海沿岸の拠点を点々とまたぐように陶硯は広がっていました。

太平洋岸の地域（陸奥国）では、仙台平野から面的な地域支配をすすめたのに、日本海側の地域では、日本海沿岸に点在する潟湖《せきこ》（入江）を支配拠点として、飛び石を一歩ずつ踏むように、北へ伸びていったのです。そして、その終着点が、秋田城でした。

逆に、国家に編入されていなかった盛岡市や秋田市以北の東北地方北部では、陶硯が使用されていませんでした。古代国家の官人と接触した蝦夷《えみし》たちは、太刀や腰帯、金銅製馬具、銅鏡などを威《い》信財《しんざい》や宝物として交換しましたが、文字による支配の象徴であった陶硯は、交換したり蝦夷の地で作られたりすることは、ありませんでした。

つまり陶硯は、文書による行政や僧侶による宗教的活動などがあってこそ、必要な文房具だったのです。東北地方の蝦夷と同様、鹿児島県にいた隼人《はやと》も国家に「まつろわぬ」人々でした。鹿児島県から出土した陶硯が、極端に少ないことも同様の理由なのかもしれません。なお、最南端の陶硯出土遺跡は、鹿児島県都城市の大島遺跡から出土した風字硯です。

子供の教育

桜の咲く季節、六歳になった子供は、小学校の門をくぐり、九年間の義務教育のスタートにつきます。その後、ほとんどの人が、高等学校、専門学校、あるいは大学などの教育を受け、社会に羽ばたいていきます。しかし、奈良時代の教育機関は、国ごとに置かれた「国学《こくがく》」と、都にあった「大学《だいがく》」、そして貴族の私塾や寺院だけでした。

国学と大学には、十三歳以上、十六歳以下の聡明な者が入学できます。しかし、入学資格はとても厳しく、五位以上の子や孫、半島や大陸から渡来してきた人々が優先され、八位以上、六位以下の郡司や都の下級官人の子供には、とても難しい試験がありました。九年まで在籍できるので、国学生や大学生は、だいたい中学生から大学生と同じくらいです。

定員も決まっていて、大学で四百人、国学は国の大きさで大国《たいこく》五十人から下国《げこく》二十人までとなっていました。たとえば、美濃《みの》国（岐阜県）は十九郡なので大国、郡あたり二、三人の学生、つまり大領《だいりょう》、少領《しょうりょう》といった郡領《ぐんりょう》の子弟が学んだこととなります。

大学、国学では、中国からわたってきた文学書の『文選《もんぜん》』やさまざまな経書《きょうしょ》をまず徹底的に読み、暗唱することから始まります。暗唱できたら、どんなことが書いてあるか、講義が行われます。先生は、「博士《はかせ》」と呼ばれ、国学に「国博士《くにのはかせ》」一人、大学には、「音博士《おんのはかせ》」「書博士《しょのはかせ》」「算博士《さんのはかせ》」という専門分野の先生が、それぞれ二人ずついて「よみ、かき、そろばん」（このころ「そろばん」はありません）を担当していました。

また、大学、国学では、十日に一日休みがあり、休みの前に試験がありました。漢文の千字ごとに三文字を隠し答える試験をし、二千字ごとに一箇所の意味を質問しました。二問正解して合格、だめなら罰を下すこととなっています。

一年間受けた「業《ぎょう》」（授業はここからきています。）を合計して、六以上なら「上」、四以上は「中」、三以下は「下」という評価が下ります。三年連続して「下」なら落第し、除籍《じょせき》となります。また、一年のうち百日サボると放学となります。

大学や国学で教えられるのは、儒教《じゅきょう》の精神であったり、中国の詩や経であったり、高等数学や易《えき》経《きょう》など官人社会のなかで、直接役立つ勉強ではありませんでした。しかし、官人たちは、中国人以上に中国のことをよく勉強し、国際社会人としての教養が、官人たちを根底から形成していました。まるで現在、中国大連《だいれん》の若者たちが、日本語をマスターし、日本製のパソコンのトラブルを、大連のサポートセンターで受け付けているように、わが国の官人たちは、渤海使《ほっかいし》や唐使《とうし》、新羅使《しらぎし》たちと、漢詩で友情を暖めあえたのです。

さて、問題となるのが、国学や大学に入学する以前の子供たちの教育です。子供が、小学校に上がるまでに、ひらがなやカタカナ、数字などを覚えさせようと、親は子供を励まします。奈良時代でもまったく同じでした。いきなり国学で珍紛漢《ちんぷんかん》なテキストを習っても、まったくわからないからです。

ここに子供が字を習った木簡があります（図24）。豪族の家のあった埼玉県熊谷市北島遺跡の井戸から出土した木簡です。とても上手な「長」と「是《これ》」という文字が途中にあり、この二字の前後

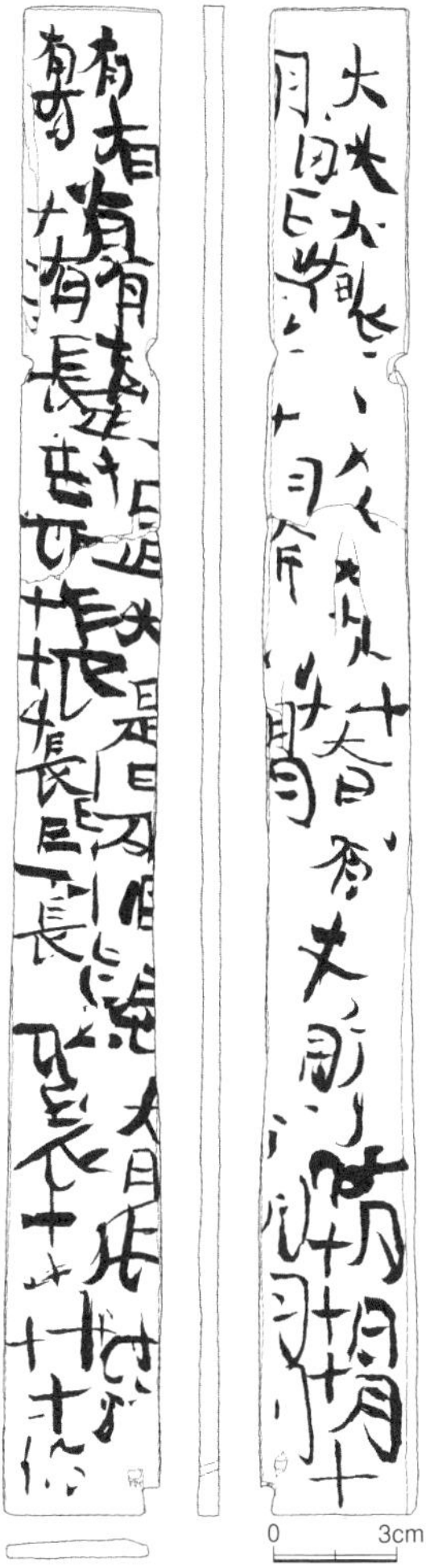

図24　習書木簡
（埼玉県北島遺跡）

に稚拙《ちせつ》な「長」と「是」が書かれています。活字で書くと「長」と「是」はまったく別の字ですが、子供にとっては、良く似た文字だったのでしょう。一生懸命、練習しています。

また、その裏には、「有」という文字が練習されています。「十」と「月」という文字もあります。よく見ると「十」と「月」は、「有」を分解して練習していたことがわかります。誰でも漢字の練習帳にまず偏《へん》だけ一列書いて、その横に旁《つくり》を書いた経験はありませんか。奈良時代の子供も親にしかられながら、泣く泣く漢字を学んでいたことでしょう。

そして、この木簡で文字を練習した子供もやがて、役人の端《はし》くれである郡司となり、また、地域に君臨する豪族として成長したのでした。そして、豪族たちが、文字を自由に操る社会が訪れたことは、古代国家の理想的な完成を意味していました。

ところで、地域に君臨した豪族たちは、男性とばかりは限りません。子供の教育はともかく、「家」の経営を考えたとき、女性は、とても大きな存在でした。つぎは、遺跡や遺物の中に残る女性の豪族「家刀自《いえとじ》」について、文献に残る記録とともに考えてみたいと思います。

第七章　女性の豪族

邪馬台国《やまたいこく》の卑弥呼《ひみこ》以来、推古《すいこ》天皇、持統《じとう》天皇、そして北条政子《まさこ》など歴史に輝く女性の権力者がいました。しかし、彼女たちは、女王や「尼将軍《あましょうぐん》」と呼ばれるほどの絶対的な権力をもちながら、身内の有能な男性がその政権を補佐していました。

家刀自と家長

卑弥呼は、神のお告げを弟に伝えたといい、推古天皇は、甥《おい》の聖徳太子と政治を行い、北条政子は、弟の義時《よしとき》を鎌倉幕府の執権《しっけん》としました。国の最高権力者だけではなく、女性が家の経済や地域の祭りを切り盛りした例は、たくさんあります。とくに「家刀自《いえとじ》」と呼ばれる女主人は、男主人の「家長《いえぎみ》（公）」とともに家を守り、家を繁栄させるリーダーでした。

『日本霊異記《にほんりょういき》』にこんな話があります。

讃岐《さぬき》国美貴《みき》郡（香川県木田《きた》郡）の大領《だいりょう》（郡の長官）小屋県《こやのあがた》主宮手《ぬしみやで》の妻の田中真人広虫女《たなかのまひとひろむしめ》は、八人の子を産み、馬牛、奴婢《ぬひ》、稲、銭、田畠など豊かな財産を築いていました。広虫女は、とてもごう慢でしたから、もっとお金儲けをしようとして、夫の家が建てた三木寺《みきでら》の酒を薄めて売ったり、種もみを貸すのに小さな枡《ます》で貸し、取り立てるときは、大きな枡で取り立てたりしました。

あるとき広虫女は、重い病気になり夢を見ました。薄めた酒のこと、秤《はかり》や枡で不正をしたこと、そして勝手に寺の財物を使ったことを閻羅王《えんらおう》（閻魔《えんま》）から責められる夢でした。そして、彼女は、夢のまま息絶えてしまいました。しかし、七日後、彼女は、上半身が牛、下半身は人間に生まれ変わります。ギリシャ神話の半神半獣のような姿です。

そこで夫の宮手は、八人の子とともに仏の加護が妻に下るように、三木寺に家の財物を献上し、さらに東大寺へ牛七十頭、馬三十四、墾田二十町、稲四千束を寄進しました。すると、半獣の広虫女は再び死んでもとの人間にもどったそうです。

この話から家刀自の広虫女が、郡司で家長の宮手とは別に、酒の販売や高利貸しをし、妻とはいえ夫の家の財産である三木寺の財物を、半ば自由に運用できたことがわかります。今で言えば、妻が夫の資産を元手に「町金《まちきん》」を経営し、一儲けするようなことです。

広虫女のような女性が住んだ家が、埼玉県坂戸市の宮町遺跡にありました。竪穴住居の中央に酒甕を置き、家の隅には、竿秤《さおばかり》の金具と石のおもり「権《ごん》」が置かれていたのです。竿秤は、腕木の長さを調節してバランスを取り、重さを量《はか》る道具です。また、液体や顆粒《かりゅう》を量る枡の役割をしたコップ形の土器も出土しました。

「路家《みちいえ》」という墨書土器も出土し、街道筋で酒や物品を量り売りしていた人が、この家に住んでいたことがわかります。広虫女のような「家刀自」が、この家に住み、往来を行きかう人々を相手に、あこぎな商売をしていたのかもしれません。

里刀自と田植え

　次は、地方の末端行政を司《つかさど》る女性の豪族、「里刀《さとと》自《じ》」の話です。

　今から十五年ほど前、東北地方の玄関、福島県いわき市平《たいら》で発見された木簡《もっかん》に「里刀自」ということばが書かれていました（図25）。「里」は、古代の行政単位の一つで、「戸」が五十集まった単位です。里の代表者が「里長《りちょう》」。その妻が「里刀自」です。

　この木簡が出土した荒田目《あつたため》条里《じょうり》遺跡は、たくさんの古代遺跡がひしめき合う夏井川の流域にありました。天冠《てんかん》の埴輪を出土した神谷作《かみやさく》一〇一号墳、巨大な円墳の甲塚《かぶとづか》古墳、磐城《いわき》郡の役所跡や夏井《なつい》廃寺という古代寺院、平安時代から続く大国魂《おおくにたま》神社、そして豪族の家（図26）などが、丘陵から水田地帯にかけて、累々と築かれました。

　そのなかで荒田目条里遺跡は、夏井川の「浜堤《ひんてい》」につくられた平安時代の「津《つ》」でした。「津」は、川や海を行き来する船が、円滑に航行できるように設けられた交通施設です。「津」には、舟で運ばれた品物を保管する倉庫、それを管理する管理棟や宿泊施設などが建てられ、「津長」と呼ぶ世話役がいました。

　その荒田目条里遺跡で郡の役所から、「津長」や「里刀自」にあてた木簡が平川南氏によって明らかにされました。なかでも「里刀自」の木簡は、図25のような木簡でした。

　最初の「郡符」は、郡司が里刀自に命令した文書ということです。本来ならば、男性の里長にあてるべきですが、この木簡では、「里刀自」が、磐城郡内のある里を代表していました。里長が、用事で都や陸奥国府（多賀城）に出向いていたり、病気などで執務できなかったりしたためかもし

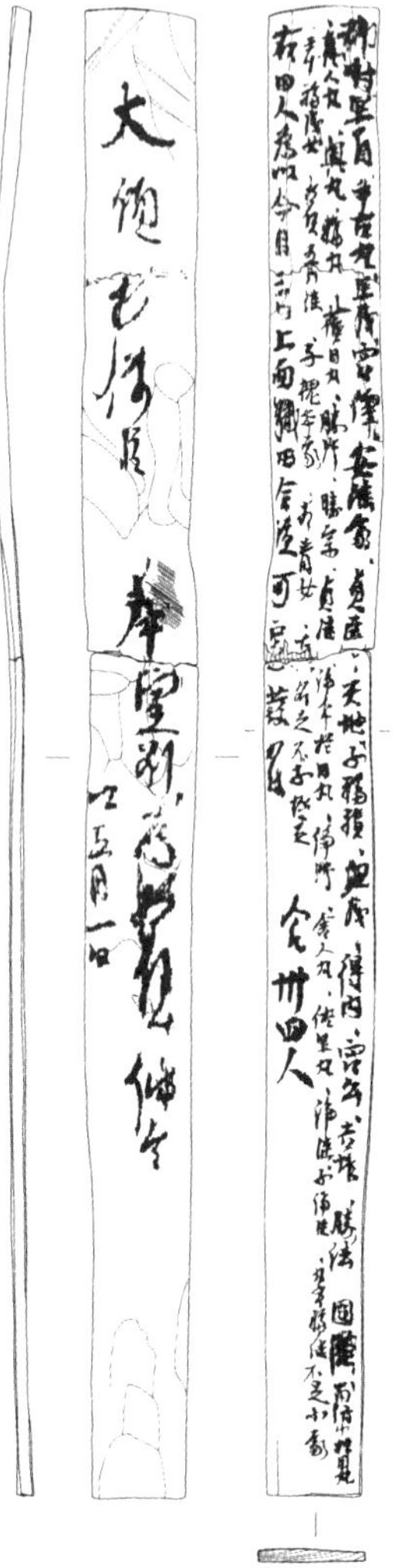

図25　「里刀自」の木簡（福島県いわき市荒田目条里遺跡）

「郡符　里刀自　手古丸　黒成　宮澤　安継家　貞馬　天地　子福積　奥成　得内　宮公　吉惟　勝法　圓隠　百済部
於用丸　真人丸　奥丸　福丸　蘇日丸　勝野　勝宗　貞継　浄人部於日丸　浄野　舎人丸　佐里丸　浄継　子浄継　丸
子部福継　『不』足小家　壬生福成女　於保五百継　子槐本家　太青女　真名足　『不』子於足　『合卌四人』
右田人為以今月三日上面職田令殖可扈發如件」
「　　　　奉宣別為如任件□（宣カ）
大領於保臣
以五月一日　　　　」

れません。

ともかく、里刀自のもとに届いた役所の命令は、五月三日に郡司の「職田《しきでん》」（郡司が国から補償された田）を耕すため、この里に住む手古丸《てこまる》以下三十五人を連れて来るようにとありました。三十五人は、百済部《くだらべ》、浄人部《きよひとべ》、丸子《まるこ》部《べ》、壬生《みぶ》、於保《おお》とウジ名を省略した里刀自の六つのグループ（戸）ごとにまとめられていました。この発令は、五月一日でしたから彼らは、わずか二日で都合をつけて、郡司の家に向かわなければなりませんでした。

ウジ名のまとまりを「戸」とすると、里刀自は十四人、百済部は八人、浄人部は六人、丸子部は二人、壬生は一人、於保は五人をそれぞれの戸から出すこととなります。圧倒的に人数の多い里刀自の家は、「吉惟」「勝法」「圓隠」という僧侶を含みますから、経済的に裕福で信仰心があり、僧侶を抱えるような豪族の家だったのでしょう。

また、於保の「子槐本家」は、名前というよりも「子《ね》の槐《さいかち》の本家《ほんけ》」という家号《やごう》で呼ばれた人物でした。本家の「子《ね》」（北）の方向の槐《さいかち》の木のある家という意味でしょう。里刀自の家の「安継家」も同様です。

そう考えると、ここに登場する人々は、すべて戸籍上の名前で表記されているか、疑わしくなってきます。関和彦氏の研究によると、古代の人々は、本名を知られると呪《のろい》をかけられるから、普段は通称やあざ名、家号などで呼んでいたそうです。

つまり、この召喚状は、役所の戸籍に基づき作られたのではなく、郡家の下級官人が、この里の構成メンバーや家の状況を熟知した上で、里刀自に召喚令状を出したと考えられるのです。

現在では四年に一度、国勢調査が行われ、国内の人口や就業状況などが国家によって把握されていますが、奈良時代も六年ごとに戸籍がつくられ、税金や兵士の数などを計算する基本台帳となっていました。しかし、平安時代になると戸籍は、次第につくられなくなりました。

いずれにせよ「里刀自」以下三十四人は、郡司の「職田」の田植えをするために集められました。

図26　磐城郡の豪族の家（福島県いわき市根岸遺跡）

ただし、「壬生福成女《みぶのふくなりめ》」「太青女《おおのあおめ》」と呼ぶ女性のほかは、すべて男性です。本来、田植えは、「早乙女《さおとめ》」と呼ぶ女性が行ったとされますから、彼らは、田起こしや畦《あぜ》作り、代掻《しろか》きなどに汗を流したのかもしれません。

次は、泉の祭りで活躍する女性の話です。

荒木の刀自と水場

越前《えちぜん》国の賀我《かが》郡（のちの加賀《かが》国加賀郡、石川県小松市）に、荒木《あらき》の刀自《とじ》と呼ばれる女性の豪族がいました。それを証明するのは、彼女の名前を書いた小さな土器だけです。彼女は、「荒木」、または「荒木田《あらきだ》」に住む「刀自」（女主人）であり、荒木田の水場で行われた祭りのリーダーでした。

「荒木田」というのは、粘り気が強く、水はけの悪い土壌の水田という意味です。荒木の刀自は、おそらく荒田目条里遺跡の「里刀自」のように水田を耕し、田植えをする人々を組織した地域のまとめ役でした。

悌川《かけはしがわ》の扇状地に作られた小松市荒木田遺跡には、湧き水（泉）から引いた洗い場が発見されました。この洗い場は、汚れた着物の洗濯や物を洗う場所ではなく、神聖なお祭りをする場所でした。木材で複雑に組まれたその洗い場から、たくさんの土器とともに千八百点におよぶ桃の種や貝が出土したのです。桃は、再生の象徴でした。

泉の湧く水場からたくさんの貝や桃が出土したことは、秋の収穫の祭りが行われた証拠です。それは、収穫を祝い、長い冬を乗り切り、再び春を迎えるための「再生」の祭りでした。

そして、この洗い場から出土した土器に人名の書かれた土器がたくさんありました。お椀のような土器ひとつに一人の名前が書かれていました。この名前の書かれた土器は、水場で行われた祭りに参加した人の名前です。そのなかに「荒木刀自」がありました。

ほかにも「岡万呂《おかまろ》」「赤（麻）□（呂カ）」「常万呂《とこまろ》」「廣成《ひろなり》」「廣川《ひろかわ》」「□（川）男」「千山《せんざん》」「安京《あんきょう》」「智《ち》」「鳥刀自《とりのとじ》」「刀自」「阿志女《あなしめ》」「屋恋女《やはじめ》」「女人」「小加須《こかぞ》」「田人《たびと》」「厨長《くりやちょう》」「水通《みずどおり》」「大家《おおいえ》」「兎橋《うはし》」などの墨書土器がありました。

「岡万呂」「赤（麻）□（呂カ）」「常万呂」「廣成」「廣川」「□（川）男」「千山」「安京」「智」は、男性名。なかでも「千山」「安京」「智」は、僧侶の名前かもしれません。また、「鳥刀自」「刀自」「阿志女」「屋恋女」「女人」「小加須」は、女性名。「鳥刀自」は、九世紀初頭の土器に書かれていたことから、荒木刀自のあとを継いだ刀自か、荒木刀自の別名かもしれません。

さらに、「田人」は、水田を耕作するために集められた労働者。古代の法律用語では「田夫《でんぷ》」と呼ばれます。「厨長」は、労働者に食事を提供する給食センターの責任者。「水通」は、用水の堰《せき》の管理にかかわる者。「大家」は、郡家や荘園、あるいは豪族の家など拠点となる建物やその家に住む人々。そして「兎橋」は、加賀郡内の郷名であることから、郷を代表する家号でしょう。

つまり、荒木刀自を代表とした人々が、この泉（湧水点）に集まり、春には田植え前の祭りを行い、秋には、桃を用いて収穫を感謝する祭りを行っていたのです。悌川の運んだ肥沃《ひよく》な土壌の広がる「荒木田」は、後に加賀国府が置かれる加賀郡家も近く、加賀郡の大領や少領の職田や、職田を梃子《てこ》にした東大寺の荘園も広がっていたのかもしれません。

「田人」とは、田植え前の耕起や用水路の開削、補修、さらには稲刈りなどの重労働を手伝うために金銭で雇われた人々です。ちなみに、埼玉県深谷市上敷免《じょうしきめん》遺跡から、「田夫卅《さんじゅう》」と書かれた食器が出土しました。上敷免遺跡は、普通の集落遺跡ですが、平安時代に田の耕作や田植えのために三十人の「田夫」が雇われていたことをしめします。この土器は、その人々のために準備された食事にかかわる食器だったのでしょう。

同じく「田人」の土器があることから、荒木田遺跡では、荒木刀自たちが、彼らを雇うためにおいしいご馳走や酒を準備し、お礼の「功《こう》」賃などをそろえたのです。先にも述べた「魚酒型労働」が、ここでも行われていました。

女性の埴輪

次に祭りを司った女性の姿を、女性の埴輪《はにわ》のなかに探ってみましょう。

うっそうとした樹木が生い茂る古墳も造られたばかりは、土や石がむき出しの丘でした。丘の上には、粘土で作られた埴輪がぐるりと並べられていました。埴輪には、土管の形をした円筒埴輪《えんとうはにわ》、人物や動物、家や大刀などをかたどった形象埴輪《けいしょうはにわ》があります。

　なかでも人物埴輪は、服装や被り物、髪型、持ち物、装身具、化粧などでモデルとなった人の職業や社会的地位、あるいは祭りや儀式のときの役割が、表現されています。貴人《きじん》、武人、巫女《みこ》、侍女《じょ》などのほか、力士《ちからひと》や鷹匠《たかじょう》、農夫、馬飼《うまかい》などが作られました。

　とくに足までの全身が表現された貴人や武人、力士、巫女と、腰から上だけを表現する農夫や馬飼、侍女などは、社会的地位や身分の違いが明らかでした。なかでも貴人は、履《くつ》をはき、膝下を紐《ひも》で結わい、腰に太い帯を締め、太刀をはいています。また、弓を弾くときに使う鞆《とも》や籠手《こて》を腕に付け、首飾りや耳環《じかん》、冠や帽子などで飾っています。

　貴人の大半は、全身を表現した立像や腰掛けた男性の埴輪です。女性の全身立像《りつぞう》はとても少なく、わずかに群馬県伊勢崎市の権現山から出土した女子の埴輪がある程度です。この埴輪は、「裳《も》」というロングスカートのような着物をつけています。高松塚古墳の「女子群像」のような服装です。「正装した女子埴輪」と呼ばれ、男子の貴人に匹敵する女性の貴人（豪族）の埴輪です。

　古墳に並べられた埴輪群は、豪族の代替わりときの儀式や祭りの様子、場面をジオラマのように表現していました。ですから、そうした場面に女性の豪族が登場しにくかったため、女性の全身立像が作られなかったのでしょう。

　けれども女性を表現した埴輪は、巫女を代表として、お祭りや儀式、葬儀などで踊りや音楽を奏でた女性、酒宴や儀式に食べ物や飲み物をささげた女性など、たくさんの女性が表現されました。持ち物や衣装、装身具、しぐさなどから、女性がどのような役割でお祭りや儀式に参加していたのかがわかります。

なかでも巫女は、独立した高い地位にありました。巫女以外の女性埴輪が、ほとんど半身像であるのに巫女は、腰掛けてこそいますが、足まで表現されたからです。そして、神との交信を司《つかさど》るために、鏡を持ち肩からたすきを掛けていました。

とくに群馬県から出土した巫女の埴輪は、鈴をつけた「鈴鏡」という鏡を腰に下げていました。鈴鏡は、群馬県だけから出土する鏡です。この地域の巫女集団は、特殊な響きと神秘の光を操る鏡を用いて、特別な儀礼を行っていたのでしょう。

酒を注ぐ瓶《かめ》や酒杯、供物《くもつ》を載せる台をささげたり、酒壺を頭に載せて運んだりする女性の埴輪がみられます。神と交信し、トランス状態（神がかり）となるためには、酒は欠かせないからです。

また、片手をあげて舞を踊る埴輪もみられます。男性も女性も舞を踊ります。踊る埴輪には、衣装の表現のない埴輪もあり、なかには全裸の埴輪もあります。スサノオノミコトの乱暴を悲しみ、アマテラスオオミカミが天岩戸《あまのいわど》に隠れたので、岩戸の前でアメノウズメが全裸で踊った話を思い起こします。おおらかな時代のとても奇抜な踊りだったのでしょう。

琴の奏者

踊りには、音楽がつきものです。興《きょう》がのれば音楽や歌も歌われたことでしょう。楽器を持った埴輪も表現されました。代表的なのは琴ですが、ほかに太鼓（群馬県伊勢崎市）やカスタネットのような「四つ竹」（同県太田市）、バイオリンを奏でるような埴輪（奈良県天理市荒蒔《あらまき》古墳、埼玉県東松山市下松五号墳）もあります。

しかし、音楽を奏でたのは、すべて男性の埴輪です。なかでも琴を弾く埴輪は、いすに座り、膝の上に琴を載せて演奏していました。琴と三味線といえば、かつてはお花やお茶と並んで女性の稽古事のひとつでしたが、古墳時代の埴輪をみる限りでは、琴の演奏は、男性に限られます。

ところが、『源氏物語』では男性の光源氏のほか、薫《かおる》、末摘花《すえつむはな》、明石《あかし》の御方などの女性が弾き、さらに、江戸や明治時代になると琴は、女性が弾くと移り変わっていきました。

現代の和琴《わごん》は、朝鮮半島の新羅琴《しらぎごと》の系譜を引いた琴です。しかし、古墳時代の琴は、板に弦を張っただけの板作《いたづく》りの琴と、共鳴槽《きょうめいそう》を組み合わせた槽作《そうづく》りの琴があります。滋賀県や大阪府の低地遺跡から、埴輪と実物を比べると、共鳴槽や琴尻《ことじり》の突起、琴柱《ことじ》などとても精巧に表現しています。

ところで琴を弾く人物埴輪は、冠を付け鉢巻をし、太刀をはき、籠手を付けるなど正装していました。琴を弾くことは、単に宴会の芸やお祭りのお囃子《はやし》ではなく、神聖な儀式で弦の響きが、空気を「振動」させて神との交信を可能とさせたため、演奏者は、正装しなければならなかったのです。

写真13　琴を弾く埴輪
（群馬県前橋市朝倉）

『古事記』には、武内宿禰《たけのうちのすくね》が、仲哀《ちゅうあい》天皇の弾いた琴を聞き、神のお告げを伝えたこと、また、『日本書紀』では、仲哀天皇の妻の神功皇后《じんこうこうごう》が神主となり、武内宿禰に琴を弾かせ、中臣烏賊《なかとみのいか》津使主《つのおみ》に神のお告げを伝えさせたことがみえます。

また、道具箱を肩に大工さんが担いだような埴輪があります。道具箱に見えるのは、弓のような楽器です。弓弦《ゆんづる》を弾く神事を行ったか、災いを退散させるまじないか、音楽かわかりませんが、女性の埴輪に表現されています。

『日本書紀』には、上毛野君形名《かみつけののきみかたな》が、蝦夷との戦いで苦戦していたので、妻が弓弦を弾いて鼓舞《こぶ》したという逸話があります。女性が弓を弾くのは、戦いに出かける夫に元気を注入する重要な儀式だったのかもしれません。

采女と国造

奈良時代、ミス美濃国（岐阜県）やミス安芸国（広島県）となる美人は、宮中で「采《うね》女《め》」と呼ぶ女官となり、天皇や皇后に仕えることができました。

采女は、地方の豪族が、服属の証として大王に娘を献上したことから、はじまるといわれます。なかには、天皇や皇族、上級貴族の子供を産み、玉の輿《こし》に乗った采女もいました。采女が、江戸時代の大奥《おおおく》と違うのは、宮内省《くないしょう》の女官だったことです。定員が決まっていて、宮内省の采女司《うねめのつかさ》の水《みず》司《つかさ》に六人、膳司《かしわでのつかさ》に六十人、女孺《じょじゅ》に百五十二人とされています。

全国の三分の一の郡から募集され、その条件は、十三歳以上三十歳以下、郡司の少領以上の姉妹か娘という家柄、そしてなによりも容姿端麗な才女であることが望まれました。

采女のなかでも飯高諸高《いいたかのもろたか》は、四人の天皇に仕えた采女中の采女でした。伊勢《いせ》国飯高《いいたか》郡（三重県多《た》気《き》町）の飯高の家に生まれました。飯高氏は、多気郡勢和《せいわ》村丹生《にじゅう》付近で取れる水銀によって、莫大な富を築いていました。

諸高は、奈良に都を移した元明《げんみょう》天皇、東大寺を建てた聖武《しょうむ》天皇、藤原仲麻呂《なかまろ》政権、道鏡《どうきょう》政権に翻弄《ほんろう》された孝謙《こうけん》・称徳《しょうとく》天皇と淳仁《じゅんにん》天皇に仕え、「性甚謙謹《しょうじんけんきん》・志慕貞潔《しぼていけつ》・典従三位《てんじゅさんみ》」という称号を賜りました。そして八十歳でなくなると、元正天皇や元明天皇の眠る平城京の北、奈保山《なお》に葬られたのです。

その一生は、「ミス奈良時代」と呼ぶにふさわしい激動の時代を生き抜いた女性でした。藤原京から平城京への遷都や東大寺の建立、長屋王《ながやおう》の変、仲麻呂の専横や道鏡の仏教政策、そして光仁《こうにん》天皇の擁立といった血なまぐさい事件や、興隆する仏教文化などを彼女は、後宮《こうきゅう》の立場で見つめていたのでした。

なお、諸高が亡くなって百余年、子孫の飯高宿禰諸氏《いいたかのすくねもろうじ》が、近長谷寺《ちかつはせでら》という寺を飯高郡に建てました。この寺は、光孝《こうこう》天皇の勅願寺《ちょくがんじ》として建てられました。また、本尊《ほんぞん》として祀られる十一面観音《じゅういちめんかんのん》像は、奈良の長谷寺、鎌倉の長谷寺の観音像とならぶ三観音として、いまでも信仰されています。

ところで、飯高氏のように優秀な采女が都で活躍すると、地元の氏族の立場や発言力が、郡内や国内で急速に上昇しました。武蔵国足立《あだち》郡（埼玉県さいたま市）では、丈部直不破麻呂《はせつかべのあたいふわまろ》の姉が、やはり孝謙天皇に仕え、その信任が厚かったおかげで、子の弟総《おとふさ》や不破麻呂が、都で出世するきっかけを作りました。また、「武蔵国造《むさしこくぞう》」を賜りました。

また、上野国佐位郡（群馬県伊勢崎市）の桧前君老刀自《ひのくまのきみおゆとじ》は、称徳天皇の采女となって昇進し、佐位《さい》朝臣《あそん》、上野国造《こうずけこくぞう》、そして従五位下《じゅごいのげ》を賜り、貴族の一員となりました。ところで、奈良時代の「国造」は、いわゆる「律令国造《りつりょうこくぞう》」と呼ばれ、祭祀に特化した称号的な存在でしたが、上野国や武蔵国を代表することに変わりなく、偉大なる女性豪族だったのです。

なお、老刀自とは、歳をとった女性ではなく、若刀自《わかとじ》に対する老刀自で一般的な名前でした。

このように地方豪族たちは、自ら郡司となりながら、地域に根ざした権力基盤をより強固にするため、子弟を官人の末端に、そして子女を後宮の采女として送り込んでいたのです。

県犬養三千代

つぎに後宮の采女からファーストレディにまで上りつめた女性、県犬養《あがたのいぬかいの》三千代《みちよ》を紹介したいと思います。三千代は、中臣《なかとみの》（藤原）鎌足《かまたり》の息子で「大宝律令」の編纂を行った藤原不比等《ふひと》の妻となり、王族以外では始めて天皇の皇后となった光明子《こうみょうし》を産んだ母でした。また、奈良時代の希代の政治家、橘諸兄《たちばなのもろえ》を産んだ母でもありました。

しかし、三千代も不比等も若いころから、エリートコースを歩んだわけではありません。三千代の父は、県犬養東人《あがたのいぬかいのあずまんど》という下級官人でしたし、不比等は、壬申の乱で大友《おおとも》皇子側にいた人物です。十三歳ということで刑罰は逃れましたが、砂をかむような青年時代を送ったことでしょう。

不比等に風が吹いてきたのは、軽《かる》皇子を文武天皇とし、娘の宮子を文武天皇に嫁がせてからでした。この一件に一役かったのが、文武天皇の乳母として仕えていた三千代でした。

文武天皇は、壬申の乱で国家の権力を奪取した天武天皇と、皇后でその政治を継承した持統天皇の皇子の草壁皇子と、天智天皇の皇女の阿閇《あべ》皇女《ひめみこ》（のちの元明天皇）との間に生まれた人物です。

三千代は、壬申の乱で県犬養大伴が、吉野から美濃へ向かう大海人《おおあま》皇子に、馬を調達したいわゆる「壬申の功臣」であったことから、天武、持統天皇に仕えることとなったようですが、軽皇子の乳母として抜擢されたのは、彼女の聡明さ、堅実さが、後宮で輝いていたことが、最大の理由でしょう。

はじめ、三千代は、敏達《びたつ》天皇（聖徳太子の伯父）の孫の美努《みぬ》王に嫁ぎ、葛城《かつらぎ》王（後の橘諸兄）、佐為《さい》王、牟漏女王《むろのひめみこ》をもうけていました。三千代は、橘諸兄を文武天皇の乳兄弟として育てたのです。そして、文武天皇の即位のあと、夫の美努王が、筑紫大宰率《つくしだざいのそち》（大宰府長官）として左遷させられると、美努王と離婚し、不比等のもとへ嫁いだのでした。

不比等は、わが国の基本法典であり、精魂をこめた「大宝律令」を完成させ、恒久的な元号を制定するなど、人生も我が国の律令国家も制度的な完成を迎えつつありました。三千代との間にも安宿媛《あすかべひめ》が生まれました。三千代三十六歳、不比等四十二歳のことです。

この安宿媛は、成長すると聖武《しょうむ》天皇に嫁ぎ光明《こうみょう》皇后となりました。そして、孝謙《こうけん》天皇を産むこととなります。ここに藤原氏は、はじめて天皇の外戚《がいせき》としての地位を固めたのでした。

さて、三千代には次のような逸話《いつわ》が残っています。文武天皇のあとを継いだ元明《げんみょう》天皇の大嘗祭《だいじょうさい》（天皇がはじめて行う新嘗祭《にいなめ》。初穂のお祭り）の祝宴《しゅくえん》で三千代は、杯に橘《たちばな》を浮かべて酒を飲んだことから「橘宿禰《たちばなのすくね》」の姓を賜りました。

橘は、古来、厳寒の冬にも青々とした葉を絶やさない常緑の果樹であることから、その実は不老長寿、子孫繁栄などの効能があると、信じられていた薬でした。ことに奈良時代の橘は、径三センチほどの小粒の柑橘《かんきつ》類です。

当時の「坏《つき》」は、素焼きの土師器と窯で焼いた須恵器がありました。大嘗祭のような祭りでは、土師器が使われました。このころまだ、三々九度の盃や日本酒のお猪口《ちょこ》のような小さな器は、ありませんでした。丼のような椀では品がありませんから、中程度の椀形の坏に橘を浮かべたのでしょう。

その甘酸っぱい香りの酒を飲む三千代に元明天皇は、風雅と美しさを覚り、これまでの働きに敬意を表し、三千代に「橘宿禰《たちばなのすくね》」を贈られたのでした。三千代の子供の橘諸兄は、敏達天皇のひ孫にあたり葛城王といいましたが、母の死後、母方の「橘」の姓を受け改名しました。父方の「藤原」ではなく、母方の姓を継いだことは、珍しいことではなく、夫婦別姓が当たり前でした。

一方の不比等は、全精力を注ぎ、『日本書紀』を完成させると、彼は病に倒れてしまいます。また、三千代の仕えた元明天皇も亡くなると、彼女は出家しました。いまも奈良県の法隆寺には、「橘夫人厨子《たちばなふじんのずし》」と呼ぶ厨子《ずし》（仏像を入れた箱）があります。三千代の念持《ねんじ》仏《ぶつ》を納めた厨子です。

法隆寺のほの暗い堂に入ると、この厨子の前でひざまずき、手を合わせる三千代の姿が、千三百年の時を超えて、浮かんでくるかもしれません。

ところで、三千代と不比等の出世は、三千代の夫が、不比等だったからではなく、また、不比等の妻が、三千代だったからではありません。秀才と才媛《さいえん》の二人が、天武天皇と持統天皇のもとで進められた国づくりに積極的に参加し、その英知を結集したからです。

しかし、藤原氏が、天皇家の外戚となったといっても、磐石ではありませんでした。不比等の四人の子供は、天然痘に倒れ、その後、奈良時代は、「政争の時代」といわれるように、貴族や王族の間で政変が繰り返し起こったのです。

三千代にみるように、壬申の乱のころは、無名だった豪族の娘が、のちの皇后を産む。奈良時代とは、そういう時代だったのです。

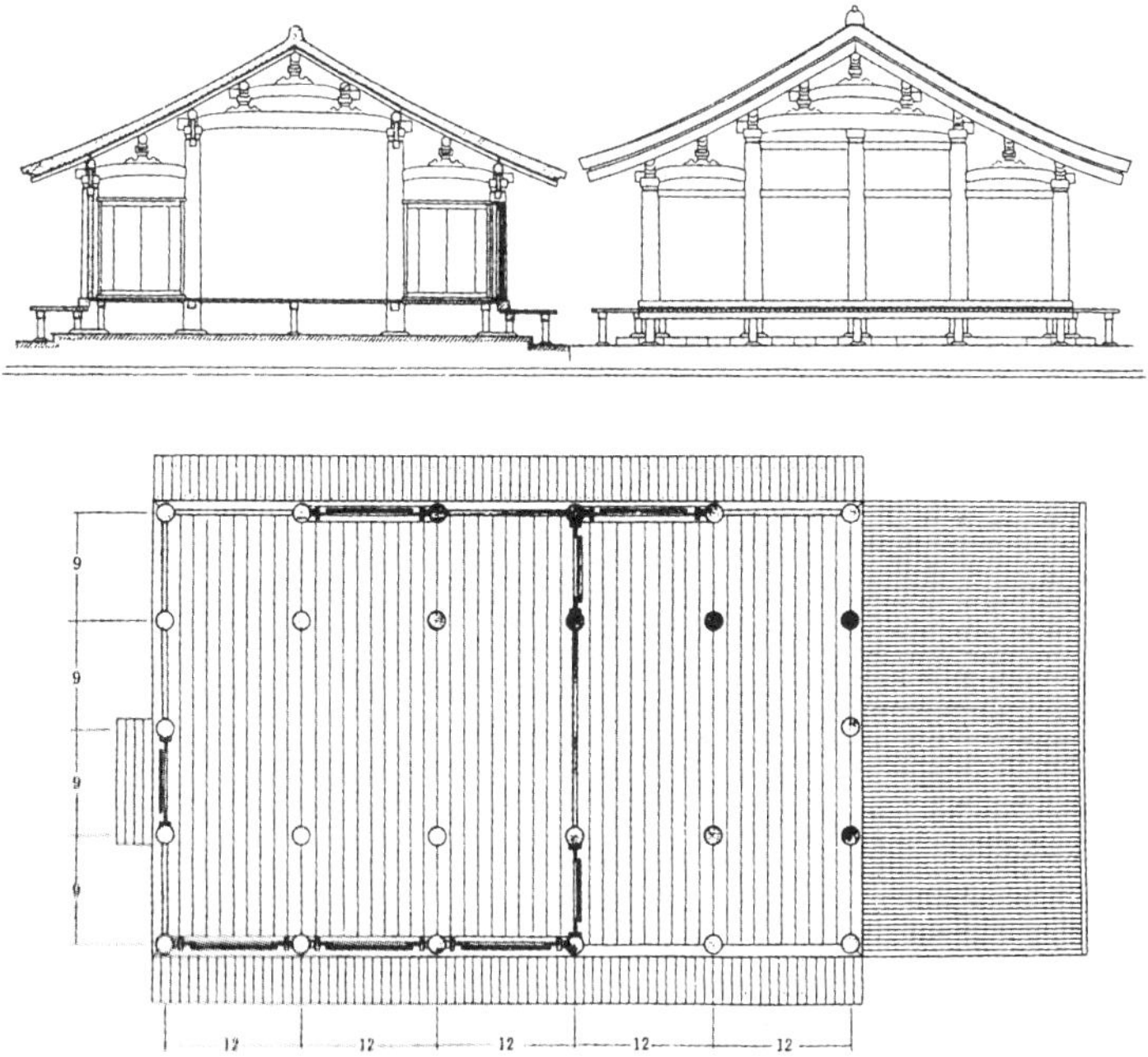

図27　貴族の住宅（伝藤原豊成邸、法隆寺伝法堂）

　それが、時代が進み、平安時代も中ごろになると、藤原氏の安定的政権の元で、都の王族も要職につくことが、かなわなくなり、地方に下る者も現れました。

　その閉塞感が極限になったとき、天下を揺るがす大反乱が起きたのでした。

　次章以降、そうした時代を生きた地方の豪族について、時代を追って紹介したいと思います。まずは、地方の豪族でありながら、聖徳太子の側近にまで上りつめた飛鳥時代の豪族、物《もの》部《のべ》連《むらじ》兄《え》麿《まろ》を登場させたいとおもいます。

第八章　関東の石舞台

行田市の工業団地の中に、「関東の石舞台《いしぶたい》」と呼ぶ古墳があります。ゴツゴツとした岩石を積み、頂に二十畳《じょう》ほどの大岩を載せた奇妙なモニュメントが、その古墳です（写真14）。むかし、八幡様の社《やしろ》があったことから八幡山古墳と呼ばれていました。

関東の石舞台

江戸時代の『新編武蔵風土記稿《しんぺんむさしふどきこう》』には、

「巽《たつみ》（東南）のほうに塚の崩《くずれ》し所あり、其間《そのあいだ》より石櫃《いしびつ》とおぼしきもの顕《あらわ》る。三方平らなる石にて畳《たた》み上げ、厚さ一尺の黒き岩石を屋根とせり」

とあり、古くから巨大な石室が、口を開けていたことがわかります。このころは、まだ盛り土もあり、古墳を丸く囲むように水田が残っていました。

しかし、昭和九年、近くの小針沼《こばりぬま》の埋め立てで、盛り土があらかた失われ、無残な形となったのです。石室の巨石だけが残る奈良県明日香《あすか》村の石舞台《いしぶたい》古墳にちなんで、「関東の石舞台」と呼ばれるようになりました。

その後、昭和十年に行われた発掘調査で銅鋺《どうわん》、乾漆器《かんしっき》片、棺の座金具《ざかなぐ》、直刀片、須恵器長頸壺《ちょうけいつぼ》などが出土しました。また、昭和五二年に石室修復のために再び発掘調査が行われ、夾紵棺《きょうちょかん》片、漆 塗木棺《うるしぬりもっかん》片、金銅装方頭把頭《こんどうそうほうとうえがしら》、金銅装鞘尻金具《こんどうそうさやじりかなぐ》、銀製弓筈金物《ぎんせいゆはずかなもの》片、釘、鉄鏃《てつぞく》などが出土しました。

銅鋺は、朝鮮半島から伝わった仏具の一つ、棺の座金具は、棺に付けた飾り金具、長頸壺は理科の実験で使うフラスコの形をした壺です。飾り太刀《たち》の握る部分と鞘《さや》の先端金具、銀で作られた弓の金具、そして鉄の鏃《やじり》などです。

何よりも驚くべきことは、漆で塗られた棺が出土したことです。

『新編武蔵風土記稿』に「いかにも上代の墳墓と見え」と記されたこの古墳は、古くから聖徳太子に使えた物部 連 兄麿《もののべのむらじえまろ》の墓とされています。兄麿《えまろ》の墓ならば、蘇我馬子《そがのうまこ》の墓とされる石舞台古墳と同時代の古墳であり、「関東の石舞台」は、あながち的外《まとはず》れな表現ではないかもしれません。

兄麿は、聖徳太子や彼を取り巻く人々の伝記である『聖徳太子伝暦《しょうとくたいしでんりゃく》』に登場します。兄麿は、近江（滋賀県）の膳 臣清國《かしわでのおみきよくに》という人とともに、いつも聖徳太子の側に仕えていました。仏教を信仰する聖徳太子の影響を受け、社会道徳を守って修行を積み、出家しない仏教信者の優婆塞《うばそく》（女性は優婆夷《うばい》）となりました。

そして、永年の功績が認められ、舒明《じょめい》天皇五年（六三三）に武蔵国造《むさしこくぞう》となり、後に小仁《しょうにん》の位を賜ったとあります。小仁とは、従五位に相当しますから、奈良時代では大国の国司長官、今で言えば、県知事にあたります。

写真14　関東の石舞台（埼玉県行田市八幡山古墳）

なお、小仁は、大化三年（六四七）の冠位制変更まで続きましたので、長生きをしていれば、大化の改新の激動を知っていたかもしれません。

ところで、八幡山古墳は、行田市の若小玉《わかこだま》古墳群に造られた大形円墳です。若小玉古墳群は、埼玉古墳群と同じころから造られ、三宝塚《さんぼうづか》古墳や北大竹古墳などの前方後円墳が築かれました。

埼玉古墳群よりも小形の古墳が多いことや、集落の竪穴住居を撤去しながら古墳を造っていたことから、若小玉古墳群は、埼玉古墳群を補佐した豪族の古墳群だったとされます。

埼玉古墳群は、七世紀に向かって次第に勢力が衰えていきましたが、かわって若小玉古墳群に径六五・七メートル、復元すると高さ九・五メートルにもなる巨大な円墳、八幡山古墳が築かれたのです。

仏具の銅鋺、漆塗りの木棺、版築《はんちく》という工法の盛り土、巨大な横穴式石室（図28）は、畿内の大王家や豪族たちと、肩を並べる人物が、ここに葬られていたことを裏付けます。

いまは、埼玉県の田園地帯の工業団地の中にある古墳に葬られた人が、蘇我馬子や推古《すいこ》天皇、遣隋使となった小野妹子、隋の国からきた裴世清《はいせいせい》、あるいは蘇我蝦夷《えみし》や中大兄皇子《なかのおおえのおうじ》、中臣鎌足《なかとみのかまたり》などと顔見知りで、会話もしていたと考えると、日本史がとても身近に感じるではありませんか。

版築と巨大な石室

八幡山古墳が兄麿の墓とされるのは、八幡山古墳が大形古墳であることや豪奢《ごうしゃ》な遺物があるからではありません。畿内の大王家や豪族の古墳と共通点が多いこと、八幡山古墳が武蔵の同じころの古墳からは、抜きでた巨大な石室であることなどからです。

八幡山古墳が、兄麿の墓であることを証明するには、まず、八幡山古墳が築かれた年代が、七世紀中葉前後であることを証明しなければなりません。そこで、兄麿のことを一旦、頭の中から外して、古墳の造られた時期を決定する一般的な方法で、八幡山古墳を検討することとします。それは状況証拠を積み重ねて、犯人を追い詰めることに似ています。

まず、古墳の盛り土です。八幡山古墳の盛り土は、「版築」という工法で作られました。版築は、「たこ」と呼ぶ突き棒で、黄色い土と黒い土を一〇センチずつ、互い違いに突きながら硬くたたき締める工法です。

「たこ」とは、「蛸胴突《たこどうつ》き」と呼ぶ道具で突くと、その跡がタコの吸盤のように見えるところからきています。現在では、ガソリンエンジンで機械を跳ね上げ、衝撃力で地面を突き固めるタンピングランマー（たこランマー）と呼ぶ機械が、道路工事などで使われています。

版築は、城の土塁や寺の基《き》壇《だん》などにみられます。崇峻《すしゅん》天皇元年（五八八）、わが国の最初の寺院で

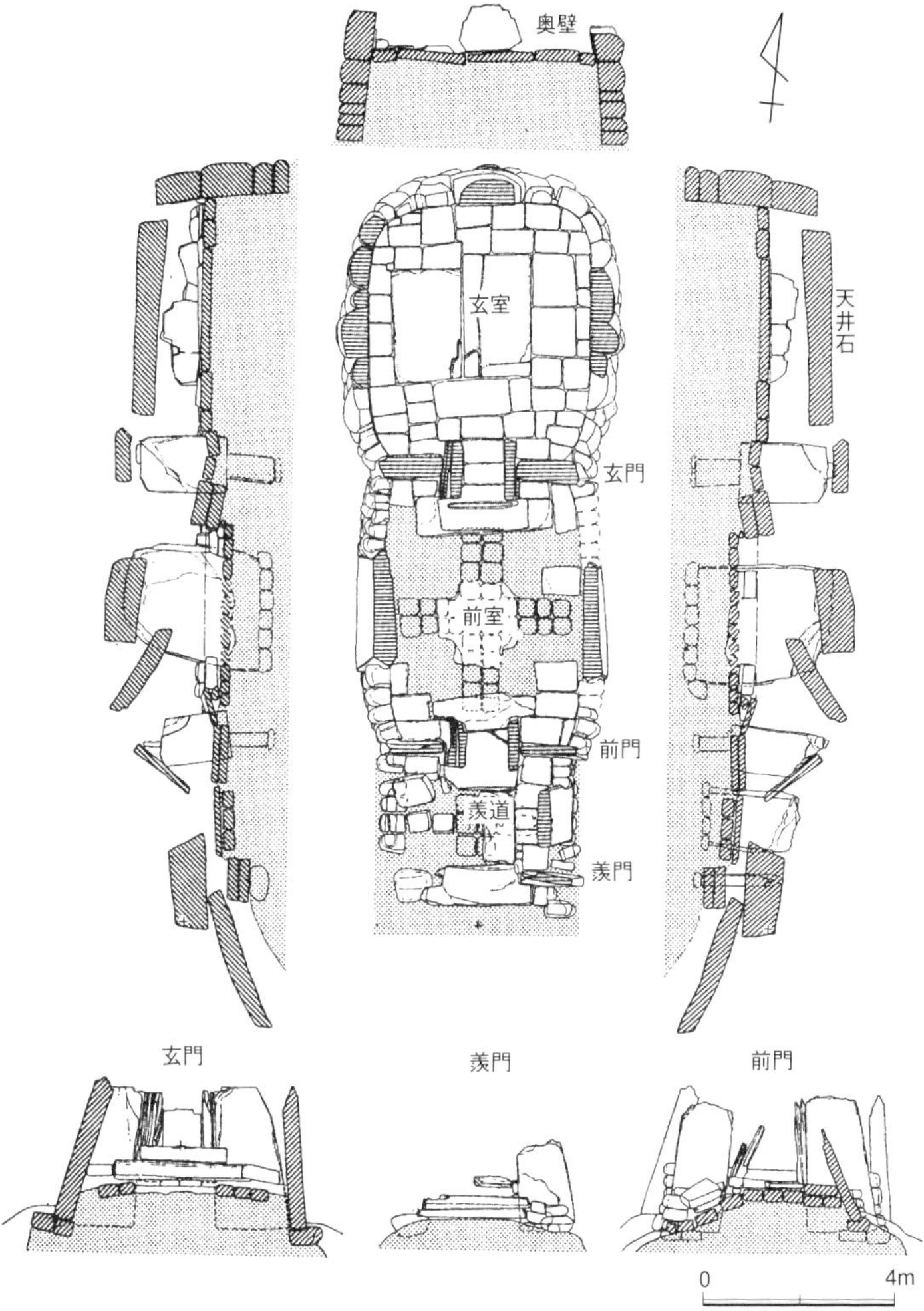

図28　巨大な横穴式石室（埼玉県行田市八幡山古墳）

ある飛鳥寺《あすかでら》の建設が始まります。それ以降、寺院の基壇や古墳、土塁などにこの工法が盛んに用いられました。瓦という重量物を、屋根の上に載せなければならなかったからです。八幡山古墳が、版築で造られたことから、年代の上限がわかります。

次に横穴式石室です。八幡山古墳の横穴式石室は、アーチ状をした三つの部屋から構成されています。一番奥の部屋（玄室《げんしつ》）が、隅丸方形の形をした巨大な胴張り型石室です。同様の横穴式石室は、埼玉県の比企《ひき》地方から東京都の多摩地方、神奈川県川崎市など武蔵南部に分布します。

また、玄室の前に前室、そして入り口までの羨道《せんどう》の三室から構成されています。三室構造の横穴式石室は、東京都八王子市北大谷《きたおおや》古墳、府中市熊野神社古墳、神奈川県川崎市馬絹《まぎぬ》古墳、奈良県奈良市黄金塚《こがねづか》古墳などに限られ、武蔵国に集中しています。

八幡山古墳は、とくに巨大な横穴式石室を築いています。しかも、荒川上流の長瀞《ながとろ》町や小川町付近から、巨大な緑泥石片岩《りょくでいせきへんがん》（青石）を運んで天井石や床の貼り石、門の柱材に用い、榛名山麓から角閃石安山岩《かくせんせきあんざんがん》（軽石）を運んで壁の構築材としました。さらに、比企丘陵からブロック状に加工した硬質凝灰岩《ぎょうかいがん》を運び、随所に用いたのでした。

角閃石安山岩を用いた古墳は、行田市周辺に数多く造られましたが、八幡山古墳のように硬質で大型の角閃石安山岩は、前橋市以北まで行かなければ、手に入れることができません。

ところが、前橋市総社《そうじゃ》付近は、上毛野《かみつけの》国（群馬県）の大豪族であった上毛野君《かみつけののきみ》の拠点があり、愛宕《あた》《ご》山《やま》古墳や宝塔山《ほうとうざん》古墳など巨大な方墳が築かれていました。上毛野君の協力がなければ、八幡山古墳は、この横穴式石室を築くことができなかったのです。

横穴式石室の平面形態や石材の加工技法を細かく検討すると、その下限は七世紀第Ⅲ四半期、上限は七世紀第Ⅱ四半期であることがわかります。

次は、石室に納めた漆塗木棺《うるしぬりもっかん》です。古墳には、木や石の棺《ひつぎ》が用いられます。八幡山古墳の棺は、木の棺の表面に絹の布を十枚、そのうえにベニガラを塗り、さらに「透漆膜《すかしうるしまく》」で保護する念の入れようです。真紅《しんく》の棺の小口《こぐち》には、金の飾り鋲《びょう》が一列に並び、中央に花形の座金具（図29-19）が打たれました。

漆塗りの棺

以前は、聖徳太子の墓とされる大阪府の磯長陵《しながりょう》古墳の漆塗り棺が最も古く、太子の没年である推古天皇三十年（六二二）に作られたといわれていました。しかし、大阪府河南町《かなんちょう》のシショツカ古墳から六世紀後半、または末にさかのぼる漆塗棺が発見されたことで、その年代が古くさかのぼることとなりました。

ただし、シショツカ古墳の棺は、太い紐《ひも》を編んで籠《かご》のようにした棺に朱漆《しゅうるし》を塗った「漆塗籠棺《うるしぬりかごかん》」でした。けれども聖徳太子墓の棺は、木棺に絹や麻を巻き、その上に漆を塗り重ねた「漆塗木棺」です。

漆塗り棺の技術は、漆塗りの仏像を作る技術と深くかかわっていました。そして、シショツカ古墳のある大阪府河内飛鳥《かわちあすか》で伝統的に作られていた漆塗棺の技術が、聖徳太子墓の棺に引き継がれ、その後の王族や畿内の豪族たちに漆塗り木棺が、受け入れられたのです。

いずれにしても、地方の古墳から漆塗り棺が出土することは、まずありません。よほど八幡山古墳の被葬者が、畿内政権の中枢にいた一握りの人物と、個人的なつながりがあった人物だったのでしょう。

なお、千葉県栄町《さかえまち》の竜角寺《りゅうかくじ》浅間山古墳（七世紀初め、前方後円墳）からも、漆塗り木棺の破片が出土しています。千葉県の印旛地域の豪族も畿内の豪族、蘇我氏と深くかかわっていたといわれます。

このほか、銅鋺《どうわん》と呼ぶ、「佐波理《さはり》」の鋺があります（図29-20）。佐波理とは、銅を主体に微量の鉛《なまり》とスズを混ぜた合金の一種です。仏壇においてある「鈴《りん》」のような形をしていて、底には同心円の模様が刻まれています。七世紀中葉から八世紀に同じ形の銅鋺が見られます。

このほか、刀の飾り金具や鉄の鏃《やじり》、そして土器などがあります。やはり七世紀中葉の年代です。このように、さまざまな状況証拠が、八幡山古墳の築かれた年代を七世紀第Ⅱ四半期、または七世紀中葉へと導いてくれるのです。

なお、四半期は、一世紀を四分割した二十五年単位の表現、「中葉」は、「前葉」「後葉」とともに一世紀を三分割した表現です。このほか、二分割した「前半」「後半」、世紀をまたぐ「末」や「初頭」という表現もあります。

フラスコ形の土器

理科の実験で使うフラスコのような形をした須恵器《すえき》（図29-18）も、八幡山古墳から出土しました。この土器は、静岡県湖西《こさい》市の湖西窯で作られ、東日本一帯、太平洋岸の各地に運ばれました。最も遠くは、青森県八戸市の丹後平《たんごだいら》古墳まで運ばれています。

酒を注ぐ𤭯《はそう》や平瓶という土器や、小形の壺とともにフラスコ型土器は、墓に葬られました。集落の竪穴住居跡などからも出土しますが、古墳、丘陵に掘り込まれた横穴墓などに用いられました。

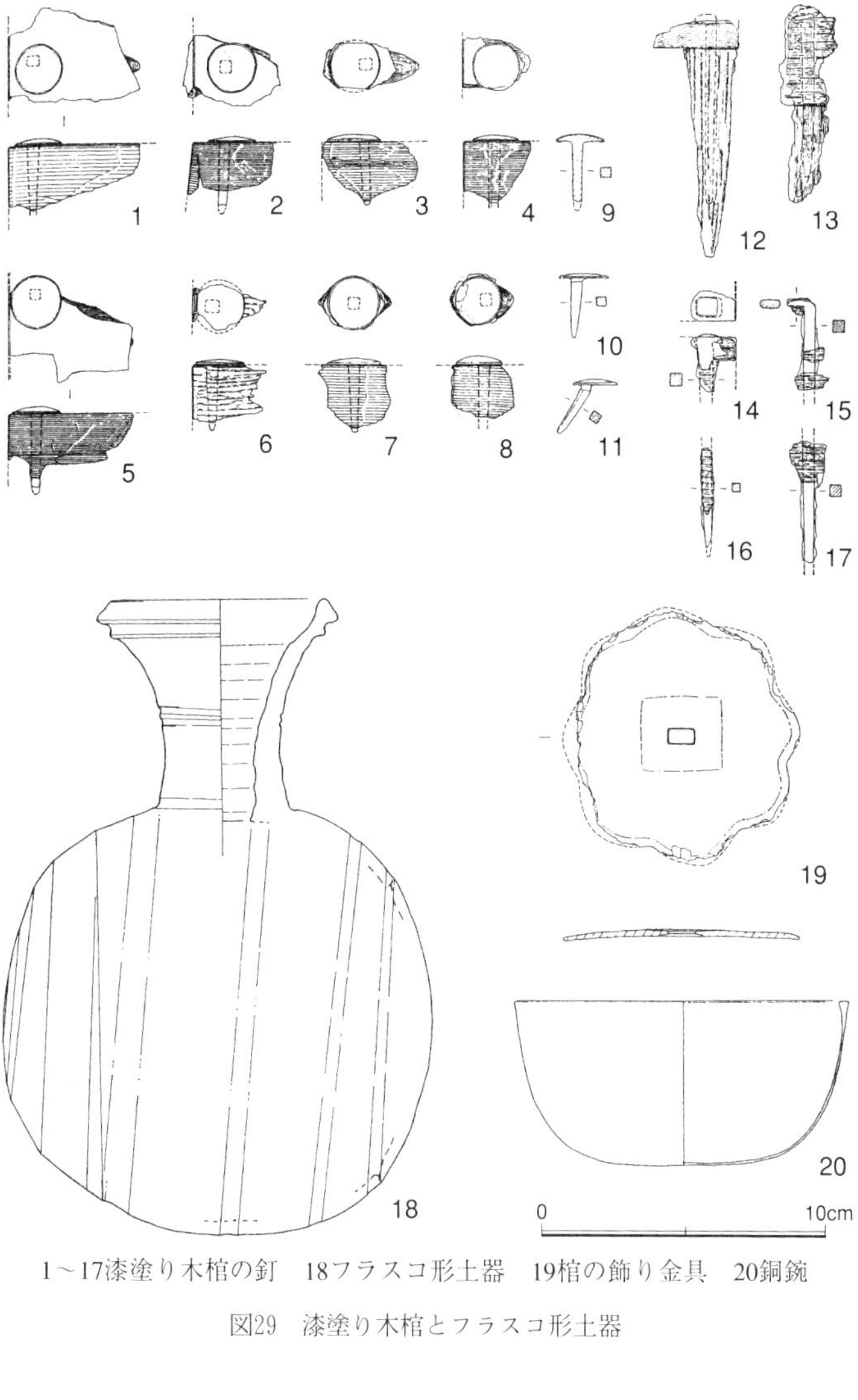

1～17漆塗り木棺の釘　18フラスコ形土器　19棺の飾り金具　20銅鋺

図29　漆塗り木棺とフラスコ形土器

とくに千葉県や神奈川県の横穴墓からの出土が目立ちます。六世紀末から八世紀初頭にみられる土器で、八幡山古墳の土器は、七世紀中葉とされています。

ところで、なぜ、この土器が七世紀中葉とわかるのでしょうか。その種明かしをしましょう。

土器に限らず人類が作った全てのものは、時間とともに少しずつ変化します。説明によく使われるのが、ミッキー・マウスです。ウォルト・ディズニーの描いた初期の作品は、しっぽも長く、鼻も尖《とが》っていてネズミのままですが、だんだんと丸みを帯びてきて、耳も大きく、半ズボンをはいたミッキーになってきます。これを型式変化といいます。

また、ものには作られたとき、土器ならば焼かれたとき、木器ならば削られ仕上げられたときなどの「製作（生産）年代」と、使い終わって捨てられたときの「消費年代」があります。年月を記した木簡《もっかん》や文書の記録などから、作られた年代（絶対年代）が、わかる場合があります。

これに対して、形や作り方、文様の変化など、相対的な前後関係から年代を絞り込むことができます。これを「相対年代」といいます。さらに年代の指標となる歴史的事実（紀年銘《きねんめい》木簡も含みます）とかかわる資料を「年代の定点《ていてん》」として、定点と定点の間の型式変化を段階的に割り振っていくのです。

このように書くと、とても難しいようにみえますが、具体的には以下のようになります。

日本最古の寺院である奈良県の飛鳥寺は、崇峻天皇元年（五八八）に蘇我馬子によって発願され、建築が始まりました。飛鳥寺を造るときに整地した地層の下から出土した土器は、五八八年以前ということになります。

また、「上《うえ》の宮門《みかど》」「谷の宮門《はざま》」と呼ばれた蘇我蝦夷《えみし》と入鹿《いるか》の家が、奈良県の明日香村で平成十七年に発掘調査されましたが、このとき、中大兄皇子によって焼き討ちされた邸宅の火災（焼土）層の下から土器が出土しました。この土器は、大化元年（六四五）に限りなく近いこととなります。これが「年代の定点」となります。

この飛鳥寺下層の土器が、いくつかの段階（変化）を経て、蘇我氏邸の土器のようになるので、その段階ごとのまとまり（型式）をつくります。おなじように他の地域でも型式のまとまりと変化を確認し、一緒の穴から同時に別地域の土器が出る（共伴《きょうはん》）と、同じころの土器ということになります。

たとえば、飛鳥寺下層の土器と同じ形、大きさ、手法《しゅほう》で作られた土器が、名古屋市の遺跡から出土し、その遺跡の同じ穴から濃尾平野の土器が一緒に出土すれば、この濃尾平野の土器も同じころの土器ということになります。

このような土器型式の連鎖が、縄文時代から江戸時代まで日本列島をくまなく張り巡っていて、土器が出土すれば、何時代のいつごろ（「時期」）がわかる仕組みになっています。

なぜ土器かというと、粘土はどんな形でも作ることができ、日本の酸性土壌でも決して風化せず、どんな遺跡からも出土し、どこでも比較できるためです。だから考古学を学び始めた人は、土器を読む訓練を積むのです。

物部連兄麿の時代

兄麿《えまろ》が、聖徳太子の側近として使え、聖徳太子の死後、舒明《じょめい》天皇五年（六三三）に武蔵国造《むさしこくぞう》となったと『聖徳太子伝暦《でんりゃく》』にあります。この記述を額面どおりに受け取ると、太子の死後、十一年間は大和にいて、引き続き聖徳太子に縁故の人々、山背大兄王《やましろおおえのおう》をはじめとする上宮王家《じょうぐうおうけ》の人々とかかわり、仏教を厚く信仰し、一生懸命勤め上げたことになります。

そして、兄麿は、武蔵国造や小仁《しょうにん》という位を賜るまで、没落することがありませんでした。おそらく、六三三年まで別の武蔵国造がいて、兄麿が交替したのでしょう。武蔵地域最大の埼玉古墳群は、七世紀の初頭に、中の山古墳を築いた後、急速に没落しました。ですから兄麿の前代といえる国造の墓は、埼玉古墳群に求められません。

いっぽう、八幡山古墳のある若小玉《わかこだま》古墳群は、早くから開発が進み、今では工業団地となってしまいましたが、このなかに国造の墓に匹敵する古墳があったかもしれません。

しかし、私は、さらに北にある大形前方後円墳の小見真観寺《おみしんかんじ》古墳こそが、埼玉古墳群から国造の地位を奪取した古墳と考えています。小見真観寺古墳は、全長一一二メートルの大形古墳です。後円部の中央と後円部の前方部よりに石室があります（図30）。後円部の石室は、緑泥石片岩《りょくでいせきへんがん》の大石をパネル状に組み立てた横穴式石室、くびれ部の石室は、同じく緑泥石片岩を組み合わせた箱形石槨《せっかく》です。

とくに横穴式石室は、一枚の大石の中央をくりぬいて玄門《げんもん》を作り、玄室の床には、奥壁と平行に棺を設置するための溝が刻まれました。こうした加工や形態の横穴式石室は、行田市周辺に類例が無く、ほかには、茨城県の筑波山麓、山陰地方の鳥取県や島根県、そして大阪府の河内地域などにみられます。なかでも茨城県霞ヶ浦町の風返《かざかえし》稲荷山古墳は、小見真観寺古墳と共通点が多い横穴

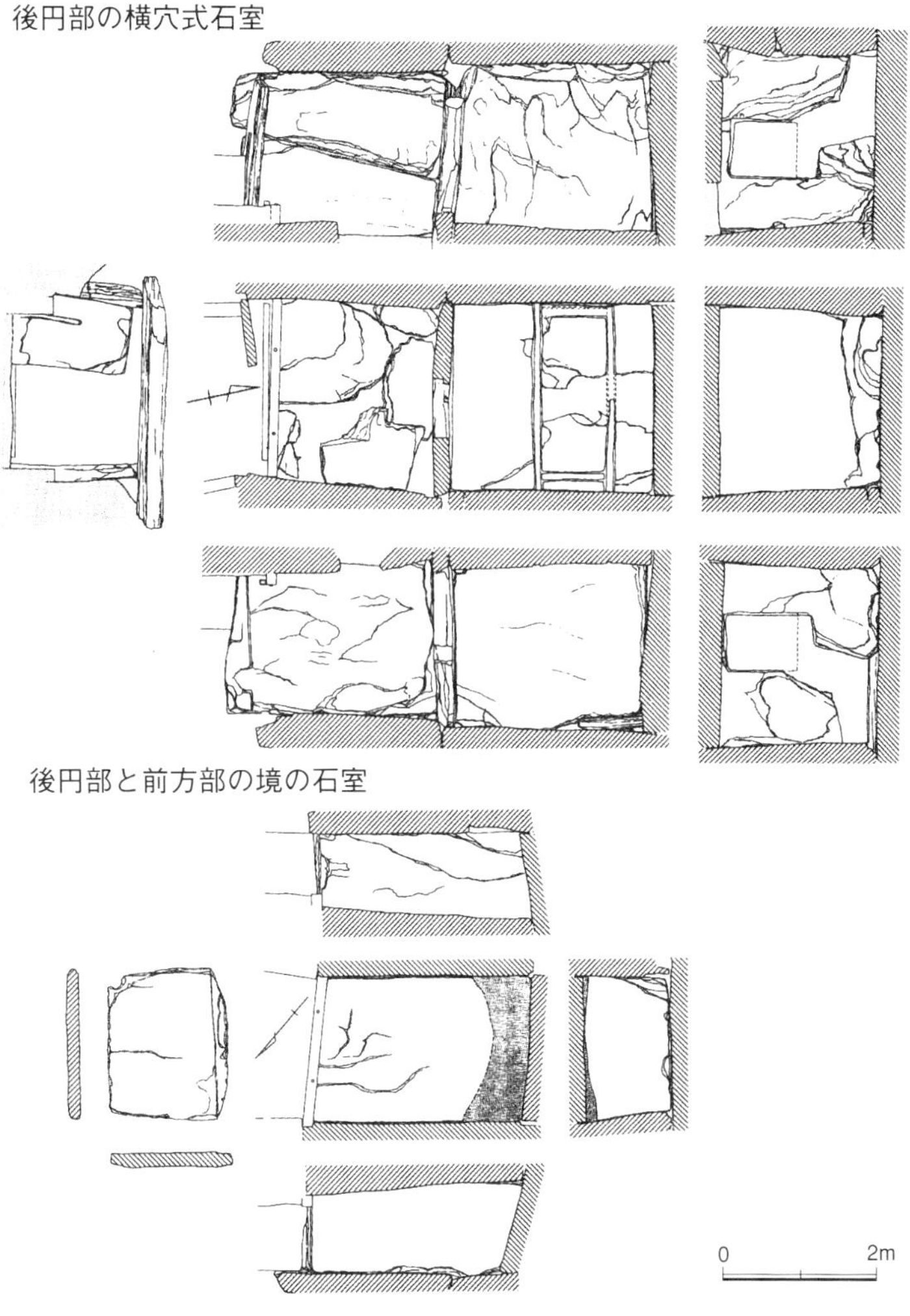

図30　小見真観寺古墳の横穴式石室

式石室が築かれています。

また、小見真観寺古墳の墳丘中央に造られた箱型石槨からは、多数の武器や挂甲《けいこう》というよろい、銅鋺《どうわん》、馬につるした茄子型《なすがた》の鈴《すず》など贅《ぜい》をつくした副葬品が出土しました。以上から、この古墳は七世紀前葉を前後する時期とされます。これらの情報から、小見真観寺古墳は、埼玉古墳群がもっていた国造の権利を、一時奪取した古墳といえるでしょう。

ところで、兄麿は聖徳太子の死後、国造を賜るまで武蔵に引っ込んでいたとは思われません。聖徳太子の子供で家督《かとく》（上宮王家《じょうぐうおうけ》）を相続した山背大兄王《やましろおおえのおう》に兄麿は、従っていたのでしょう。上宮王家は、聖徳太子が建てた寺や各地に直轄地の屯倉《みやけ》など、膨大な財産（私財《しざい》）をかかえていました。

そして、聖徳太子や推古天皇が亡くなると、天皇をめぐって山背大兄王と敏達《びたつ》天皇（推古天皇の夫）の孫の田村皇子が争うこととなりました。山背大兄王には蘇我氏の一族である境部臣摩理勢《さかいべのおみまりせ》、田村皇子には蘇我蝦夷がついて、蘇我氏内部の覇権争いも加わりました。結局、推古天皇三十七年（六二九）に田村皇子が即位して、舒明《じょめい》天皇となりました。

その五年後、山背大兄王の側近を勤めていた物部連兄麿は、任を解かれ、武蔵国造として本貫《ほんがん》の武蔵へ戻ったのです。山背大兄王は、蘇我入鹿のはかりごとによって、皇極《こうぎょく》天皇二年（六四三）に暗殺されてしまいます。兄麿が小仁を賜ったとすると、暗殺事件の以前でしょう。

蘇我氏から襲撃を受けた山背大兄王は、斑鳩《いかるが》宮から脱出し、生駒《いこま》山の山中に一旦逃れました。従者の三輪文屋君《みわふんやのきみ》は、「深草屯倉《ふかくさのみやけ》に入り、東国の乳部《にゅうべ（みぶべ）》を頼って再起をかけましょう」と進言しました。しかし、山背大兄王は、これ以上の戦乱で民が疲弊《ひへい》することを嘆き、斑鳩寺《いかるがでら》（法隆寺《ほうりゅうじ》）に入り、一族二十二人とともに自害しました。

深草屯倉（京都府京都市深草）は、山背大兄王が、聖徳太子から引き継いだ屯倉の一つで、王を擁護する秦氏《はたし》の拠点も近くにありました。

ここに登場する「乳部」とは、「壬生部《みぶべ》」のことで、推古《すいこ》天皇十五年（六〇七）、聖徳太子のために設置されました。上宮王家の屯倉や寺とともに、西日本、とくに瀬戸内海沿岸に多く設置されていました。なお、上原真人《まひと》氏は、法隆寺の瓦と同じ瓦を葺《ふ》いた寺院が、屯倉の分布と合致することを突き止められました。

ところで、三輪文屋君が、あえて「東国の乳部」を頼ろうとした背景には、やはり、聖徳太子の側近として永く使え、国造となって武蔵にもどっていた物部連兄麿が、彼の頭にあったのかもしれません。兄麿には、壬生部を組織し、蘇我氏と対抗できる軍事的能力があると考えられていたのでしょう。

奈良、平安時代の史料となりますが、武蔵国男衾郡大領《おぶすまぐんだいりょう》の壬生直《みぶのあたい》福正《ふくまさ》や上野国甘楽《かんら》郡大領の壬《み》生公足人《ぶのきみたると》、常陸国行方《なめかた》郡大領の壬生直足人《たると》、相模国大住《おおすみ》郡大領の壬生直広主《ひろぬし》、同国高座《たかくら》郡大領の壬生直黒成《くろなり》など東国には、たくさんの壬生氏がいたのです。

再び漆塗り木棺

八幡山古墳の漆塗り木棺は、漆塗り木棺のなかでも最も古い木棺です。中里寿克《としかつ》氏は、その科学分析の報告で「当時、ここに最新の技術者が居た事自体が、驚くべきこととといわねばならず、畿内との時間差はほとんどなかったと考えてよい」と結ばれました。

この報告から二十五年たったいまでも、地方、とくに東国では、千葉県栄町の竜角寺《りゅうかくじ》浅間山古墳に確認されただけです。報告では、技法的に畿内とまったく同じ技法でありながら、その完成度は、五〇パーセントに満たないと結論付けられたのは、この当時、八幡山古墳の築造年代が、七世紀後半とされていたからでした。

八幡山古墳と同様の技法で作られた漆塗り木棺は、高松塚古墳やマルコ山古墳、石のカラト古墳など、半世紀後の七世紀末から八世紀初頭の古墳が多かったからです。また、八幡山古墳の木棺の釘が、横穴式石室の前室付近から出土したため、実は別の棺が玄室にあり、漆塗り木棺は、第二の被葬者の棺と考えられたこともありました。

しかし、聖徳太子墓でも漆塗り木棺を用いていたことや、大阪府シショツカ古墳、千葉県浅間山古墳の発見などで漆塗り棺の使い始めの年代がさかのぼったこと、関東地方の古墳の年代観が相対的に上がったことなどから、八幡山古墳を七世紀中葉、または七世紀第Ⅱ四半期とすることが可能となりました。

つまり、物部連兄麿が、七世紀後半まで長生きしなくとも、八幡山古墳に葬られる可能性が浮上したのです。布着《ぬのき》せ漆塗り木棺の技法は、聖徳太子墓から八幡山古墳と続き、半世紀後、飛鳥地方の皇族の墳墓に用いられたのです。

漆塗り棺は、傷つきやすく、乾燥や湿気などにもデリケートな棺です。そのため畿内の工房から武蔵までの長い距離を運んだとは考えられません。それよりも、畿内の漆塗り工人が、八幡山古墳のために武蔵に派遣され、古墳の近くに工房を作り、そこで腕を振るって棺をこしらえたのでしょう。木棺に巻いた高級な絹やその上に塗った上等な漆は、大和や河内から運ばれたかもしれませんが、木棺の材木や金具の鍍金《ときん》などは、武蔵で調達したのかもしれません。

このころ、古墳づくりに畿内から工人を招いた古墳は、八幡山古墳だけではありませんでした。群馬県前橋市の総社愛宕山古墳や宝塔山古墳では、上毛野氏が家形石棺を作る工人たちを畿内から招いて作っていました。つまり、大和や河内の石工《いしく》集団が、石ノミや石矢《いしや》（楔《くさび》）などの道具一式を携《たずさ》え下って来たのです。

ただし、地方豪族が、畿内の石工へ直接、発注したのではなく、石工集団をかかえる中央の豪族と、石棺を作りたい地方豪族との同意が無ければ、石工たちは遠い東の国まで、来られるはずはありません。

それは、八幡山古墳の漆塗り木棺でも同じです。特殊な手工業生産は、畿内に閉じ込められ、奢《しゃ》侈《し》品（ぜいたく品）を一握りの人々にもたらすだけに維持されていたからです。工人の派遣も「伝播」などという言葉ではなく、上から下へ与える「下賜《かし》」や「賜与《しよ》」という思惑《おもわく》が、脈々と流れていたのです。

漆喰と壁画

「カビに覆われた飛鳥美人」と、連日報道された高松塚古墳は、極彩色の壁画でとても高い歴史的評価をうけ、古墳は国の特別史跡、壁画は国宝となっていました。高松塚古墳は、壁画ばかりではなく、そこに納められた金箔《きんぱく》を貼った漆塗り木棺もまた見事でした。

薄暗い石室で金色《こんじき》に輝く木棺。それが高松塚古墳の木棺です。ただ金箔を貼っただけではなく、杉材の内外面に二枚の麻布を巻き、そのうえに漆の地粉を二回塗布し、黒漆を四回から七回塗り重ね、内面には朱漆、外面には金箔を貼ったのです。なお、畿内の古墳は、たいてい高野槙《こうやまき》を使いますが、高松塚古墳は、杉を使っていました。

また、漆喰《しっくい》の真っ白なキャンバスだからこそ、飛鳥美人や四神《しじん》などが映《は》えたのです。四神とは、北の玄武《げんぶ》、東の青龍《せいりゅう》、南の朱雀《すざく》、西の白虎《びゃっこ》という方位を掌る想像上の動物です。土蔵や城の壁などに塗られた漆喰は、消石灰《しょうせっかい》に布海苔《ふのり》や苦汁《にがり》を加え、糸くずや粘土と混ぜて練り上げます。「漆喰」と書きますが、漆は使いません。

ちなみに、壁を塗る職人を左官屋《さかんや》さんといいますが、「左官」は、天皇の御所に出入りを許されていた木工寮《もくりょう》という役所の属《さかん》（三等官）からきているといわれています。

高松塚古墳のほかにもキトラ古墳や牽牛子塚《けんごしつか》古墳、マルコ山古墳、束明神《つかみょうじん》古墳など飛鳥の古墳が漆喰を横穴式石室の壁面に塗っていました。東国では、群馬県前橋市の総社古墳群にある宝塔山《ほうとうざん》古墳、蛇穴山《じゃけつざん》古墳にも漆喰が、横穴式石室の截石《きりいし》を巧みに組み合わせた目地に残っています。

宝塔山古墳は、行田八幡山古墳と同世代か、やや新しい古墳、蛇穴山古墳は、その次の世代、七世紀末の古墳です（図31）。ひょっとしたら、群馬県の古墳にも飛鳥美人に匹敵する壁画が描かれていたかもしれません。また、宝塔山古墳の石棺の蓋《ふた》は、家の屋根の形に似ていることから、家型石棺と呼ばれ、畿内や中国地方でしか見ることはできません。

このように八幡山古墳の漆塗り木棺や、宝塔山古墳の家形石棺、蛇穴山古墳の漆喰のように、大和や河内で熟成された技術や大陸、半島から導入された最先端の技術が、時折、東国の一古墳で用いられることがありました。

しかし、こうした技術や製品が、その地域で継続（継承）されることは決してありませんでした。

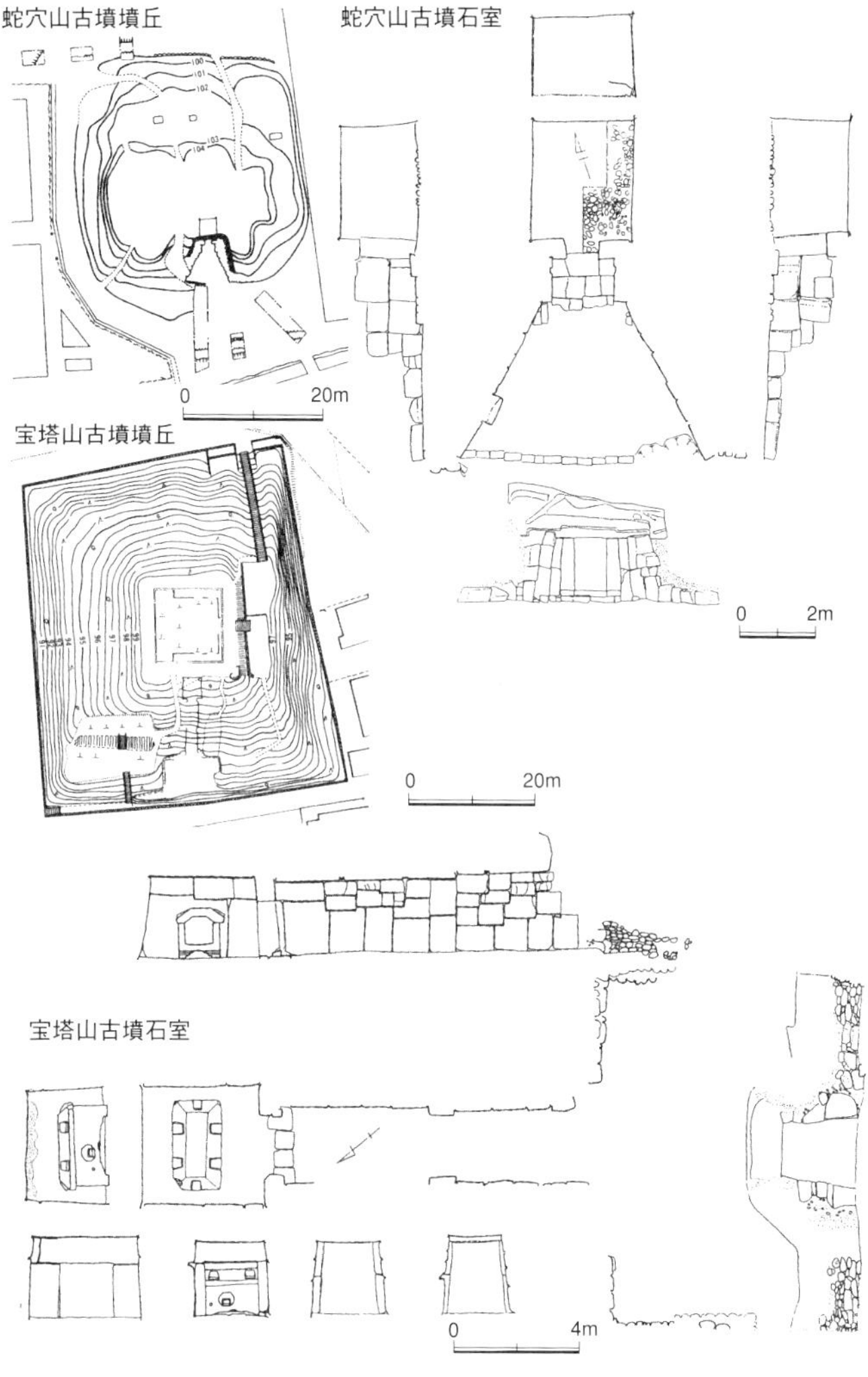

図31　宝塔山古墳と蛇穴山古墳

なぜならば、王権は、技術者を地方に派遣しても再び王権の下にもどし、技術を流出させることがなかったからです。最先端の技術、真似のできない特殊な技術、しかも贅沢品を作る技術は、あくまでも王権が牛耳っていたのです。

そして、王権とかかわりのある一握りの地方豪族だけが、その果実にありつけたのでした。総社古墳群は、王権を構成していた上毛野君《かみつけののきみ》の古墳群ですし、八幡山古墳は、聖徳太子とかかわりの深かった物部連兄麿の古墳です。地方の名家という血筋もさることながら、個人の輝かしい活躍が、王権の抱える特殊な技術を一時的ではあっても、地方に導いた原動力でした。

しかし、畿内王権に囲まれた技術でも、社会の安定と需要層の拡大によって、まず畿内周辺の近国（東海・北陸・中部・北陸地方西部、中国・四国地方東部）に開放され、のちに東国や西国へ「伝播《でんぱ》」、今度は伝播するのです。施釉陶器《せゆうとうき》、石棺、鉄作り、そして寺、仏像などが徐々に開放されていきました。そして、古代国家に編入されていない地域（東北地方北部）には、技術を開放しない世界が、広がっていたのです。

まるで、先進国諸国が最先端の技術を独占し、途上国には古ぼけた技術だけが流出している現代と、少しも変わらないではありませんか。

八幡山古墳の後継者

八幡山古墳に続いて近くに地蔵山《じぞうやま》古墳が築かれました。八幡山古墳に次ぐ大形の方墳です。

この古墳も硬い角閃石安山岩を加工して、大形の石室を作りました。残念ながら羨道《せんどう》は破壊され、玄室しか残っていません。しかし、その壁面には、線刻《せんこく》の絵画が描かれていました（図32）。高松

図32　地蔵山古墳の壁画

塚古墳のような極彩色の人物群像などではなく、素朴なタッチで舟や人物、弓、鳥などが、大胆に刻まれていました。

同じような線刻の壁画は、「装飾《そうしょく》古墳」あるいは「装飾壁画《そうしょくへきが》古墳」と呼ばれ、九州の熊本県や福岡県、山陰の島根県や鳥取県、関東の茨城県や神奈川県、東北の福島県などでみられます。地蔵山古墳の被葬者は、豪族が地方の官人（役人）となったころの人物です。残念ながら名前はわかりませんが、おそらく、物部連兄麿の血を引き武蔵国造となり、はじめて前玉郡《さきたまぐん》（評《ひょう》）の役人となった人でしょう。

なお、大宝律令（大宝元年、七〇一）以前、郡《ぐん》《こおり》は「評《ひょう》《こおり》」と記されていましたし、評の役人は、「評造《ひょうぞう》」あるいは「評司《ひょうじ》」と呼ばれました。評の役人には、三つの位、長官《かみ》の「評領《ひょうりょう》」、次官《すけ》の「助督《じょとく》」、書記官の「主帳《しゅちょう》」がありました。

評は、大和（奈良県）から来た総領《そうりょう》（隣接した複数の国の管理を任された人。のちの按察使《あぜち》、大《だ》宰《ざい》）という役人に、郡や評をつくりたいと複数の人で申請して、はじめて評が立てられたのです。しかし、清廉潔白《せいれんけっぱく》で実直な人で煩雑な郡の事務、とくに文書にかかわる読み、書き、計算といった事務が、正確ですばやくできる有能な人物でなければ、郡司にはなれなかったのです。

以前は、郡司は生涯その職にあり、世襲で代々引き継がれたと考えられていましたが、現在では、郡司にも昇進や降格、都の役人になる者もいることなどから、生涯官ともいえず、国司の裁量ひとつで浮き沈みする木の葉のような不安定な存在でした。

いずれにせよ、「前玉《さきたま》評」ができると、地蔵山古墳の被葬者は、評の大領となったことでしょう。

あわせて没落した埼玉古墳群でも、戸場口山《とばくちやま》古墳という一辺四〇メートルの方墳が築かれたことから、その被葬者も前玉評の官人として活躍したと思われます。

ところで、藤原京の朱雀大路《すざくおおじ》（メインストリート）の建設で破壊された明日香村の日高山窯《ひだかやまよう》（瓦を焼いた窯）から、「□玉評　大里《おおさと》評」と墨で書かれた瓦（文字瓦《もじかわら》）が出土しました。□は、「前（前玉）」または、「児（児玉）」といわれています。このことから、□を前とすると前玉評ととなりの大里評が、飛鳥時代から存在していたことがわかるのです。

瓦に「□玉評　大里評」と書かれたのは、瓦を寄進する単位だったのか、二つの評から都へ上った者が、日高山窯で瓦を作った伝票だったといわれています。いずれにせよ、地蔵山古墳や戸場口山古墳の被葬者は、郡司として都に上った彼らの上にも君臨していたのでした。

いまは、平成の大合併で次々と市や町、村が消え、新しい市町村が誕生しています。「大化の改新」から奈良時代のはじめは、逆に評や郡が、次々とできた時代でした。

ところで、前玉評は、物部連兄麿が、埼玉古墳群から武蔵国造を引き継ぎ、最初は広大な領域を抱えていましたが、地蔵山古墳の時代、評の編成事業が進み、広大な領域は、小規模な評に再分割され、ついに前玉評は、武蔵国東部のわずか五郷に圧縮されてしまいました。

それは、聖徳太子の死後、太子の家督を継いだ上宮王家《じょうぐうおうけ》が没落し、兄麿の後継者も急速に力を失ったことを反映しているのでしょう。このころ、各地の豪族は、競って寺院を建てましたが、埼玉評に大掛かりな寺院は、奈良時代に建てられませんでした。寺院を建てるだけの財力や政治力が、没落した氏族には、残っていなかったのです。

飛鳥時代は、物部連兄麿のような人物を生み、地方の豪族が、畿内の古墳に匹敵、あるいはしのぐような古墳を築くような時代でした。しかし、地方に評ができ、豪族たちは評の官人となり、評の役所もできると、古墳は次第に築かれなくなるのでした。また、寺院は、豪族の経済力や貴族とのかかわりなどを反映し、新しい政治的モニュメントとして建てられました。

次章では、古墳時代以来、東国の大豪族として君臨していた群馬県の上毛野君が、地方の豪族から都の官人へ転進していく姿について、氏寺《うじでら》の山王廃寺《さんのうはいじ》や関連する「山《やま》の上碑《うえひ》」などから考えてみたいと思います。

第九章　斜陽の大豪族

天武天皇十年十月

『日本書紀』や『古事記』のもととなった『帝紀《ていき》』と『上古諸事《じょうこのしょじ》』をつくるメンバーに選ばれた上毛野君《かみつけののきみ》三千《みちち》が、わずか五ヶ月後の天武《てんむ》天皇十年（六八一）八月十一日、急死します。

三千《みちち》のふるさと、上毛野《かみつけの》国（群馬県）から都の飛鳥《あすか》まで税や年貢を運ぶのに二十九日かかったといいますから、早くとも九月半ば過ぎ、いろいろな儀礼《ぎれい》を行ってからとすると、三千が上毛野国にもどったのは、十月ごろになったかもしれません。

「天武天皇十年十月。」上毛野国では、とても大きな意味のある年月でした。なぜならば、群馬県高崎市にある山《やま》の上《うえ》碑が記された「辛巳歳集月《かのとみのとしじゅうかつ》三日」が、六八一年十月と一致するからです。飛鳥時代に近畿地方以外で、一年に二つもできごとが重なることは、驚くべきことなのです。ましてや古代の石碑《せきひ》と、『日本書紀』の記載が一致したのです。

さて、山の上碑（写真15）は、放光寺《ほうこうじ》の長利《ちょうり》という僧が、母親のために建てた碑です。碑には、長利の家系が書かれています。母の黒売刀自《くろめとじ》は、王族（大王家）の健守命《たけもりのみこと》の孫で、父の大児臣《おおごのおみ》との間に長利が生まれました。そして、大児臣は、新川臣《にいかわのおみ》の曾孫《ひまご》、斯多々弥足尼《きたたみのすくね》の孫でした。また、健守命は、佐野三家《さののみやけ》（屯倉《みやけ》）を賜ったとあります。

「刀自《とじ》」や「命《みこと》」「臣《おみ》」「足尼《すくね》」はそれぞれ尊称《そんしょう》といわれ、本来、「黒売《くろめ》」「健守《たけもり》」「大児《おおご》」「新川《にいかわ》」「斯多々弥《きたたみ》」が名前とされています。「黒売」や「健守」「斯多々弥」は、一般的な名前。「大児」や「新川」は、地名として前橋市大胡《おおご》町や桐生市新里《にいさと》町新川《にいかわ》がありますから、家号《やごう》の可能性もあります。

「佐野三家」とは、佐野（群馬県高崎市）というところに置かれた屯倉。大王家の直営農場のことでした。王族である健守命は、「佐野三家」を大王から賜ったので、大和から使者を送るか、上毛野国の国造《こくぞう》に、屯倉の管理を任せていました。

なお、尾崎喜左雄《きさお》博士は、健守命が、「佐野三家」を賜ったのは、六八一年より三世代前の七世紀初めごろとし、『日本書紀』にある推古《すいこ》天皇十五年（六〇七）年、屯倉を諸国に設置したという記事とかかわるとされました。

長利は、父の大児臣やその系譜よりも、母の黒売刀自の「佐野三家」につながる系譜を強調しました。前章で、葛城《かつらぎ》王が、母の三千代《みちよ》にあやかり、橘諸兄《たちばなのもろえ》と名乗ったことを思い出します。古代では、夫婦は別姓でしたし、お墓も夫婦が一緒とは限りませんでした。

たとえば推古天皇は、竹田《たけた》皇子とともに大野岡上陵《おおののおかかみのみささぎ》（奈良県橿原《かしはら》市植山古墳が有力）に合葬され、皇極《こうぎょく》天皇は、夫の舒明《じょめい》天皇とは別に奈良県高取《たかとり》町の越智崗上陵《おちのおかのえのみささぎ》に葬られました。

ところで、長利の「放光寺」は、どこにあったのでしょうか。「佐野三家」の管理を行ったのはどこでしょうか。そして、なぜ、上毛野君三千の死の直後に山の上碑が建てられたのでしょうか。天武天皇十年十月をめぐって、古代上毛野国のなぞを解き明かしてみましょう。

まずは、放光寺を探し出しましょう。

放光寺の発見

山の上碑以外に放光寺は、『上野国交替実録帳《こうずけこくこうたいじつろくちょう》』のなかの「定額寺《じょうがくじ》」という項に登場します。『上野国交替実録帳』は、郡家《ぐんけ》の館《たち》であつかったあの史料です。さて、放光寺は、同書に「定額寺」からはずしてもらえるよう「氏人《うじびと》」から申請があったとあります。

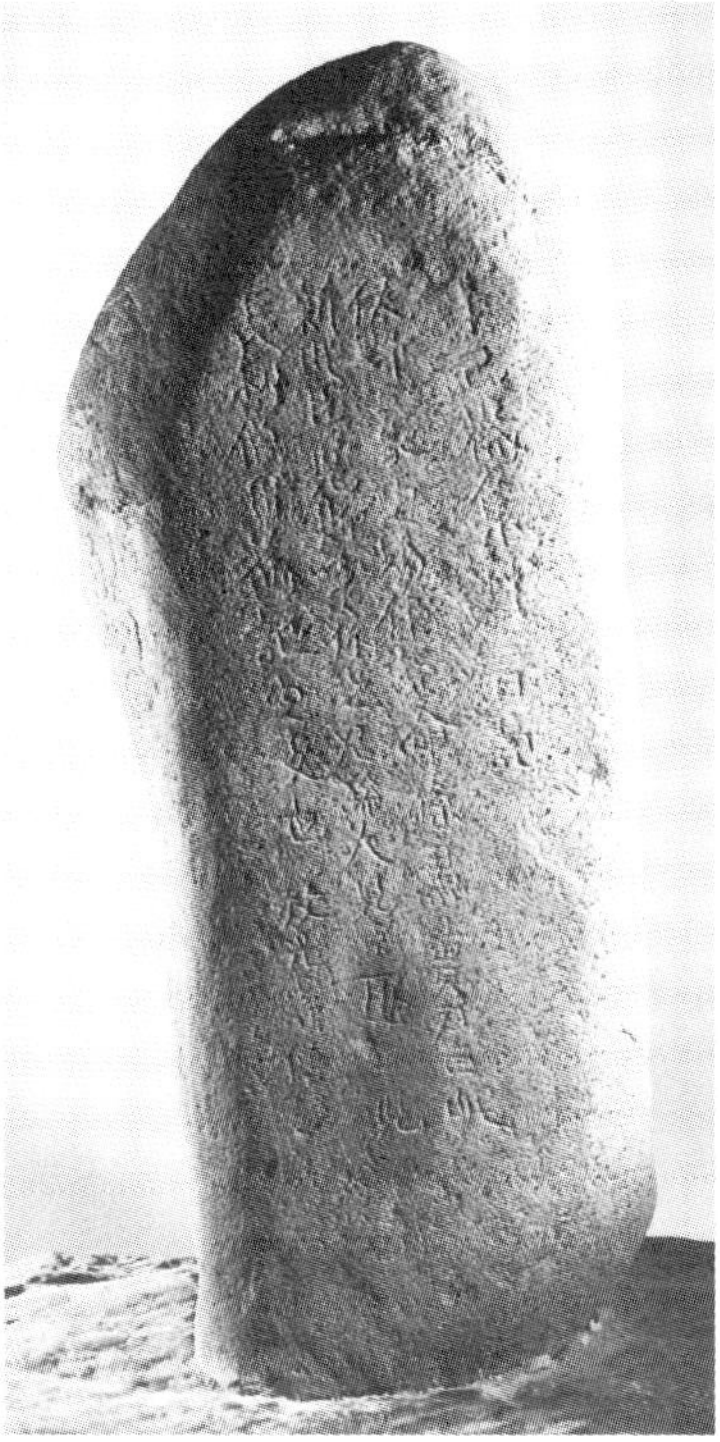

写真15　山の上碑（群馬県高崎市）

（碑文）辛巳歳集月三日記／佐野三家定賜健守命孫黒売刀自／此新川臣児斯多々弥足尼孫大児臣娶生児／長利僧母為記定文也／放光寺僧

（内容）六八一年十月三日に記す。佐野三家を賜った健守命の孫の黒売刀自は、新川臣の児の斯多々弥足尼の孫の大児臣と結婚して僧の長利が生まれました。母のためにこの碑を建てます。放光寺の僧（長利）

定額寺とは、延暦《えんりゃく》二年（七八三）以降、朝廷が、一定数の私寺《しじ》を官寺《かんじ》として、その経営に国から補助金を出した寺をいいます。放光寺が、『上野国交替実録帳』の書かれた長元《ちょうげん》三年（一〇三〇）まで存在していたことは明らかですし、その経営が、なかなか厳しかったことがわかります。

かつては、山の上碑が、高崎市山名にあることから、佐野屯倉の置かれた同市佐野付近に、放光寺があったのでは、といわれていました。しかし、一片の瓦の出土が、事態を急転させました。

昭和五四年の夏、山王日枝《さんのうひえ》神社の松の木に止まるアブラゼミが、狂ったように鳴くなか、無数の屋根瓦が散乱する塔の西側から、「放光寺」と書かれた瓦が、光を放ちました。上毛野国最古の寺院である山王廃寺《さんのうはいじ》が、放光寺とわかった瞬間です。

これまでにも、「方光《ほうこう》」という印を押した瓦が、山王廃寺や上野国分寺《こうずけこくぶんじ》から数点発見されていました。しかし、それが山の上碑の「放光寺」と、直接結びつくことはなかなかありませんでした。瓦に「放光寺」と刻むことは、放光寺向けの瓦という意味か、山王廃寺が放光寺ではなく、放光寺という寺から山王廃寺に送られてきた瓦、という意味の二通りが考えられます。

「放光寺」以外にも、発掘調査でさまざまなことがわかりました。

まず、寺の建物の並び方がはっきりしました。発掘調査以前は、大阪府大阪市の四天王寺《してんのうじ》と同じ中門《ちゅうもん》―塔《とう》―金堂《こんどう》―講堂《こうどう》が、一直線に並ぶと考えられていました。しかし、発掘調査によって塔の西に金堂、塔と金堂の間の北に講堂、講堂は、高僧《こうそう》が講義をした場所です。また、塔と金堂をめぐる回廊《かいろう》などが発見され、奈良県斑鳩《いかるが》町の法起寺《ほっきじ》と同じ建物の配置でした（写真16）。

寺院の跡は、たくさんの屋根瓦とともに、地上に建物の礎石《そせき》や地中に埋めた柱の穴、建物の基壇《きだん》などが見つかります。そこから柱の配置や柱と柱の間の距離などから、建物の大きさや構造、屋根の形、床などがある程度復元できます。そうやって、群馬県にも法隆寺《ほうりゅうじ》に匹敵するような寺が、存在したことが証明できるのです。

また、中心建物群の北には、やや離れて僧の生活する僧坊《そうぼう》が発見されました。その東には、建物の方位が、四五度傾いて四棟以上の倉庫群や大形建物などが、発見されました。この建物群は、後に詳述しますが、山王廃寺の前身となった建物群でした。

さらに瓦のほかに、塔に納めた大量の塑像《そぞう》群も出土しました。この塑像（粘土で作った像）は、奈良県の興福寺《こうふくじ》や法隆寺に残る塑像群に匹敵する美術史的意義の高い彫刻でした。

写真16　「放光寺」の瓦（群馬県前橋市）

山王廃寺の歴史を発掘調査の成果からたどると、まず、六世紀前半ごろに大形住居のある集落営まれ、遺跡がスタートします。それが、七世紀になると、倉庫や大形建物と竪穴住居群で構成されます。寺の建設は、六八一年の数年前から始まります。金堂や塔が作られ、講堂や回廊、中門などが続いて建てられました。僧坊や付属の建物も徐々に整っていったと考えられます。

しかし、上野国分寺の建立された八世紀後半には、屋根の瓦も相当痛み、補修を行いました。その後、弘仁《こうにん》九年（八一八）に、北関東を大地震が襲ったときも山王廃寺は大きな打撃を受け、屋根瓦がずり落ち、破損した部分もあり、葺《ふ》き替《か》えが行われました。その後、十世紀には、主要な堂塔の付近まで竪穴住居が進出し、寺の荒廃が進んで定額寺を返上するまでになりました。

ところで、山王廃寺が、東国随一のとてつもない寺院だったことは、発掘調査以前から明らかでした。それは、三つの石造遺物からでした。一つは塔の心柱《しんばしら》の礎石《そせき》（心礎《しんそ》）、一つは柱の周りを飾った根巻《ねま》き石、そしてもう一つは、石製鴟尾《しび》です。

径六メートルを超える心礎は、東国最大の大きさで南北、東西に中心の穴から排水溝が延びています。また、心柱を飾る石製の根巻き石は、七枚の花弁《かべん》を一葉ずつ作り、パネル状に組み合わせています。さらに金堂や講堂の屋根を飾った石製の鴟尾は、安山岩《あんざんがん》製と牛伏砂岩《うしぶせさがん》製の二例があります。石製鴟尾は、国内では鳥取県の斎尾《さいお》廃寺の一例を含め三例だけです。

このような、石造遺物に山王廃寺は恵まれ、前章でも登場した宝塔山《ほうとうざん》古墳や蛇穴山《じゃけつざん》古墳の秀麗な横穴式石室や家型石棺《いえがたせっかん》を作った工人集団が、寺の建設に積極的にかかわっていました。また、塔に安置された塑像群や壁画などは、都の仏師《ぶっし》や絵師、さらに仏具を作る工人たちなどが派遣され、中央、地方の技術者を集め、まさに総力を結集して、このお寺をつくり上げたのです。

全国の国分寺より前の地方寺院は、氏族や家の先祖の供養《くよう》や父母の菩提《ぼだい》を弔《とむら》うために豪族たちが、財産を投げ打って、寺つくりに励んだのです。また、豪族たちが、地域に威光《いこう》を放つ象徴として、

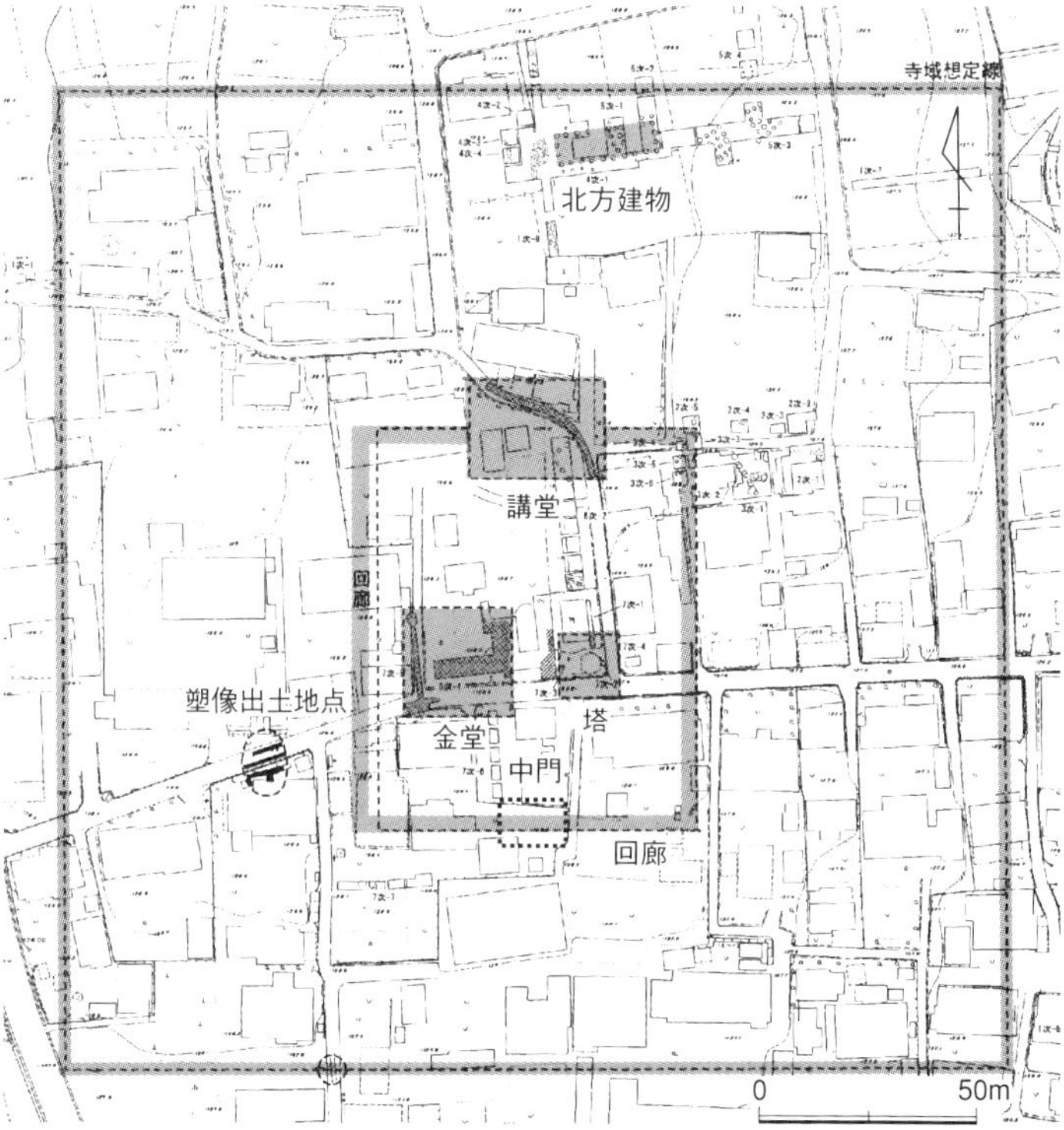

図33　山王廃寺の全体図

寺院は存在したのです。

古墳の構築は、総合的な大土木工事でしたが、村々の有力者まで古墳を造ることができたことからもわかるように、技術が低くとも何とかなりました。

埴輪《はにわ》つくりもその「素朴さ」が象徴しているように、それほど高い技術ではありません。ところが、古代寺院は違います。都から絵師や仏師、大工などをまねき、五十年や百年をかけて作り上げていく、たとえば、アントニオ・ガウディーのサグラダファミリアだったのです。

山王廃寺の堂塔《どうとう》などが、建てられる前の建物群（図34）を少し考えてみましょう。

前身建物群と屯倉

山王廃寺の塔や金堂、講堂、僧坊などと異なり、西に四五度傾く建物群や古墳時代後期の竪穴住居群が存在しています。発掘した当初は、平安時代、寺が衰退していくなかで建てられた建物と考えられていました。しかし、最近では、山王廃寺よりも前に、豪族の居宅か評家《ひょうけ》（郡家以前の役所）、あるいは屯倉にかかわる建物群ではないかと考えるようになりました。

確かな年代は限定しにくいのですが、山王廃寺の前身建物群は、

①山王廃寺の軒先瓦の研究から、創建年代が七世紀後葉であること、

②寺の中心建物付近に、六世紀後葉から七世紀中葉（第Ⅲ四半期）まで竪穴住居があること、

③放光寺が、山の上碑の辛己歳《かのとみのとし》（六八一）を下らないこと

などから、七世紀第Ⅲ四半期までの建物といえます。

なお、中心建物群を離れれば、塑像群の完成する八世紀第Ⅱ四半期まで存続した建物もあったかもしれません。さらに二、三棟並んで建てられた倉庫群は、二回の重複があり、七世紀前半にさかのぼる可能性を残しているといえます。竪穴住居が、六世紀後葉からスタートすること、この集落に倉庫や大形の建物があることから、屯倉や評家の館《たち》と考えるのが妥当でしょう。

なお、郡家の正倉級の倉が、奈良時代の豪族居宅に建てられた例はありません。大形の倉が豪族の居宅にある古墳時代後期、六世紀後葉の群馬県伊勢崎市原之城《げんのじょう》遺跡や兵庫県神戸市松野遺跡のよ

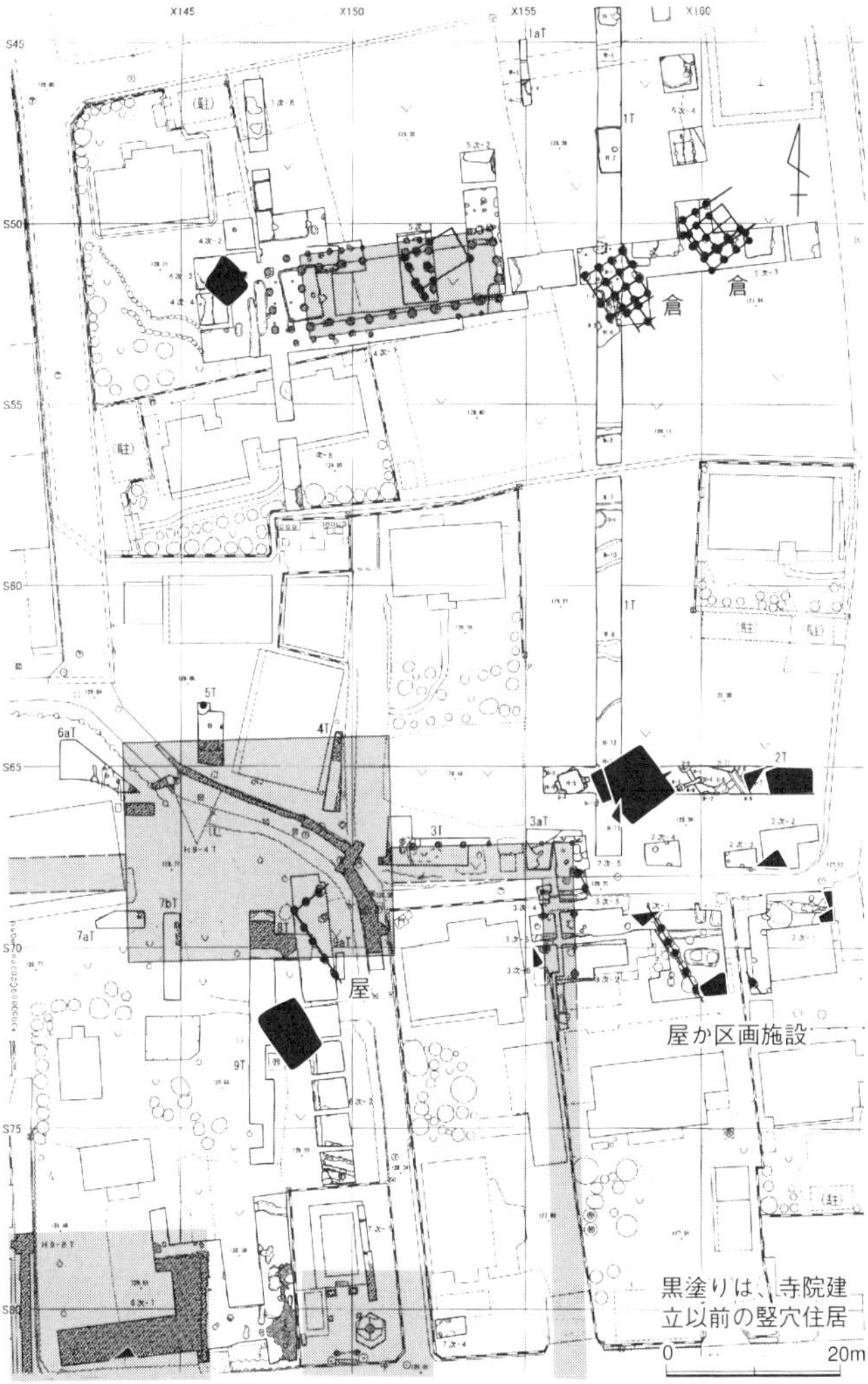

図34　山王廃寺の前身建物群

うな事例をふまえ、一部の豪族の居宅には七世紀に大形倉庫があったと考えるか、それとも、評家の母体となった屯倉の施設（御倉《みくら》）と考えるべきかもしれません。

ところで、『日本書紀』によると、大化《たいか》の改新《かいしん》の翌年（六四六）に「東国国司《とうごくこくし》」が、大和から東国の八地域に派遣されました。国司といっても、奈良時代のように任期や権限が定まっておらず、翌年には大和にもどる臨時の派遣官でした。しかし、長官《かみ》、次官《すけ》、主帳《しゅちょう》がそれぞれ従者《じゅうしゃ》を連れ、総勢数十人の派遣団で八つの地域にやってきたのです。

彼ら一行が、東国国司として行なったことは、豪族たちの持っている武器を点検することと、蘇我氏が滅んでも後継の政権が安定していることを宣伝することでした。

国司の行動から、彼らの駐留した施設の様子がわかります。武器を集めていったん保管した倉、食事を準備した厨《くりや》、寝泊りをした寝殿《しんでん》、馬をつなぎとどめた厩舎《きゅうしゃ》（厩《うまや》）、従者の宿泊に堪える住居などが準備されていました。宿泊した場所も竪穴住居とは考えにくく、おそらく床板を張った高床の建物だったのでしょう。

このような施設が、改新の翌年にあったとするならば、そこは、王権が、すでに抱えていた屯倉の施設や、王権に参画《さんかく》している上毛野君のような有力豪族の居宅であったはずです。

私宅から寺へ

山王廃寺は、上毛野国で最古の寺院であることや、石製鴟尾《しび》、根巻き石、塑像群などの存在をふまえると、この寺を建立した氏族は、上毛野君以外に考えることはできません。また、山王廃寺が「放光寺」であるならば、山の上碑の長利は、山王廃寺の僧坊に住み、「佐野三家」に連なる長利の兄弟や親も、放光寺の建立や運営にかかわっていたと考えられます。

中臣鎌足（藤原鎌足）に不比等《ふひと》（藤原不比等、大宝律令を編んだ人）と貞慧《じょうえ》（定恵《じょうえ》）という僧の息子がいたことと同様に、長利の兄弟も上毛野国内では、相当の実力者であったことでしょう。長利やその兄弟は、上毛野氏と姻戚関係や血縁関係にあったのかもしれません。

大化の改新、白村江《はくそんこう》の戦い、壬申《じんしん》の乱《らん》を通じ古代王権は、確実に律令国家の道を歩み続けていきました。戸籍《こせき》をつくり、土地台帳を作成し、税の体系を整えた中央集権国家を急速につくりあげたのです。その過程で障壁《しょうへき》となったのが、豪族たちの持っていた私有地（田荘《たどころ》）や王族の持っていた屯倉でした。

蘇我氏に勝利した中大兄皇子《なかのおおえ》は、率先《そっせん》して自らのかかえる「御入部《おないりべ》」という人々五百二十四口《こう》（人）、屯倉百八十一ヶ所を国家に返上し、班田《はんでん》施策に貢献しました。そして、年齢や身分に応じた田を割り当て、収穫高の約三パーセントを「租《そ》」という税として、徴収したのでした。

さて、ここまでが、教科書で説明される奈良時代の税の話です。しかし、この税制には抜け道がありました。それが「職田《しきでん》」や「寺田《じでん》」「神田《じんでん》」です。「職田」は、大納言《だいなごん》以上の貴族や諸国の国司に与えられ、「寺田」や「神田」は、各地の寺院や神社を運営するために与えられた田のことです。

そして、この田は、税の対象から外されていました。つまり、王族や豪族たちは、「七世父母《しちせぼ》」の先祖供養や「子孫繁栄」などの名目で次々と寺を建て、もっていた田を「寺田」として寄進したのです。

そのプロセスは、蘇我馬子が飛鳥衣縫造祖樹葉《あすかきぬぬいのみやつこおやこのは》の家を壊して飛鳥寺を建て、聖徳太子がすんでいた斑鳩宮《いかるがのみや》が、斑鳩寺《いかるがてら》（法隆寺）となったというように、まず家に仏像を安置し、家を仏堂や塔に建て替え、寺院としての体裁《ていさい》を整え、その家にかかわる田を「寺田」としていったのです。

律令国家の歩みとともに畿内《きない》の豪族だけではなく、地方の豪族も盛んに寺を建てました。山王廃寺は、そうした寺の先がけとなった寺でした。山王廃寺よりやや下る茨城県石岡《いしおか》市の茨城《いばらき》廃寺や神奈川県川崎市の影向寺《ようごうじ》跡、栃木県南河内《みなみかわち》町の下野薬師寺《しもつけやくしじ》なども堂宇《どうう》（寺の建物）の下には、豪族の居宅といえるような大形の建物群が、発掘されています。

寺院の建立は、自らの家や土地を仏の力で永代にわたって守り抜く知恵、税金対策だったのです。寺の持つ永続性や「寺田」による免税政策など、法の抜け道を熟知した豪族が、私宅《しやけ》（自分の家）を寺としたのです。聖徳太子を始め王族も同様でした。何としたたかではありませんか。

三千と山の上碑

ところで、屯倉とは、王権の支配が直接およぶ土地ですから、健守命《たけもりのみこと》は、大和から使者を派遣するか、上毛野《かみつけのの》の国造である上毛野君《かみつけののきみ》に、現地の管理をまかせたこととなります。つまり、上毛野君が、佐野屯倉にかかわる大和からの使者の宿泊や食事、馬の準備などの面倒をみる役割を担っていたのです。また、佐野屯倉からの年貢《ねんぐ》や貢物《みつぎもの》を取りまとめ、大和に送る役割もありました。

長利は放光寺の僧で、放光寺は山王廃寺、山王廃寺は上毛野君の氏寺、上毛野君は、佐野屯倉の現地管理官、だから山王廃寺の下層に見つかった前身建物群は、佐野屯倉の現地管理施設か、上毛野君の居宅と考えられるのです。

ですから、前身建物のうち大形建物は、上毛野君の家の主屋《しゅおく》か屯倉の管理棟、倉庫群は、御田《みた》から収穫された稲を保管しておく御倉《みくら》、竪穴住居群は、屯倉を耕作する農民達の住居や食事を提供する厨《くりや》と考えられます。

そして、上毛野君三千《みちち》の死亡という一大事に、上毛野国内が動揺するなかで長利は、三千の葬儀を行い、放光寺で三千の菩提《ぼだい》を弔《とむら》い、また、すでに亡くなっていた母の菩提を弔うために放光寺で法会《ほうえ》を行い、佐野の屯倉が臨める丘の上で、山の上碑を建てるための儀礼を行ったのでしょう。

集まった国内の有力者を前にして長利は、佐野屯倉を賜った健守命の血を引くこと、つまり、王族につながる人物であることを高らかに宣言したのでした。あるいは冥界《めいかい》に向かって、その正当性を訴える壮大なデモンストレーションだったのです。

さて、『日本書紀』の「安閑天皇紀《あんかんてんのうき》」以降に登場する上毛野君小熊《かみつけののきみおぐま》、形名《かたな》、稚子《わくご》、三千の業績や事件は、とても具体的で話の内容も信憑《しんぴょう》性が高いといわれています。

そこには、二つの理由がありました。ひとつは、天武天皇十年（六八一）に『帝紀』と『上古諸事』という国史を編纂するプロジェクトチームに上毛野君三千が、諸豪族のトップとして加わったことです。このチームは、川嶋《かわしま》皇子以下六人の皇族、三千、安曇連《あずみのむらじ》稲敷《いなしき》、中臣連《なかとみのむらじ》大嶋《おおしま》、平群臣《へぐりのおみ》子《こ》首《くび》などの豪族で編成されていました。

この選抜された豪族たちの意思が、『帝紀』や『上古諸事』、ひいては、両書をもととした『日本書紀』や『古事記』などに反映されないわけがありません。三千は、この年の八月に亡くなりましたが、その意思は、メンバーに引き継がれました。

もう一つの理由は、上毛野君が、家の歴史や伝説、家系などの『墓記《ぼき》』をこのなかに盛り込んだことです。十年後の持統《じとう》天皇五年（六九一）年、政府は、律令国家を支えた十八の豪族に先祖の

『墓記』を提出させました。なお、『墓記』を提出した上毛野氏は、小足《おたり》と考えられます。

さて、三千を生んだ上毛野氏とは、どのような一族だったのでしょうか。キーワードは、国造と東北経営です。

上毛野君外伝

まず、上毛野君は、『日本書紀』に崇神《すじん》天皇の皇子の豊城入彦命《とよきいりひこのみこと》を先祖とする豪族として登場します。そして、①朝鮮半島へ出兵したはなし、②東北地方の蝦夷《えみし》と戦ったはなし、③上毛野国の豪族としてのはなし、にまとめられます。

具体的には、①は、荒田別《あらたわけ》が、新羅《しらぎ》に派兵したはなしや百済《くだら》から王仁《わに》を連れ帰り、論語《ろんご》や千字文《せんじもん》（漢字版いろは歌）を伝えたはなし、竹葉瀬《たけはせ》が新羅に派兵したはなし、田道《たみち》が新羅を討ち、「四邑《しゆう》」の人々を連れ帰ったはなし、そして、上毛野君稚子《わくご》が白村江の戦いで新羅を攻め、百済の男女二千人を連れ帰ったはなしです。

また、②では、田道が蝦夷との戦いのなかで敗死したはなし、上毛野君形名《かたな》が妻の活躍で蝦夷との戦いに勝ったはなしなどです。

そして、③では、豊城入彦命をはじめとし、八綱田《やつなだ》、彦狭嶋王《ひこさしまおう》、御諸別王《みもろわけおう》が、東国を治める「東《とう》山道十五国都督《さんどうじゅうごこくととく》」などの職についたはなし、上毛野君小熊《おぐま》が、武蔵国造《むさしこくぞう》をめぐる笠原直《かさはらのあたい》一族の内紛に関与し、翌年、緑埜《みどの》屯倉（群馬県藤岡市）を献上したはなしなどです。

なお、上毛野氏は、天皇家から血筋を引く「君《きみ》」から、天武天皇十三年（六八四）に「朝臣《あそみ》」を賜ります。この年以前は「上毛野君」、以降は「上毛野朝臣」と呼ばれていました。

三千までの上毛野氏のはなしは、以上のようにまとめられます。これらの話のすべてが、上毛野

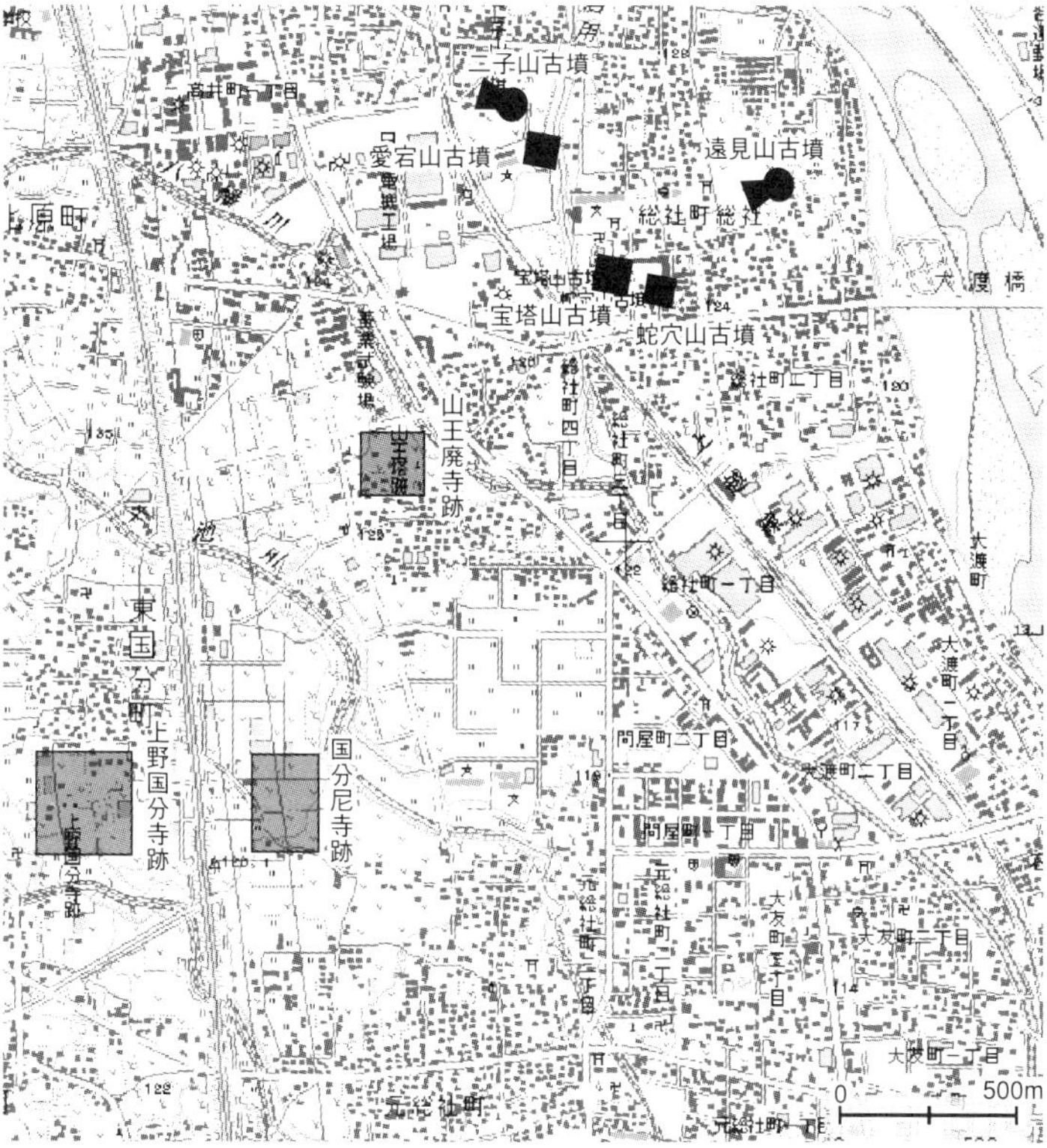

図35　総社古墳群と山王廃寺

氏の『墓記』によったとはいえませんが、少なくとも小熊、形名、稚子、三千の話は、信頼性のおけるはなしといわれます。

　白村江の敗戦以後は、朝鮮半島とのかかわりがすたれ、三千を境として上野国の大豪族と中級官人という道を歩むこととなります。そして、各国の国司を歴任し、なかでも陸奥《むつ》、出羽《でわ》国の国司として、東北経営にあたりました。

さて、三千のあとを継いだのは小足《おたり》でした。小足は、播磨国宰《はりまのこくさい》（国司）（兵庫県）として、『播磨国風土記《ふどき》』に登場し、その後、吉備総領《きびそうりょう》（岡山・広島県）、下総国守《しもうさこくのかみ》（千葉県）となるなど、大国の国守や総領といった広域行政官を歴任し、その輝かしい経歴をもって陸奥国守《むつこくのかみ》となるのです。

陸奥国守への転勤は、田道や形名などの伝承や上毛野君が、潜在的にもっていた東国の絶対的支配権を、陸奥国経営に生かそうとしたのでしょう。

しかし、一年後の和銅《わどう》二年（七〇八）三月、小足の圧政に耐えられなかった越後国《えちご》（新潟県）と陸奥国の蝦夷が、反乱を起こしたのです。政府は、巨勢朝臣麻呂《こせのあそみまろ》を陸奥鎮東将軍《ちんとうしょうぐん》としておくり、上野《こうずけ》国《こく》（和銅六年〈七一三〉に地名を二字に統一する詔が出ました）をはじめとする東国七ヶ国から集められた兵士の軍事指揮権を小足から奪ったのです。小足は、悔しさのなか、一ヶ月後に死去します。

続いて、上総国守《かずさこくのかみ》（千葉県）であった上毛野朝臣安麻呂《やすまろ》が、小足の後任として、同年七月に陸奥国守となると、寛容な太陽政策によって蝦夷たちを手なづけ、「君」の姓を賜り、戸籍に名前を連ねさせることに成功します。安麻呂は、行政官として認められ、その後も位階を進めていきました。

さらに、安麻呂のあとを継いだのは上毛野朝臣広人《ひろと》でした。彼は、和銅七年（七一四）に右副将軍《うふくしょうぐん》となり、左大臣《さだいじん》の石上麻呂《いそのかみのまろ》の葬式で「誄《しのびごと》」（葬儀の代表者の弔辞《ちょうじ》）を行い、「大倭守《おおやまとのかみ》」（大和国守、奈良県）となりました。その後、養老《ようろう》四年（七二〇）までに陸奥国守、按察使《あぜち》（広域行政官）となり赴任していましたが、再び蝦夷の反乱によって、陸奥国で殺害されてしまいます。

広人の死で上毛野氏の東北経営は、失速してしまいます。天平宝字《てんぴょうほうじ》八年（七六四）の上毛野朝臣馬長《うまなが》を出羽介《でわのすけ》に任じたことを例外として、以後、陸奥国での上毛野氏の起用は行われませんでした

（表9）。

国造一族の古墳

さてここで、上毛野氏一族の古墳である総社古墳群《そうじゃ》（図35）について、目を向けてみましょう。群馬県前橋市にある総社古墳群は、六世紀末から八世紀初頭にかけて、畿内の大型古墳と類似性の高い四基の大形古墳を連続的に築いた東国随一の古墳群です。

総社古墳群は、まず五世紀の末に遠見山古墳《とおみやま》（前方後円墳）が築かれ、続いて六世紀前葉に狭長な横穴式石室の王山古墳《おうやま》（前方後円墳）が築かれました。その後、やや間があきますが、六世紀後葉に二子山古墳（前方後円墳）（図36）が築かれます。二子山古墳には、前方部と後円部に横穴式石室がある特異な古墳です。

豪族の墓の代名詞ともいえる前方後円墳はここまでで、その後、方墳が築かれていきます。中国の皇帝陵にならい、方墳が、豪族の墓として築かれるようになったともいわれます。まず、七世紀前葉に愛宕山古墳《あたごやま》（方墳）、七世紀後葉に宝塔山古墳《ほうとうざん》（方墳）、そして七世紀末に蛇穴山古墳《じゃけつざん》（方墳）が築かれ、総社古墳群は、終りを迎えたといわれます。

とくに、二子山古墳を築いて以降は、東南へ東南へと連続して古墳が築かれていきます。二子山古墳以降、およそ一世紀、四世代にわたって大形古墳が築かれました。なかでも後半の宝塔山古墳や蛇穴山古墳の横穴式石室の壁面には、石と石の間に漆喰《しっくい》が残っていることから、壁面を漆喰塗りとした乳白色に輝く石室だったと思われます。

また宝塔山古墳の家形石棺は、一世代前の愛宕山古墳の石棺とともに畿内から石工《いしく》をまねいて、製作した精巧な家型石棺でした。おそらく、宝塔山古墳の完成後、山王廃寺の堂宇の一部が完成し、壁に漆喰を塗り、同じく寺作りのために畿内から派遣されていた絵師が、壁画を描いていたかもしれません。

宝塔山古墳の完成、蛇穴山古墳の完成が、山王廃寺の金堂や塔などの完成と、前後していたと考えられますから、その時々に大和から絵師が、招かれたのでしょう。また、絵師が招かれたということは、漆塗師、仏師、鋳物師、瓦《が》工《こう》、木《も》工《く》も招かれたことでしょう。

蛇穴山古墳は、宝塔山古墳よりもさらに明日香村の古墳、たとえば中尾《なかお》山《やま》古墳や牽牛《けんご》子《し》塚《づか》古墳、マルコ山古墳などに近く、大形の石材を組み合わせた特異な石室が造られていました。蛇穴山古墳の石室には、石棺がありませんが、行田市の八幡山古墳のような漆塗り木棺《もっかん》が納められていたかもしれません。

総社古墳群には、上毛野国を代表する上毛野君三千や小足の墓を求めることは、不可能ではないでしょう。没年から考えると、宝塔山古墳と蛇穴山古墳が、その築造時期に近いといえます。あるいは、小足の墓は、火葬墓であったかもしれません。

仏教に基づく火葬は、文武《もんむ》天皇四年（七〇〇）に僧の道照《どうしょう》から開始され、天皇家や中央の貴族たちもそれに習ったといわれています。大宝二年（七〇二）に亡くなった持統《じとう》天皇は、夫の天武天皇の眠る陵《みささぎ》へ火葬骨を銀の骨壺に納めて葬られました。明日香村にある天武・持統天皇合葬陵《がっそうりょう》古墳がそれです。

小足は、陸奥国で没しましたが、おそらく上毛野国へもどり、埋葬されたことでしょう。また、天智《てんじ》天皇二年（六六三）に、白村江の戦で百済の男女二千人を連れ帰った上毛野君稚子《わくご》や、舒明《じょめい》天

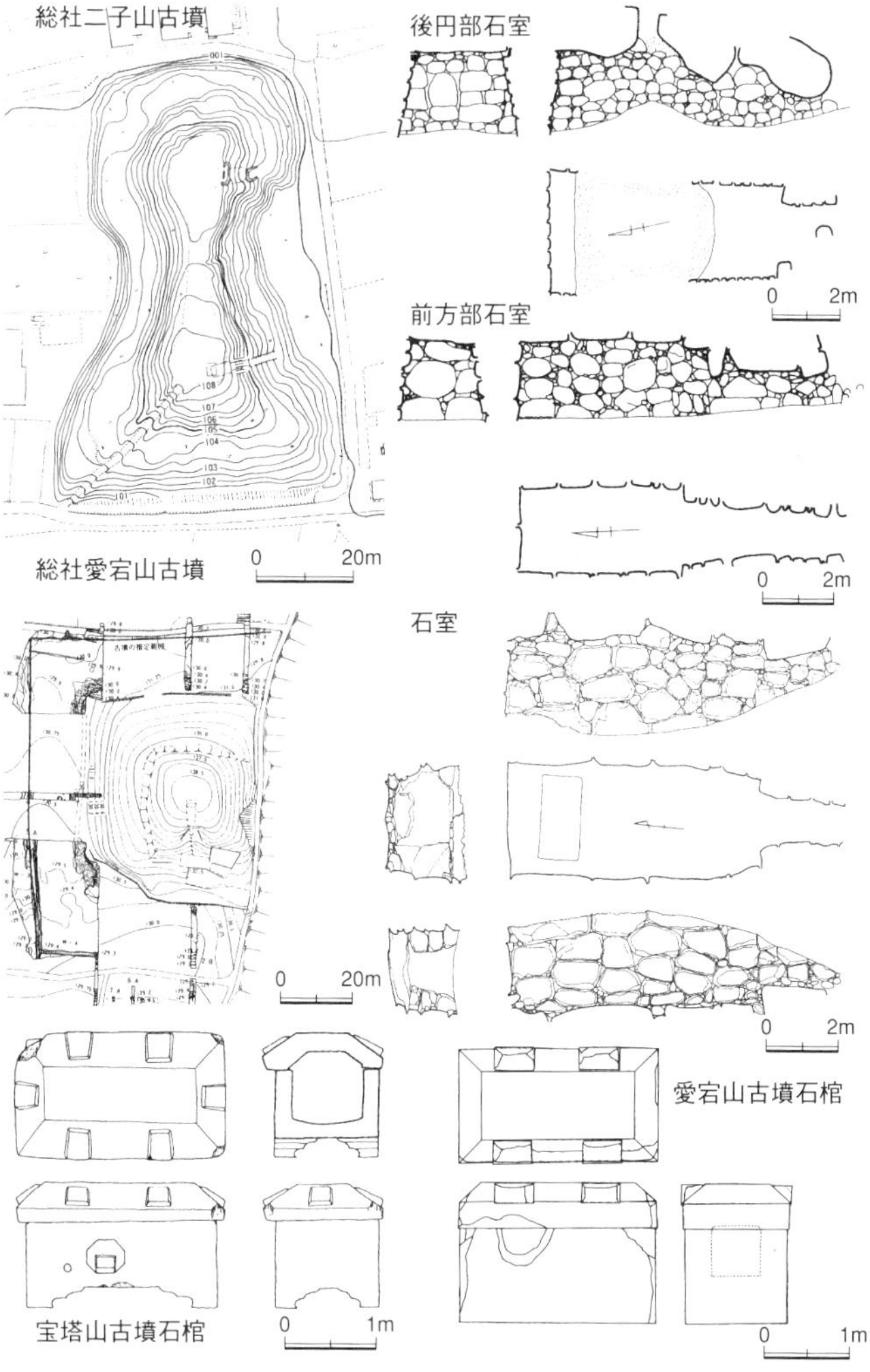

図36　総社二子山古墳と愛宕山古墳

皇九年（六三七）蝦夷《えみし》との戦いで勝利した上毛野君形名《かたな》も、故郷で葬られたとするならば、この総社古墳群に眠っているかもしれません。

上毛野氏の凋落《ちょうらく》（勢いがなくなり落ちぶれていくこと）に拍車《はくしゃ》をかけたのは、上毛野朝臣宿奈麻呂《すくなまろ》が、長屋王《ながやおう》の変に連座したことでした。

長屋王と宿奈麻呂

政界の巨星、藤原不比等《ふひと》が、養老四年（七二〇）に亡くなると、不比等の娘婿《むすめむこ》だった長屋王が、左大臣《さだいじん》に進み、官界のリーダーとなります。長屋王は、三世一身《さんぜいっしん》の法をつくり、彼の邸宅は、「天平の鹿鳴館《てんぴょうろくめいかん》」といえるような宴《うたげ》が、外国人を交えて連日連夜、催されていました。そして、そこで詠《よ》まれた漢詩は、『懐風藻《かいふうそう》』に収められました。

宿奈麻呂は、広人の陸奥国経営の失敗を拭い去るため、長屋王の政権に加担しました。しかし、長屋王は、不比等の四人の息子たちや舎人親王《とねりしんのう》の策謀によって、無実の罪をきせられ、妻や子供とともに自殺したのです。この長屋王の変にかかわり、神亀《じんぎ》六年（七二九）、長屋王をそそのかしたということで、宿奈麻呂など七人が、配流《はいる》の刑となります。

その後、政権を奪取した藤原四氏（武智麻呂《むちまろ》、房前《ふささき》、宇合《うまかい》、麻呂《まろ》）でしたが、平城京で大流行した天然痘《てんねんとう》によって次々と倒れ政権は、橘諸兄《たちばなのもろえ》へと移りました。宿奈麻呂は、天平十四年（七四二）に復位《ふくい》を果たしますが、その後、歴史から姿を消していきます。

表9は、上毛野氏の任官と位階の関係を示した表です。東国の大豪族として君臨した上毛野氏は、「華麗《かれい》なる一族」でしたが、次第にその太陽は、傾いていました。そして、宿奈麻呂の時代は、放光寺の完成期にあたっていました。宿奈麻呂は、時計の針をもどすように、放光寺の塔に大和興福《こうふく》

表９　上毛野氏の位階と人物

	従四位下	正五位上	正五位下	従五位上	従五位下	外従五位下
小熊			（国造）			
形名			６３７年大仁蝦夷征討			
三千	６８１年大錦上同年没					
小足・男足	７０８年陸奥国守、７０９年没	７０３年下総国守		７００年直広参、吉備総領		
安麻呂			７１１年昇進	７０８年上総国守 ７０９年陸奥国守		
堅身					７０７年昇進、７１３年美作守	
広人			７２０年昇進、同年陸奥国按擦使	７１４年昇進、同年迎新羅使右副将軍、７１７年左右少弁、同年大倭国守	７０８年昇進	
荒馬					７０９年昇進	
宿奈麻呂						７２８年昇進、７２９年流罪、７４２年復位
稲麻呂						７４３年昇進
足人						７４９年昇進上野国勢多郡大領

寺《じ》の塑像《そぞう》群と、匹敵する仏教世界を作り出そうとしました。放光寺の塑像群は、沈みかけた太陽が、最後にはなった残照だったのかもしれません。

　平成九年、前原豊氏が、下水道の細い調査区から、約三千点の塑像の破片を救い上げました（写真17）。お稲荷さんの狐のような塑像の破片を、焼土、炭、瓦と混じったトラック一台の土山から振るい出したのです。塑像とは、木で芯を作り、ワラを巻きつけ、その上に粘土で形を作っていく像のことです。焼き物ではないので、なかなか残りにくいのですが、大きな火災で火を受けたので、土器のように焼けて残ったのです。

　破片を復元すると、経典のある場面を演出した彫刻群が、放光寺の塔の内部にまるで蝋人形館《ろうにんぎょうかん》のように存在したことが明らかになりました。須弥山《しゅみせん》（仏教の説話で世界の中心に立つ高い山）をかたどった山形を波形を背景に、神将像《しんしょうぞう》（仏教の行者《ぎょうじゃ》を守護する）や女人《にょにん》像などで埋め尽くされていました。しかも漆喰を塗った壁の破片から、赤や緑、青などの極彩色の壁画が、描かれていました。

　まさに奈良県の法隆寺や興福寺などの大寺院と並ぶ装飾が、塔や金堂に施されていたのです。なお、松田誠一郎氏の研究によって、この塑像群は、興福寺の「八部衆立像《はちぶしゅうりゅうぞう》」と近い作風で、それよりも「充実した肉身」が表現されていると評価され、「七二〇年から七三〇年代前半」の作品とされました。

　長屋王の時代、国営の仏像製作工房（造仏所《ぞうぶつしょ》）で、仏像作りの専門職人（仏師）たちが、東大寺や西大寺などの官寺や、法隆寺や興福寺など貴族の寺の仏像群を製作しながら、長屋王と親しかった宿奈麻呂の求めに応じて、群馬県の放光寺で仏像群を製作したのです。

写真17　山王廃寺の塑像

しかも興福寺や東大寺の塑像より、さらに優れた作品でした。仏師の技術者、芸術家としての人間的、集団的な成長が、塑像のなかにうかがえるのです。彼らは、造仏所の技術系官人でありながら、施主《せしゅ》の地位や財力などにかかわらず、より優れた作品を作り上げることに、渾身《こんしん》の力を傾けていたのでした。

あるいは、長屋王の変によって宿奈麻呂が連座《れんざ》し、流刑となっても塑像群は作られ続けたのかもしれません。より良い作品を残すこと、一歩前進することが、仏の加護にあやかり、子孫繁栄の道と考えていたのでしょう。

放光寺を完成させること、それは、残された上毛野氏も同様でした。

その後の放光寺

ついに、半世紀以上かけて放光寺は、完成しました。

そして、宿奈麻呂が、復位を果たした翌年、天平十五年（七四三）、聖武天皇から全国に国分寺を建立する詔《みことのり》が出されます。宿奈麻呂は、中央政界から姿を消しましたが、上野国にもどり、残された全精力を国分寺建立に注いだことでしょう。

ところで上野国分寺の完成近くになると、放光寺も最初のころに葺《ふ》かれた瓦が、相当いたみ、そろそろ修理をしなければならない段階にきていました。一方、国分寺の堂塔にもたくさんの瓦が必要でした。ですから、放光寺の修復と上野国分寺の創建《そうけん》にかかわる瓦が、ともに準備されたのです。そして、荒れた放光寺の屋根も、再び元の輝きを取り戻しました。

なお、国分寺の建設は、意外にも遅々として進みませんでした。そこで政府は、国内の豪族たちに協力金を供出させ、その代わりに貴族の末席である五位を授けたのです。赤城山南麓の豪族で勢《せ》多《た》郡少領《ぐんしょうりょう》（二等官）の上毛野朝臣足人《たると》や、群馬県の西部、碓氷《うすい》郡の豪族の石上部《いそのかみべ》君諸弟《のきみもろと》が、五位を賜りました。勢多郡、碓氷郡は、瓦や土器の生産が盛んな地域でしたから、そうした協力もあったでしょう。この二人を説得し、寄進に駆り立てたのは、宿奈麻呂だったかもしれません。

その後、弘仁九年（八一八）、北関東を襲った大地震で放光寺の堂舎が倒壊し、たくさんの瓦が屋根からずり落ちました。建物の近くには、巨大な穴が掘られ、瓦や壁土、そのほかのゴミとともに埋められました。「瓦溜《かわらだ》まり」と呼ばれる穴です。

放光寺は、再び復興を遂げ、屋根に瓦を載せ、その威厳《いげん》を取り戻します。しかし、十世紀になると、塔や講堂の近くまで竪穴式住居が建てられ、往時の姿が、しだいに薄れていきます。氏人たちが、放光寺を定額寺からはずしてくれと願い出たのも、このような荒廃で、寺院を維持できなくなっていたからに違いありません。

その荒廃した寺に天仁元年（一一〇八）、浅間山の大噴火で噴出した火山灰が、すべてを覆い隠すように降ったのです。おそらく放光寺は、それよりも前に壊滅的な打撃を受けていたことでしょう。ひとつの寺の歴史は、地方の古代豪族の栄枯盛衰とともにありました。その実態を解明できるのは、発掘調査で現れる穴や瓦、土器などの無味乾燥な資料を正確に淡々と記録し、他の遺跡の資料と比較検討していくしか方法はありません。

　群馬県前橋市にある山王廃寺は、二十五年ほど前に七次におよぶ発掘調査を行った後、永く眠りについていました。平成十八年、再び史跡指定にともなう発掘調査が開始され、寺院の主要伽藍《がらん》を取り囲む回廊や寺域を区画する溝、さらに塔や金堂、講堂の大きさや建物の基礎構造などが次第に明らかになってきました。

　お寺に先行する建物群の柱穴も随所で発見され、また六世紀から大形の竪穴住居が存在していたことなど、新たな情報も加わりつつあります。しかし、回廊に取り付く中門や塑像を大量に出土した穴の性格、さらに寺域内の建物群のあり方など、わからないことはたくさんあります。現在もこの発掘調査は続けられており、次々と新しい発見があることでしょう。

　かつて山王廃寺のある日枝神社の周辺は、たくさんの養蚕農家が込み合っていました。発掘調査事務所となっていた建物も、養蚕にかかわる集荷場でした。板の間に畳を敷き、座卓を並べた建物が、休憩場兼事務室です。

　しかし今は、産業構造が変わり、周囲にたくさんあった「赤城山型民家」（二階が養蚕の蚕棚《かいこだな》を置くスペースとなる民家）は、生活に不便となり、家の姿も変わってきました。そうしたなか、山王廃寺は、新しい時代の史跡として生き残り、今後も歴史を刻んでいくのです。

さて次は、放光寺が荒廃していく十世紀、新しく登場した平将門《たいらのまさかど》や藤原純友《ふじわらのすみとも》のような豪族を生み出した社会を、豪族の家の遺跡から探ってみたいと思います。

第十章　将門と純友

承平、天慶の乱

十世紀前半、京の都を震撼《しんかん》させるできごとが、東国と西国で同時に起こりました。承平《じょうへい》、天慶《てんぎょう》の乱です。東国では、平将門《たいらのまさかど》が国府を襲い、「新皇《しんのう》」といって独立王国を築こうとしましたし、西国では、藤原純友《ふじわらのすみとも》が海賊《かいぞく》の首領《しゅりょう》となって国府を襲撃したのです。

東北地方北部の蝦夷《えみし》の反乱や、九州南部の隼人《はやと》の反乱などはありましたが、飛鳥時代以来、地方豪族が、古代国家に大規模な反乱を企てるような事件はありませんでした。また、大陸で唐《とう》や渤海《ぼっかい》、朝鮮半島で新羅《しらぎ》などの国があいついで滅び、新しい国の建国が進んでいましたから、都の貴族たちは、日本の国家が転覆《てんぷく》するのではないかと驚愕《きょうがく》したのです。

この将門の乱や純友の乱から、平安時代、十世紀の豪族のすがたをこの章では考えてみたいと思います。なお、発掘調査で遺跡からわかることは、将門や純友のような豪族が住んだ家、焦土《しょうど》作戦によって失われた村、そして襲撃された国府などです。

さて、大規模な内乱を将門と純友が、なぜ起こしたのでしょうか。まずは、事件の推移をかいつまんで説明しましょう。

将門の祖父の高望王《たかもちおう》は、関東地方に土着した桓武《かんむ》天皇の孫でしたから、将門の伯父《おじ》や従兄弟《いとこ》は、関東地方の豪族たちや国司の子供と結婚し、複雑な親戚関係を築いていました。しかし、土地問題や女性問題からもめ事がおこり、ついに、関東各地の豪族たちや国司を巻き込んだ合戦《かっせん》に発展したのです（図37）。

とくに将門の伯父たちは、国府の役人という立場を利用し、何度も「国《くに》の兵《へい》」を動かしましたが、武勇や知略に勝る将門に勝つことができませんでした。そこで、都に上り訴訟《そしょう》合戦となります。結果、将門が勝利し、その名声はさらに高まり、隣の武蔵国（埼玉県）で起きた事件にまでも政治介入することとなります。

その後、従兄弟の貞盛《さだもり》を信濃《しなの》国分寺《こくぶんじ》（長野県上田市）まで追いかけました。しかし捕まえられず都まで逃げ延び、逆に将門追討《ついとう》の命令を持って貞盛が下ったのです。将門は、常陸国府《ひたちこくふ》（茨城県石岡市）を襲い、「国印《こくいん》」や「鎰《かぎ》」を奪い国司を追放しました。下野《しもつけ》（栃木県）、上野《こうずけ》国府（群馬県）と襲撃し、ついに上野国府で巫女《みこ》から、「新皇」となるようお告げが下ります。

そこで、将門は、関東各地の国司を任命し、さまざまな官職を設けました。その後、相模《さがみ》国や常陸国の北部へ進軍し、「石井《いわい》の営所《えいしょ》」へもどり、兵を各地に帰しました。手薄になった将門を貞盛は、下野国の豪族、藤原秀郷《ふじわらのひでさと》の軍とともに襲いました。一度は優勢な戦いでしたが、「春一番《はるいちばん》」が吹き、「神鏑《かみのかぶらや》」という矢が、将門に当たり、乱は終わりました。

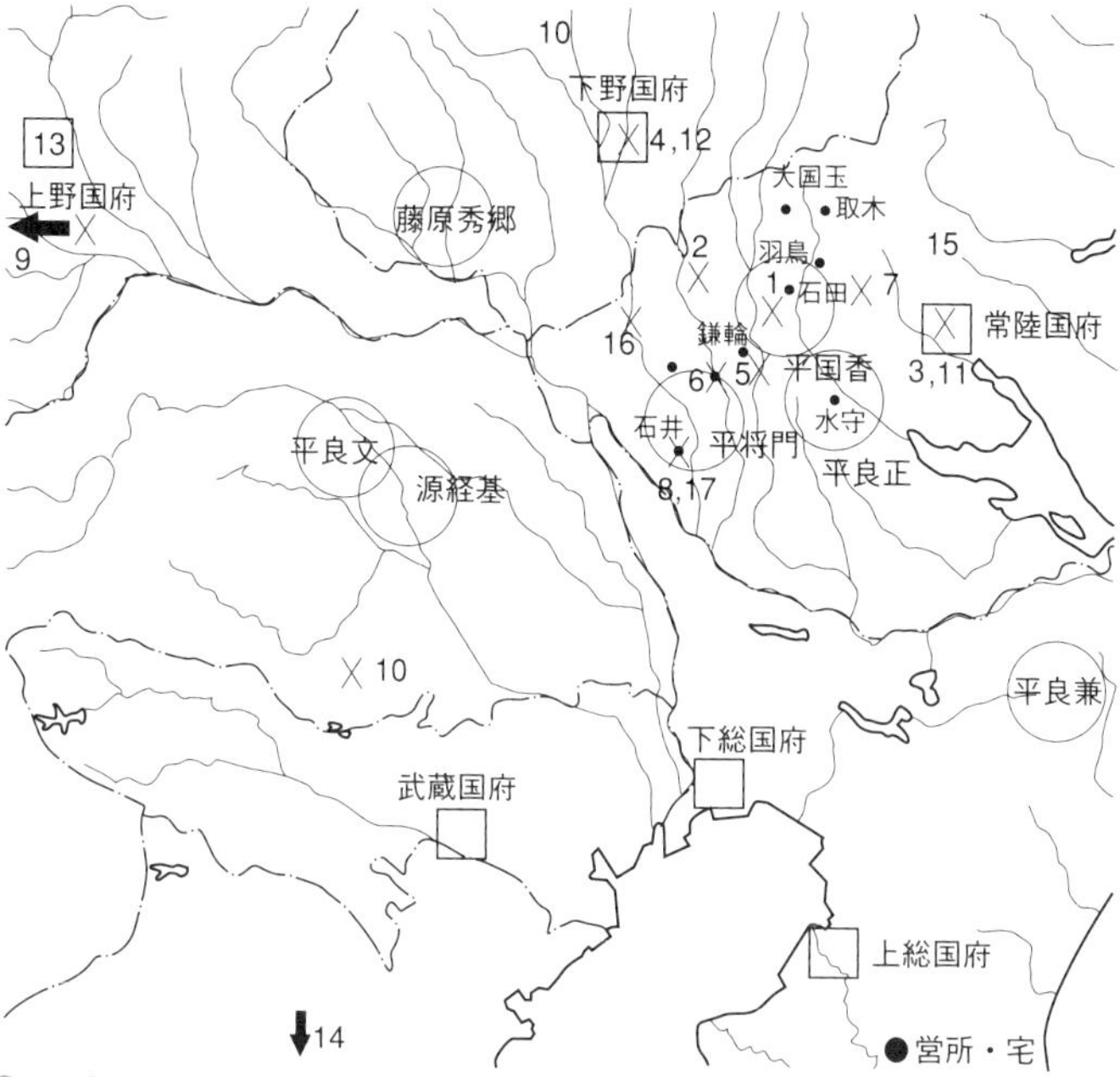

① 935年 2月将門、筑波真壁、新治郡に侵攻（野本の戦い）
② 936年10月将門と良正、川曲で合戦（川曲の戦い）
③ 937年 6月良兼、上総から下総を経て常陸に侵攻
④ 7月良兼等下総・下野国境に出陣下野国府付近で合戦
⑤ 8月良兼等下総へ侵攻（子飼渡しの戦い）
⑥ 8月将門の常羽御厩焼亡。堀越渡しで敗北
⑦ 10月将門、良兼を服織に攻め、弓袋山で対陣
⑧ 12月良兼、将門の石井営所を夜襲するが失敗
⑨ 938年 2月将門、上洛する貞盛を信濃に追跡（信濃国分寺の戦い）
⑩ 938年 2月将門、武蔵国司と郡司の紛争を調停
⑪ 939年11月将門、常陸国府近くで国府の軍と合戦
⑫ 939年12月下野国府への侵攻
⑬ 12月上野国府への侵攻
⑭ 12月相模国府への侵攻
⑮ 940年 1月常陸国へ侵攻
⑯ 2月貞盛、藤原秀郷下総へ侵攻（川口の戦い）
⑰ 2月貞盛、藤原秀郷、石井営所近くで将門を討つ（北山の戦い）

図37　将門の乱関係図

一方の純友は、将門が上野国府を襲撃するまで、目立った動きはありませんでした。しかし、ついに純友の手下が、播磨国《はりま》（兵庫県）の須磨駅家《すまのうまや》で備後国司《びんご》（広島県）を襲撃し、耳を削《そ》ぎ、鼻を切ったのです（図38）。残虐《ざんぎゃく》な制裁は、国司が、零細漁民達にした過酷な政治の裏返しでした。

その後、讃岐《さぬき》国府（香川県）、伊予《いよ》国府（愛媛県）、安芸《あき》国府（広島県）、周防《すおう》国府（山口県）と襲撃し、略奪の限りを尽くしました。純友は海賊集団を組織し、都から下ってきた追討使《ついとうし》と戦いますが、海賊集団は瀬戸内海の状況を知り尽くしていたので、なかなか撃退することができませんでした。

しかし、紀淑人《きのよしと》が都からの軍をまとめ、海賊の一部を取り込むようになると、形勢は逆転し純友軍は、西へ西へと敗走を始めます。そして、ついに博多《はかた》湾の戦いで追い詰められた純友軍は、大宰府《だざいふ》に火を放ち瀬戸内の海に逃げ帰りました。けれども、伊予国でつかまり首をはねられ、乱は終結したのです。

将門と純友の乱は、以上のとおりです。つぎは、かれらのような豪族を生み出した背景について考えてみましょう。

新しい豪族

将門と純友は、平安時代に生まれた新しいタイプの豪族でした。それまでの豪族は、昔から代々その土地で農業や漁業などを営み、勢力を張っていた人々です。しかし、平安時代になると、都から国司や荘園の管理人たちが下って土着し、それまでの豪族たちや地域の人々を従えるようになりました。

将門の祖父の高望王も関東地方へ下ってきた国司の一人でした。高望王は、上総国介《かずさこくのすけ》（千葉県）として赴任《ふにん》し、任期中に上総国はもとより、下総国や常陸国の豪族たちと仲良くなり、子供たちを

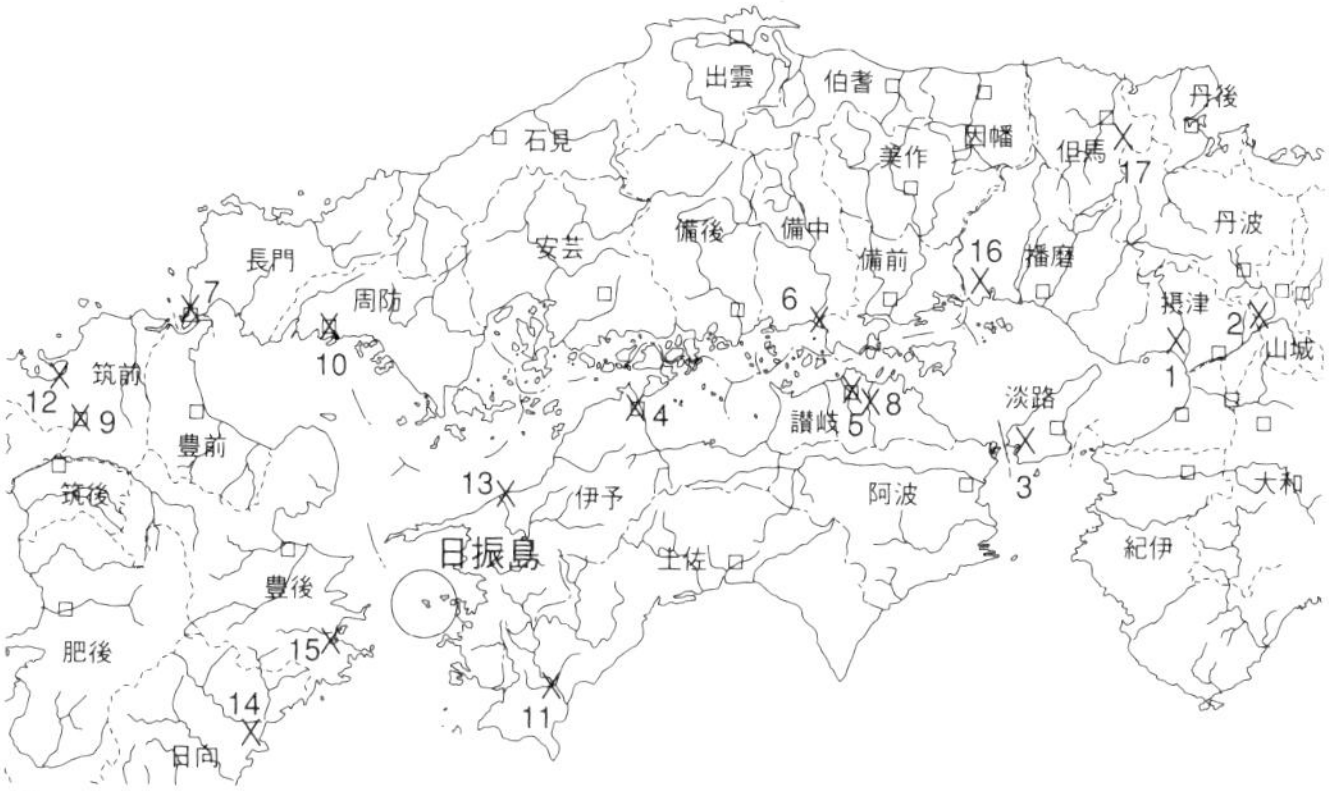

① 939年12月須岐駅で備前国介の藤原子高を襲撃
② 940年 2月山崎駅を焼く
③ 2月淡路を襲撃
④ 8月伊予襲撃
⑤ 8月讃岐国府焼亡
⑥ 8月備前・備中の兵船百余艘焼く
⑦ 8月長門で官舎焼亡
⑧ 9月紀文度捕まる
⑨ 10月大宰府追捕使の兵敗れる
⑩ 940年11月周防鋳銭司焼く
⑪ 12月幡多郡を襲う
⑫ 941年 5月博多津の合戦。純友軍敗れる
⑬ 6月純友討たれる
⑭ 8月日向の合戦
⑮ 9月佐伯院の合戦
⑯ 9月赤穂石窟山の戦い
⑰ 10月藤原文元ら討たれる

図38　純友の乱関係図

結婚させ、四年の任期が終わってからも上総国に住み続けました。

　そして、将門の父達は、天皇家や藤原氏の荘園の役人や坂東《ばんどう》諸国の国司となり、それまで地方豪族の代表だった郡司や寺院、神社の神主《かんぬし》などを従え始めていました。さらに将門の伯父や従兄弟たちは、常陸国司として下ってきた源護《みなもとのまもる》の娘たちと結婚をし、その結束を強めました。

　こうして、都から下ってきた人々が、結婚を通じて結束し、それまでの豪族たちの上に君臨する「新しい豪族」となっていったのです。また、純友も地域に代々根を張った豪族ではありませんでした。

藤原氏の血筋をひきながらも都で冷や飯食いだった純友は、伊予国の三等官（掾《じょう》）として赴任し、瀬戸内の海賊たちを束ねてその首領となったのです。

海賊たちの多くは、漁民や運送業者などでしたが、純友は、赴任期間中に親しくなり、その後土着し、日振島《ひぶり》を拠点として一大海賊集団を作り上げたのでした。それは、純友の個人的な魅力が一番でしたが、その背景には、さまざまな理由がありました。

中国大陸や朝鮮半島であいついで国が滅び、新しい国が興《おこ》るなどの余波を受けていたこと。純友の伯父が、伊予国司として赴任していたり、父が大宰府の官人として赴任していたりしたことで、子供のころから伊予や大宰府の人々と交流があったため、伊予国に土着することができたといわれています。

いずれにせよ、純友も下級貴族が、地方の豪族たちを頼って都から下り土着して、新しい豪族となったのです。彼らのような人々は当時、「前司浪人《ぜんじろうにん》」と呼ばれました。なお、戸田芳実氏は、治安の悪化した地方を治めるため政府が、武力や腕力に長《た》けた人々を国司としましたので、新しい豪族を「地方軍事貴族《ちほうぐんじきぞく》」といいました。

ところで、新しい豪族が誕生する契機となったのが、たび重なる都の移転と、東北地方で行われた三十八年にもおよぶ蝦夷との戦いによって、財政が破綻《はたん》したことでした。そのため多くの役人や天皇の子孫を養いきれなくなった古代国家は、地方に負担してもらおうとした政策がきっかけでした。それは、「勅旨田《ちょくしでん》」という切り札でした。

勅旨田と塩の豪民

勅旨田とは、天皇の子供や皇位を退いた天皇（院《いん》）の生活を保障するため、各地に設けられた荘園のことです。しかし、勅旨田とした土地は、一度開墾したけれども荒地となった土地（荒廃田《こうはいでん》）や、まだ開墾していない土地（未墾地《みこんち》）が多く含まれ、その経営は、なかなか一筋縄ではいきませんでした。

しかも勅旨田となった土地は、村人たちが、それまで自由に出入りできた土地でしたが、そこを強引に囲い込んだため、出入りできなくなったのです。今まで勝手に入って山菜《さんさい》や薪《たきぎ》を採っていた山にゴルフ場ができ、入れなくなったようなことです。

そして、この勅旨田を耕作するために、周囲の村々の人々がかき集められました。もともと周囲の村々の人々は、公《おおやけ》の土地を耕す班田《はんでん》農民でしたから、勅旨田の開発に駆《か》り立てられると、公の土地から税収が上がらなくなります。その結果、国々の財政を圧迫していくこととなったのでした。

勅旨田の管理は、国司に任されていましたから政府は、武力や武芸で人心を掌握できる人物を国司として、東国各地に送り込んだのです。しかし、勅旨田や貴族の荘園の運営が、それまで地域で強大な力を誇っていた郡司の権益を圧迫することになりました。

そして、郡司と国司のパワーバランスが崩れ出したのです。将門の代になると、いよいよ墾田地《こんでんち》をめぐる争いや耕作をする農民の奪い合い、坂東《ばんどう》の豪族たちが頼った摂関家の権力争いなどが重なり、暴発寸前となっていました。

一方、瀬戸内では、「塩の豪民《ごうみん》」が、海上輸送業者と結託して、絶大の権力を握っていました。菅原道真《すがわらのみちざね》が、讃岐《さぬき》国の守《かみ》であったとき、『寒早十首《かんそうじゅつしゅ》』という漢詩を詠みました。富裕な「塩の豪民」が、「津頭《つとう》の吏《り》」と呼ばれる役人と結託し、海岸で塩を焼き、自ら売って生活していた零細な海の民から、塩を低価格で買いあさっていたというのです。

わが国の塩づくりは、海の藻《も》を焼いて灰とし、その灰を海水で煮つめて塩をとる「藻塩焼《もしおや》き」から始まりました。純友のころになると、炎天《えんてん》にさらされた海の干潟《ひがた》で塩分濃度の高い海水を汲《く》み揚《あ》げて、高温で煮つめる「揚浜式《あげはましき》」の製塩が、瀬戸内の各地に起こっていました。

家に仕える人、金で雇った人、借金のかたで集めた人など、多数の人をかかえた塩の豪民は、作業工程ごとに人を分担し、より効率的な塩つくりを行っていました。海水を汲む仕事も重労働でしたが、それよりも海水を煮つめるための燃料を山（塩山《しおやま》）から採ってくる仕事も一苦労でした。豪族たちは、良好な「塩浜《しおはま》」と「塩山」、そして安く働く労働力をいかに確保するかが、大きな問題だったのです。

なぜならば、浜や山は、国でも私でも双方が使える土地だったのですが、天平《てんぴょう》十五年（七四三）、東大寺大仏の建設、運営資金を稼ぐために発布された墾田永年私財法《こんでんえいねんしざいほう》以降、各地で荘園による囲い込みが始まり、塩浜と塩山までもが荘園となっていったからです。

たとえば右大臣《うだいじん》の藤原良相《よしみ》が、京都の貞観寺《じょうがんじ》に寄進した莫大《ばくだい》な財産のなかには、備後《びんご》国の深津《ふかづ》庄（広島県福山市）がありました。そして、深津庄には、六町《ちょう》の「浜」と八十九町の「山」がありました。「浜」は、潮《しお》をくんだ塩浜、「山」は燃料を獲得する塩山、そして作った塩を売りさばく深津市《ふかづのいち》までも近くにあったのです。

中国大陸で塩の専売が、官人の汚職と商人の悪徳から猛烈なインフレを引き起こし、国家の屋台《やたい》骨《ほね》を腐らせ、唐の国を転覆させたことを純友は知っていました。純友の海賊集団のなかには、塩の豪民も少なからずいたことでしょう。

坂東の豪族居宅

さて、将門たち新しい豪族は、どのような家に住んでいたのでしょう。郡司たちの家と違いはあったのでしょうか。

結論から述べると、あまり大きな違いはありませんでした。将門の家が、発掘調査されているわけではありませんが、十世紀ごろの豪族の居宅の遺跡を調べることで、将門の家を推定することができます。ここで、栃木県矢板《やいた》市の堀越《ほりこし》遺跡、茨城県桜川市の辰海道《たつかいどう》遺跡、そして同県つくば市の

図39　堀越遺跡

中原遺跡について概観してみましょう。

まずは、堀越遺跡（図39）です。堀越遺跡は、「成生庄《なるおのしょう》□上《うえ》」という墨書土器が出土したことから、文献史料にまったく残っていない「成生庄」という荘園が、栃木県にあったことを教えてくれました。また、この遺跡には、下野国府《しもつけこくふ》の国司館《こくしのたち》に匹敵する大形の掘立柱建物が、複数存在したことや大形の井戸があること、そして多数の灰釉陶器《かいゆうとうき》や緑釉陶器《りょくゆうとうき》に混じって、中国の越州窯青磁《えっしゅうようせいじ》の破片が出土したことなどから、荘園の中心的な建物である「庄所《しょうしょ》」とわかったのです。

しかし、柵列《さくれつ》や土塁《どるい》、土塀《どべい》の跡など、これらの建物を取り囲む施設は、存在しませんでした。立ち木や垣根《かきね》といった自然の遮蔽物《しゃへいぶつ》は、まったく遺跡に残りませんので、建物群の区画が、まったく無かったかというと、必ずしもそういえません。けれども、意外にオープンな施設だったかもしれません。

堀越遺跡は、下野国芳賀郡《はがぐん》にあった右大臣藤原良相の小野庄《おののしょう》のように、陸奥国の文物を都へ運ぶ中継地として、また、牧を手がかりとした山林資源を開発するために立てられた庄園だったと考えられます。

一方、桜川市の辰海道《たつかいどう》遺跡（図40）は、荘園の名称こそはっきりしませんでしたが、「庄《しょう》」や「西宅《にしのやけ》」などの墨書土器から、やはり荘園の遺跡と考えられる遺跡でした。この遺跡は、古墳時代から続く大規模な集落遺跡ですが、九世紀前葉（平安時代初め）に急成長します。九世紀になると、竪穴住居や掘立柱建物が急速に増加し、緑釉陶器や灰釉陶器が多量に消費されたからです。

緑釉陶器や灰釉陶器は、中国の青磁《せいじ》や白磁《はくじ》を模倣して国内で作られた陶器です。尾張国《おわり》（愛知県）

や美濃《みの》国（岐阜県）などの先進的な窯業《ようぎょう》地帯で作られ、畿内《きない》や東国にもたらされました。しかし、その消費は、一部の特権階級に限られていました。辰海道遺跡には、そうした人々が住んでいたこ

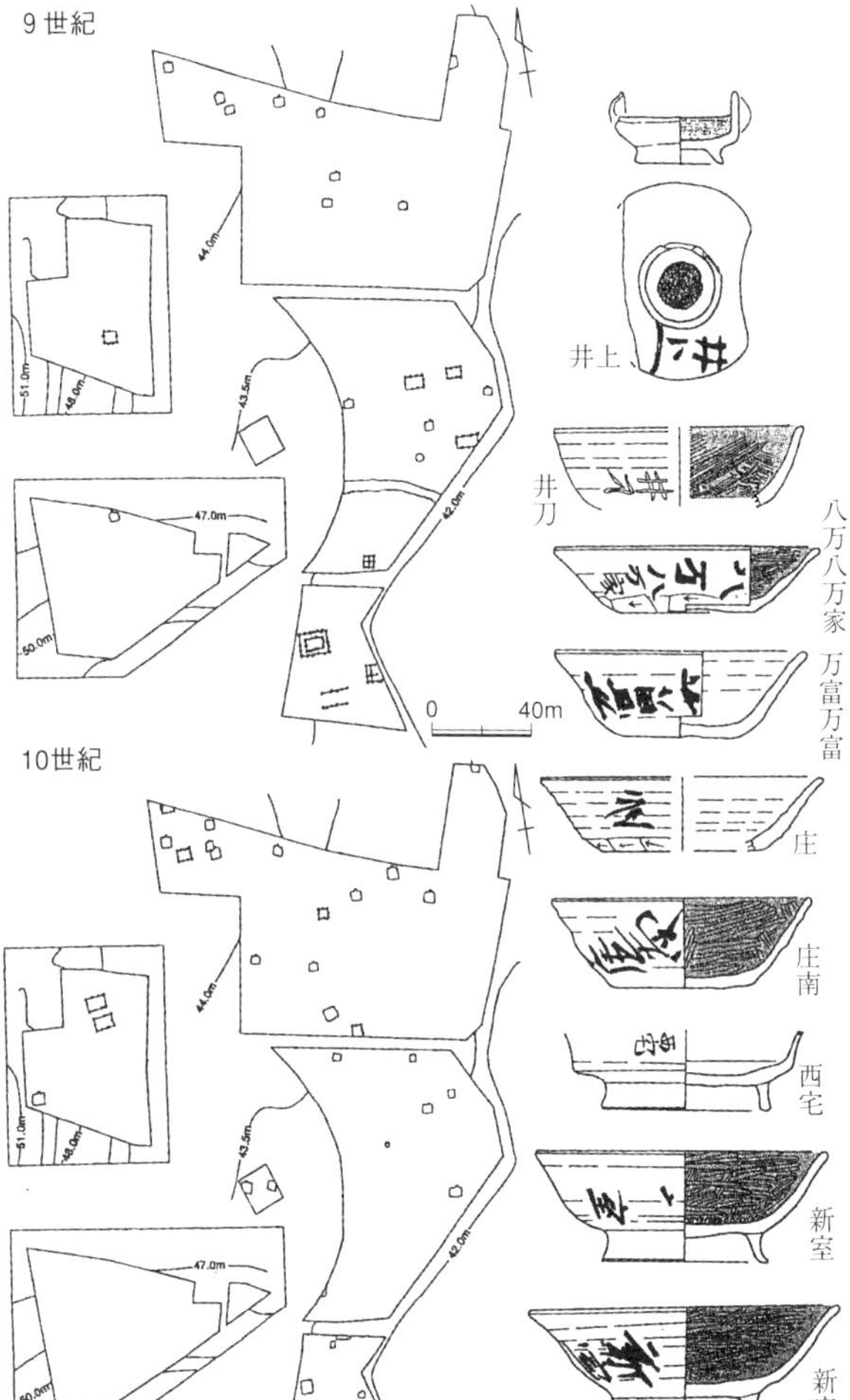

図40　辰海道遺跡

とになります。

また、この遺跡から「井刀《いのとう》」「西宅」「庄」「庄南《しょうのみなみ》」「新室《にいむろ》」「室《むろ》」などと筆で文字を書いた土器が出土しました。時代を追って文字群の変化を探ると、八世紀後葉は「井刀」、九世紀前葉は「庄」や「西宅」、九世紀中葉は「上」「庄南」「田」、九世紀後葉は「新室」「庄南」「庄」などとなります。「井刀」は、「井上《いのうえ》」という墨書土器があることから「井上刀自《いのうえのとじ》」、すなわち井上の女主人、女性の豪族のことを指し、この村が、彼女を中心とする村だったことがわかります。

それが、九世紀に入ると、寺社や貴族、あるいは平　国香《たいらのくにか》や源　護《みなもとのまもる》のような土着した国司の荘園となり、「庄」や「西宅」という文字が用いられました。「西宅」は、東　宅《ひがしのやけ》や大宅《おおやけ》（大家《おおやけ》）の西にある宅《やけ》（家《いえ》）のことです。九世紀中葉になると「庄南」がみられ、荘園の経営拠点（荘所《しょうしょ》や政所《まんどころ》と呼ばれたところ）の南に辰海道遺跡が、広がっていたといえます。

また、九世紀前葉、四面《しめん》に庇《ひさし》を付けた大形の掘立柱建物が建てられました。この建物の東南には、南面庇の大形建物、南に柵列か華奢《きゃしゃ》な掘立柱建物（厩舎《きゅうしゃ》カ）があり、豪族の居宅と考えられます。

辰海道遺跡は、十世紀前葉になると、掘立柱建物は姿を消し、竪穴住居のみとなります。調査区外へ庄園の拠点が移動したか、庄園を持っていた領家《りょうけ》が没落したのかもしれません。土着した国司の経営基盤が、意外にもろいことと一致しているようです。辰海道遺跡のある真壁《まかべ》郡（桜川市）には、源護の庄園が点在していましたから、その一つだったかもしれません。

平安時代の郡司

地方の大豪族であった郡司は、平安時代に入り急速に勢力を落としていきますが、国府との関係を保ちつつ、勢力を温存した郡司もいました。その代表が、常陸国《ひたち》河内《かわち》郡（茨城県つくば市）であり、郡司の居宅と考えられる中原遺跡でした。

中原遺跡は、郡家の成立する八世紀前葉から登場し、九世紀後半から十世紀前半にかけて、郡家《ぐんけ》に付帯した集落として急速に成長する遺跡です。なかでも四面庇《しめんびさし》付きの大形掘立柱建物から、大量の緑釉陶器や灰釉陶器、中国の青磁や白磁の破片などが出土しています。建物は、火災を受けていますが、将門の乱よりもやや前のできごとだったようです。

また、辰海道遺跡でも見られましたが、たくさんの竪穴住居が大形の建物の周りに建てられていました。しかし、居宅を取り囲む柵列や区画溝、堀《ほり》などはみられませんでした。中原遺跡は、近くに河内郡家《かわうちぐんけ》の正倉《しょうそう》があることから、この正倉の管理を通じて、営々と生き残った郡司の居宅であったと考えられます。

さて、『将門記《しょうもんき》』には、将門の拠点として「石井《いわい》の営所《えいしょ》」が登場します。これは、豪族の家を描写した唯一の史料です。石井は、現在の茨城県坂東《ばんどう》市、かつての岩井《いわい》市にあたります。『将門記』には、「兵具《へいぐ》を置く所（武器庫）、将門の夜の遁所《とんじょ》（寝所）、東西の馬打《うまう》ち（馬場《はば》）、南北の出入り（門）」などがあったと書かれています。

また、炭小屋や将門の兵が十人前後常駐するための兵舎《へいしゃ》、彼らの食事を提供する厨《くりや》、さらに馬をつなぐ厩舎《きゅうしゃ》もあったことでしょう。発掘調査で多数見つかっている竪穴住居や小形の掘立柱建物などのなかには、これらの役割を担った建物が中原遺跡や辰海道遺跡にはあったと考えられます。

ところで「営所《えいしょ》」は、ただの邸宅《ていたく》や領主《りょうしゅ》の館《やかた》ではありません。豪族が、荒地を切り開き、用排水路を巡らし、その地域を円滑に経営するために設けた経済的政治的な拠点でした。ですから、営所には、営田《えいでん》を耕作する農民たちの住宅や、自然に打ち勝つため神や仏にすがった宗教的施設が作られていたのです。

　九世紀から十世紀にかけて東国では、「村落内寺院《そんらくないじいん》」と呼ばれる建物が登場します。須田勉氏によって明らかにされた村落内寺院は、堂宇《どうう》（寺の建物）の大きさや数に違いがありますが、民衆が仏教的な結びつきをより強固とするために建てられた施設とされています。

　ちなみに『粉川寺縁起絵巻《こかわでらえんぎえまき》』では、霊験《れいげん》あらたかな千手観音《せんじゅかんのん》が、小さなお堂の中に安置されています（図41）。また、『今昔物語集』では、宮道弥益《みやみちのいやます》の家に持仏堂《じぶつどう》があり、先祖を供養する法会《ほうえ》に比叡山《ひえいざん》の延暦寺《えんりやくじ》から僧侶が出向いてくるという話が出ています。この家は、のちに勧修寺《かじゅうじ》と呼ばれる寺となります。

　ところで、なかなか将門に勝てなかった伯父の良兼《よしかね》や良正《よしまさ》は、将門の父と祖父の「霊像《れいぞう》」を合戦の場に担ぎ込みました。この「霊像」は、社か寺か、豪族の家の持仏堂に置かれていたはずです。この像の登場によって、将門の兵や「従類《じゅうるい》」は戦意を失い、それまで敗れることの無かった将門が、はじめて敗北したといいます（子飼川《こかいがわ》の戦い）。

　この「霊像」は、いわゆる「神像《しんぞう》」と呼ばれる木彫《もくちょう》の像のことでしょう。茨城県坂東市の国王《こくおう》神社には、「平将門新皇像」という木彫りの像があります。

営所や宅

　『将門記』には、将門や伯父の国香、常陸国大掾《だいじょう》（国司の三等官）の源護などが、各地に持っていた土地や家、田畑などのことが書かれています。将門の「石井の営所」のほかに「宅《やけ》」「小宅《こやけ》」「舎宅《しゃたく》」「宿《しゅく》」などのことばで使い分けられていました。

「宅」とは、「家」と同じ意味で一般的な生活を行い、家族とともに住んだ場所を指します。そこには、生活に必要な建物や井戸、厩舎、厨などがありました。さらに「宅」には、開墾地や田畑があり、それらを耕作する農民達の「小宅」もありました。
『将門記』では、源護の「宅」が、野本《のもと》、石田《いしだ》、大串《おおぐし》、取木《とりき》などにあり、「与力《よりき》」の人々の「小宅」もあったとされています。「小宅」とは、小規模な宅のことを指します。

図41　『粉川寺縁起絵巻』の堂

また、「与力」とは、源護の宅で働き、いざというとき武装集団となった人々です。与力と似たことばで、「伴類《ばんるい》」「従類《じゅうるい》」という人々もいました。「伴類」は、将門と匹敵するような豪族たちで、たくさんの農民や「従類」を従えていました。「従類」は、将門に武力を持って付き従っている半独立的な人々のことです。

さて、このころの戦いは、弓矢の射ち合い、白兵戦《はくへいせん》、そして敵の村々を略奪《りゃくだつ》し、焼き払う焦土戦《しょうどせん》へと進みました。兵の命を奪うというよりも、相手の家や財産を奪い、戦闘能力を低下させ、相手の農民を吸収する戦法でした。将門は、源護の「宅」をことごとく焼き、「千年の貯《たくわ》え」を一瞬にして炎に包んだとあります。

もともと、源護の経済基盤は、常陸国大掾として赴任して以降、平国香や新治《にいはり》、真壁《まかべ》、筑波《つくば》郡の豪族との間で買得《ばいとく》、譲渡《じょうと》、掠取《りゃくしゅ》した墾田地《こんでんち》（荘園）でした。そこに住む小宅の人々は、護と父祖以来の深いつながりはありません。ですから、住宅や生活を保障してもらえるならば、将門の「宮所」で働いてもかまわなかったわけです。

ところで、将門の伯父の良兼は、上総国介《かずさこくのすけ》（次官）であるのにもかかわらず、常陸国に「服織《はとりの》宿《しゅく》」があり、足しげく通っていました。服織の宿は、現在の真壁《まかべ》郡真壁《まかべ》町羽鳥《はとり》にあったといわれます。「服織宿」は、源護の娘が良兼の妻となったとき、持参した所領でした。

このころ、女性が嫁入りのとき、実家から持参した土地や家は、処分や譲渡しない限り、その女性の財産でした。良兼は、この護の娘の邸宅に「宿」っていた所を奇襲され、常陸国府を目指して逃げたのでしょう。服織の宿は、ことごとく焼き払われ良兼の妻の財産は、炎に包まれたのでした。

将門の遠征

将門が、信濃《しなの》国分寺まで貞盛《さだもり》を追い、千曲川《ちくまがわ》（信濃川）で合戦となった事件は、将門の軍事行動のなかで最も遠くまで足を伸ばした事件でした。この事件をめぐり、信濃国分寺や周辺の遺跡の発掘調査から重要なことが、近年わかってきました。

まず、信濃国分寺は、上田市の東南、千曲川の河岸段丘にあります。国道十八号線としなの鉄道（旧信越本線）に挟まれ、東に国分《こくぶ》僧寺《そうじ》と西に尼寺《にじ》が並んでいました。現在の国分寺は、国道十八号線よりも高い段丘に移転し、その法燈《ほうとう》が守られています。

寺伝によると信濃国分寺は、将門と貞盛の合戦のとき、火を放たれて焼失したとされています。国分寺が焼け落ちたなら焼け土の堆積層が、発掘調査で確認できるはずです。しかし、発掘調査では、その痕跡すら確認できなかったのです。では、将門が見たころの信濃国分寺は、どのような姿だったのでしょうか。

天平十五年（七四三）、聖武天皇が、奈良県の東大寺と法華寺を総国分寺とする国分僧寺と尼寺を全国に建てる詔《みことのり》を出します。この詔に則って、各国に塔《とう》や金堂《こんどう》、講堂《こうどう》、食堂《じきどう》、僧坊《そうぼう》、経蔵《きょうぞう》、鐘楼《しょうろう》といった七堂伽藍《しちどうがらん》を回廊《かいろう》や築地《ついじ》、板塀《いたべい》などで囲んだ巨大な寺院ができあがりました。信濃国分寺は、その一つです。

近年、国分寺南大門《なんだいもん》のすぐ東を発掘調査したところ、十世紀の竪穴住居が発見されました。また、金堂の東方でもやはり、同時期の竪穴住居が発見されました。将門のころには、国分寺の重要な建物の近くまで家が建っていたことになるのです。おそらく、度重《たびかさ》なる修繕《しゅうぜん》にもかかわらず、いくつかの建物は倒壊し、築地は崩れていたと思われます。

このころ、信濃国府は、筑摩《つくま》郡（松本市大村遺跡周辺）に移転していましたが、国分寺周辺には、引き続きたくさんの竪穴住居がありました。東山道《とうさんどう》が、このあたりで千曲川を越えるため亘理駅家《わたりのうまや》も設けられていました。国分寺の周辺では、「市《いち》」も開かれ、東信濃の商業、経済の中心地でした。

都の貴族は、千曲川の戦いまで、将門の乱を身内《みうち》同士の「私闘《しとう》」と考えていました。それよりも西日本の海賊による被害が甚大《じんだい》で、深刻な経済問題となっていたからです。しかし、将門の軍事行動が、信濃国分寺まで及んだとき、ようやく目が覚めたのでした。

なぜならば、信濃国は、坂東という枠組みを外れた都へ向かう玄関口であり、国分寺の南、東御《とうみ》市（旧北御牧《みまき》村）には、牧《まき》のなかの牧として、「官」字の焼き印を用いることがゆるされた望月牧《もちづきのまき》があったからです。

平安時代、都の貴族や天皇、上皇たちは牧のオーナーとなり、優秀な馬の生産、飼育にかかわる人々を抱え込み、名馬を生み出すことに励んでいました。優秀な馬は、経済力や社会的権力の象徴でした。高級外車やクルーザー、高級バッグを持つことと同じです。ちなみにエンブレムとは、イギリスの王侯貴族がもつ名馬のことだそうです。フェラーリのエンブレムを見てください、いななく馬ではありませんか。

都では、正月に「駒競《こまくらべ》」の儀式が行われます。天皇や貴族たちが、自慢の馬を飾りたて牽《ひ》き回《まわ》しました。優秀な馬や馬を育てた牧司《ぼくし》には、お言葉をかけ、褒美《ほうび》を与えました。官人たちは、出世のきっかけでもありましたから、競って優秀な名馬を育てました。

将門の乱の前後に東国から名馬の出品が少なくなり、「駒競」に精彩がなかったと貴族の日記にあります。牧のなかの牧である望月牧の目と鼻の先で将門が、合戦を行ったのです。野放図《のほうず》に将門が、馬生産のメッカともいえる地域を席巻《せっけん》したことで、都へ送られる駿馬《しゅんめ》や高級織物が、滞りがちになり、貴族たちは、等閑視《とうかんし》できなくなっていたのです。

ところで、関東山地周辺は、古代の牧の密集地帯でした。牧の馬は、他の牧の馬と混同しないように、あるいは都や地方の市で売買の目印として、商標《しょうひょう》のように焼印《やきいん》（写真18）が押されました。将来、牧の構造や牧場の管理などが、牛馬の焼印や牧の遺跡からもっと明らかになれば、馬の機動力と将門の乱のかかわりについて、より具体的に明らかになっていくことでしょう。

国印と鎰

将門は、常陸国府を襲い、国司の命ともいえる「印鎰《いんやく》」、つまり、国（常陸国）の印鑑《いんかん》と正倉の鎰《かぎ》を奪いとり、国司を追放しました。

また、純友は、讃岐、伊予国府を次々と襲い、略奪の限りを尽くしました。これによって二人の行動は、ただの私闘や盗賊などの行為から、「叛逆《はんぎゃく》」へと進んでいったのです。

写真18　「有」字の焼印（埼玉県熊谷市円山遺跡）

ところで、国印は銅、正倉の鎰は鉄ですから、遺跡の中に埋没している可能性があります。ここで印や鎰について、考えてみたいと思います。

日本の印の歴史はとても古く、弥生時代、中国の「漢《かん》」という国から北九州にあった「奴《な》」という国が、「漢委奴《かんのわのな》国王《こくおう》」という金印《きんいん》をもらったことから始まります。しかし、紙の文書に印を押すことが一般化するのは、古代行政制度が整う七世紀以降のことです。

会社でも社長の印と部長の印、平社員の印では、大きさが異なります。これは今に始まったことではなく、天皇の玉璽印《ぎょくじいん》、太政官印《だいじょうかんいん》、そして国司が管理する国印《こくいん》、さらに郡《ぐん》印《いん》など、役所のランクに応じた規格の印が用いられました。

写真19　私印「□子私印」（長野県佐久市西近津遺跡）

寺や神社にも寺印《じいん》、神宮印《じんぐういん》などがありました。

　平安時代になると、地域の枠組みが崩れ、地方豪族と都の貴族や中央の役所が、直接やり取りする仕組みが出来上がり、そこで作られた文書に「○△私《し》印《いん》」（写真19）という印が押されるようになります。ところで、「○△私印」の「○△」は、ウジ名の一部を省略した場合が多く、たとえば錦織《にしごりの》 安麻呂《やすまろ》ならば「錦安私印《きんあんしいん》」などと記されました。

　また、鎰は、税金を納めた正倉の鎰です。正倉は、郡ごとに設けられていました。倉には、籾《もみ》をつけたまま束ねた「頴《えい》」、籾殻《もみがら》の付いた「穀《こく》」、蒸した米を乾燥させた「糒《ほしいい》」などが納められていました。

　正倉には、「頴」や「穀」などの形で納められ、「頴」は稲の貸付《かしつけ》に用いられました。また、国家の不時のため「穀」が、不動倉《ふどうそう》に「永年蓄稲《えいねんちくとう》」されていました。

　この正倉の管理が、郡司や国司の不正の温床《おんしょう》であり、国司が交替のとき、過不足がないか、チェックをします。新しい国司が国府に入ると、まず、印と鎰の受け渡しの儀式を行います。このときの様子が、因幡《いなば》国司《こくし》（鳥取県）となった平時範《たいらのときのり》の日記（『時範記《じはんき》』）に書かれています。

正倉に用いられた鎰は、海老錠《えびじょう》と呼ぶ鎰です。大形の鎰で、クルリ棒と呼ぶ引っかけの付く落し錠でした。旧家の漆喰《しっくい》塗りの蔵には、今でもこのクルリ鍵が用いられています。

豪族たちが、徒党《ととう》を組んで国司の館《たち》を襲う「国司襲撃事件」は、将門の乱以前にもたくさんありました。とくに平安時代以降、列島の東西で起こりました（表9）。

国司襲撃事件

細かく見ると、九州から中国地方、そして坂東《ばんどう》に集中しています。

六国史《りっこくし》や貴族の日記などに登場するこれらの事件は、国司が「館」にいるときに起きています。「囲《たちを》レ館《かこむ》」と書かれていることから、館には、柵や塀、築地《ついじ》に囲まれていたことがわかります。ですから、国府の遺跡の中で、これらの囲みが発見されたときは、「館」である可能性を疑ってみるのです。

純友の乱も備前国介《びぜんこくすけ》（岡山県）の藤原子高《さねたか》と播磨《はりま》国介《こくすけ》（兵庫県）の島田惟幹《これみき》を摂津《せっつ》国菟《う》原郡《はらぐん》須岐《すき》駅《えき》（兵庫県西宮市）で襲撃した事件から始まります。その後、純友は、讃岐国府や伊予国府を襲撃しました。そして、ついに周防国鋳銭司《すおうこくちゅうせんし》を襲ったことによって、事態は一変します。

鋳銭司とは、周防国府（山口県防府《ほうふ》市）にあった貨幣《かへい》を鋳造する官営工場、今で言えば東京都北区滝野《たきの》川《がわ》にある大蔵省造幣局《おおくらしょうぞうへいきょく》のようなところだったからです。奈良時代から平安時代にかけて十二種類の銅銭《どうせん》が作られましたが、純友のころは、「延喜《えんぎ》通宝《つうほう》」という銅銭が作られていました。

ところで、周防国に鋳銭司が置かれたのは、周防国と長門《なかと》国《こく》（山口県）の間に長登銅山《なかのぼりどうざん》という国内有数の採銅所《さいどうしょ》があったからです。奈良の大仏の銅を産出したことから長登銅山は、「奈良へ上る」

表9　国司襲撃事件

年号	和歴	国	官職	襲撃を受けた者	襲撃場所	官職	襲撃した者	出典
857	天安元	対馬	守	立野正岑	館	上県郡擬主帳	卜部川知麻呂	『文徳実録』
			従者	榎本成岑		下県郡擬大領	直浦主（氏成）	『文徳実録』
		※官舎民宅を焼く				上県郡擬少領	直仁徳	『三代実録』
883	元慶7	筑後	守	都　御酉	館	群盗		『三代実録』
884	元慶8	筑後	守	都　御酉		凶賊		『三代実録』
884	元慶8	石見	権守	上毛野　氏永	囲	石見国介	忍海山下連氏則	『三代実録』
					（館カ）	邇摩郡大領	伊福部真人安道	
909	延喜9	下総	守	藤原景行	（騒乱）			『日本紀略』
915	延喜15	上野	守	藤原厚載			上毛野　基宗	『日本紀略』
919	延喜19	武蔵	守	高向利春	国府	武蔵国前権介	源任	『扶桑略記』
939	天慶2	常陸	守	藤原維幾	府館		平将門	『将門記』
939	天慶2	備前	介	藤原子高		伊予国掾	藤原純友	『日本紀略』
939	天慶2	上野	介	藤原尚範	館		平将門	『日本紀略』
		下野	介	大中臣　完行	館			
		下野	前司	藤原弘雅	館			
940	天慶3	下総	新司	平将門	館	常陸国掾	平貞盛	『扶桑略記』
						下野国押領使	藤原秀郷	『将門記』
940	天慶3	出羽			（乱）	俘囚		『将門記』
940	天慶3	尾張	守	藤原共里				『日本紀略』
944	天慶7	美濃	介	橘遠保	還宅間			『日本紀略』
947	天暦元	伯耆	百姓	物部高茂・忠明	舎屋		藤原是助	『日本紀略』
947	天暦元	陸奥	掾	坂丸		平貞盛の使		『日本紀略』
947	天暦元	伯耆		賀茂岑助		伯耆国前司	物部忠明	『日本紀略』
968	安和元	信濃			（乱）		藤原千常	『日本紀略』
978	天元元	備前	介	橘時望		海賊		『日本紀略』
979	天元2	武蔵	前介	藤原千尋	（合戦）		源肥	『日本紀略』
984	永観2	備前	荘司	近江掾下野守貞	居宅	備前国守	藤原理兼	『朝野群載』
1001	長保2	※維衡、致頼等の合戦後に処理を決定						
1003	長保5	下総	守	藤原義行	府館		平佐良（維良）	『百錬抄』
1005	寛弘2	陸奥	守	藤原貞仲	（合戦）		平維良	『御堂関白記』
1007	寛弘4	因幡	介	藤原千兼		因幡国守	橘行平	『権記』
1049	永承4	大和	守	源頼親	館	「大衆」	山階寺（興福寺）	『扶桑略記』
		※前加賀守源頼房が頼親の館に居留						

「ナラノボリ」「ナガノボリ（長登）」といわれるようになりました。

十五年ほど前、長登銅山を美東市の池田善文氏に案内していただきました。ほの暗い坑道跡《こうどうあと》や銅鉱を洗練《せんれん》した場所などを教えていただき、とくに地表から三メートル下の廃滓場《はいさいば》で出土した木簡は、地下水が銅イオンを多量に含むので、残りが非常に良いと教えていただき、感銘を受けたことを覚えています。

この長登銅山で採掘し精錬《せいれん》された銅塊が、周防国と長門国の鋳銭司に運ばれ、銅銭となったのです。毎年、周防国や長門国から都に向かって現金輸送船が上り、しばしば海賊の標的となりました。しかし、海賊が、鋳銭司を襲撃することは、これまでありませんでした。銅を私掘して、かってに仏具や武器などを作り、市《いち》で売買していた者や、ニセ金を作り咎《とが》められた者はありましたが、鋳銭司を襲撃するといった暴挙は空前絶後のできごとでした。

この周防国府と、つづく大宰府《だざいふ》（福岡県太宰府市《だざいふ》）を襲撃した純友は、府内《ふない》の建物に火を放ちました。そのときの焼土層が、発掘調査で発見されています。大宰府は、「遠《とお》の朝廷《みかど》」と呼ばれ、西海道《さいかいどう》諸国（九州）を束ねる機関であり、唐、新羅などの使節や商人とかかわる国家の出先機関でした。

白村江の戦に敗れたわが国は、大宰府を堅牢な軍事施設として作り上げました。大宰府を取り囲む山塊《さんかい》には、基肄城《きいじょう》と大野城《おおのじょう》、福岡平野の入り口には、水城《みずき》を築きました。日振島《ひぶりじま》を追われた純友は、追討軍の小野好古《おののよしふる》軍が近づくと、対抗して大宰府に火を放ち、博多津《はかたつ》へ逃げたのです。

大宰府に作られた鉄壁の防御施設は、外国からの攻撃を食い止めるための施設や機能でしたが、内からの兵火にもろくも炎上しました。「築城三年、落城三日」とはこのことです。そのときの焼土層が、大宰府政庁《せいちょう》の中門《ちゅうもん》の調査区から発見されています。九四一年の火災であることから、出土した土器や瓦は、九州の土器や瓦の年代を決める基準資料となっています。

これまでの研究で大宰府の政庁は、三期の変遷があり、その二期と三期の間に純友の乱にかかわる焼土層があります。火災後に復興された三期政庁は、各地の国府、郡家が斜陽の道を歩みつつあるなか、国家の威信《いしん》をかけて二期政庁より立派に作られました。

伊予国の豪族

純友の海賊軍団の拠点は、愛媛県の宇和島《うわじま》市の沖合《おきあい》に浮かぶ日振島でしたが、同県今治《いまばり》市で純友のころの豪族の家が発掘調査されています。阿方春岡《あがたはるか》遺跡（図42）といいます。懐《ふところ》深《ふか》い入り江に臨む春岡という岡を造成し、豪族の家は建てられていました。伊予国府（今治市）もそれほど遠くない場所でした。

東西棟の建物が五棟、南北棟の建物が一棟、狭い範囲に二、三回の建て替えがありました。もっとも大きな建物は、東と西に庇《ひさし》を付けた南北棟です。これらの建物群は、主屋《しゅおく》、副屋《ふくおく》、向屋《むかいおく》、厩《うまや》などの機能を持つ建物です。

主屋から南西を臨むと、向屋や副屋があり、その屋根越しに塀があり、塀の向こうには厩、その向こうには瀬戸内海の入り江が沈み込んでいました。さらに入り江の向こうに高縄山《たかなわさん》のゆるやかな尾根が畳《たた》なずいています。入り江には、国府に向かう舟や漁師の舟が、朝もやのなかを突いて行き過ぎたかもしれません。

ところで、阿方春岡遺跡は、源経基《みなもとのつねもと》のような東国とかかわった人物が、伊予国に赴任したこと

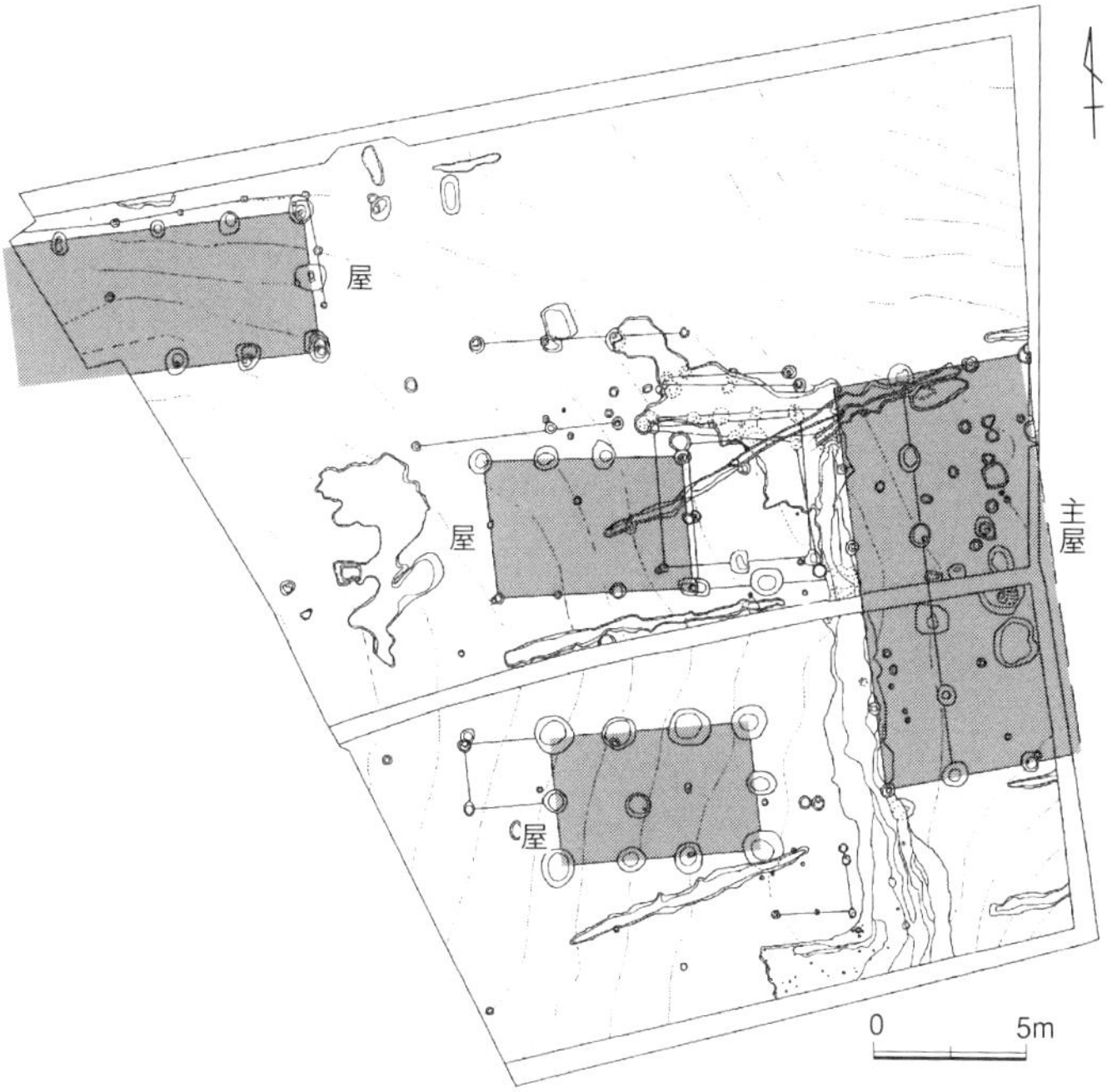

図42　阿方春岡遺跡（愛媛県今治市）

を示す遺跡です。源経基は、武蔵国介として赴任し、将門に撃退され、都でひっそりと暮らしていましたが、汚名《おめい》を返上するため、西国へ純友を討ちに向かった人物です。

　阿方春岡遺跡になぜ、東国とかかわった人物がいたことがわかるかというと、この遺跡から出土した釉薬《ゆうやく》をつけた陶器は、東国に行った人物でなければ、手に入れられないからでした。

　愛媛県では、一般的に山口県や京都府で生産された緑釉《りょくゆう》陶器《とうき》が用いられていましたが、阿方春岡遺跡では、愛知県で生産された灰釉陶器《かいゆうとうき》や緑釉陶器が、用いられていました。

これは、都から東日本へ赴任《ふにん》した人物、あるいは東日本に生活基盤のある人物が、愛知県の灰釉陶器、緑釉陶器を手に入れ、のちに伊予国へ赴任して阿方春岡遺跡で生活し、ここに捨てたとするのが自然です。源経基のような転勤族が、阿方春岡遺跡にくらしていたのです。

最後に藤原純友の拠点となった日振島（写真20）を訪ねてみましょう。

日振島

宇和島港からフェリーボートに乗り、小島《こじま》伝いに宇和海を西へ小一時間ほど進むと、山が海に突き刺さる島が見えてきます。日振島です。阿古《あこ》の浦に着くと、船長は切符を受け取り、宇和島で積んだ日常品のダンボールを下ろしました。

十二月中旬の日曜日。お昼前なのに観光客はまったくなく、宇和島へ買い物に出かける島民が船に乗ると、人影は見えなくなりました。乗船所を管理する民宿のおばさんは、漁協の食堂も休みだし、民宿も冬はやっていないといいます。わずかに缶コーヒーを片手に「純友の井戸」や高台にある「純友の居館跡」を探索することにしました。

崩れかけた崖の道には、イノシシの糞《ふん》が無数に落ち、島全体を覆う常緑の枝葉は、さすがに海賊の島です。島の頂は、「藤原純友籠居之跡《ろうきよのあと》」の碑が、太平洋を臨んで建てられていました。

三十年前、NHK大河ドラマ『風と雲と虹と』のブームで日振島は、海賊の島として一躍有名になりました。しかし、今は静かな漁村です。たまに磯つりに人が来る程度。碑の傍《かたわ》らには、崩れた売店や壊れたトイレが、片付けられずに残っていました。

「藤原純友籠居之跡」から臨む海には、宇和海のリアス式海岸の島並《しまな》みが続きます。しかし、瀬

写真20　日振島からの展望

戸内海の島々は見えません。そこで「籠居之跡」の碑から島の尾根をさらに奥へと進み、別の展望地点をめざしました。純友の海賊軍団は、日振島を拠点として、日向国《ひゅうがこく》（宮崎県）から播磨国（兵庫県）におよぶネットワークを築いていたのですから、少なくとも瀬戸内海と太平洋が臨める地点があるはずと考えたからです。

　南方のジャングルを進む旧日本軍のように、常緑の葉をかき分けて行くと、測候所の観測基地に着きました。近くには、東屋《あずまや》やベンチもあり、展望台がみえます。

　海が、開けました。遠く、遠くに佐多《さた》岬《みさき》が見えます。岬の先に白い筋を引いた船が、見えます。その先は、佐賀関《さがのせき》半島、臼杵《うすき》、その奥に阿蘇山《あそざん》が見えます。そのまま海岸線は、日向灘《ひゅうがなだ》を進み海に消え、地球が丸くなっていきました。四方の海を見渡せる絶景の場所です。鹿児島の坊津《ぼうのつ》から、豊前国《ぶぜんこく》（大分県）別府《べっぷ》の大友氏を目指したポルトガル船も、見えたことでしょう。

「平地の少ない絶海の小さな島に純友の拠点があるわけがない」と日振島を純友の拠点として否定する説があります。しかし、『日本紀略《にほんきりやく》』に承平《じょうへい》六年（九三六）六月某日《ぼうじつ》条、伊予国日振島に純友が、千艘《せんそう》あつめて「官物私財《かんもつしざい》」を掠《かす》め取ったとあります。まったく無名の島を都の貴族が、記録にでっち上げるはずもなく、何かの根拠に基づいて日振島が登場したのです。

千艘の船は誇張であっても明海《あこ》、喜路《きろ》、能戸《のこ》の港は、波がおだやかな瀬戸内側に開き、集結した船団には、格好の停泊場所だったでしょう。また、伊予国府（愛媛県今治市）や土佐《とさ》国府（高知県南国市）、豊後《ぶんご》国府（大分県大分市）からはるかに離れ、追捕《ついぶ》の手が伸びにくい場所でした。

しかし、一時的に籠城《ろうじょう》できても、いつまでもここに海賊たちを留めて置くことはできません。追捕の力が弱まると、海賊たちは、再びもとの浜や入り江にもどったのでしょう。純友の最後は、日振島ではありませんでした。

そして現在。日暮れ近い日振島の能戸の港には、宇和島からもどってきた親子連れの買い物客を迎える家族や、宇和島の学生寮へ向かう女子学生を見送る家族がいました。瀬戸の花嫁のような光景に、地域や家族という大切な宝物が、ここには今でも残っていたことを発見できたのは、展望台から見える三六〇度のランドスコープとともに大きな収穫でした。

最後の古代豪族

将門の乱、純友の乱とは、いったい何だったのでしょう。十世紀前葉という時代を境に東国では、集落の数が減少し、竪穴住居の数も減少します。そして、十二世紀、東国からやがて遺跡そのものが見えなくなっていきます。

将門たちの生きた十世紀。それまで平地でたくさんの家がひしめき合っていた「集村《しゅうそん》」から、山間部や浜辺、低地に小さな集落が散在する「散村《さんそん》」へと移っていきました。製鉄遺跡や炭焼きなどが主な生活でした。一方、各地の国府には、数多くの小規模な竪穴住居が作られ、ここでも鉄生産やさまざまな手工業が見られました。なかには、スラム街的な場所もあったことでしょう。

九世紀代の農村は解体し、竪穴住居は小さくなり、家族の人数が極端に縮小していきます。国府への集住は、小規模家族、あるいは単身者の集住かもしれません。行き過ぎた山野の開発は、各地で山野の荒廃、田地の崩壊を生み、地域の共同体が、再生できないまで落ち込んでいきます。

九世紀代の農村の変化は、そのまま「古代の豪族」の終わりでした。旧来の豪族たちが持っていた権力の低下に付け込んだのが、将門と純友のような新しい豪族たちでした。しかし、かれらは都から下ってきた貴族の末裔《まつえい》であったため、その権力基盤は、とても薄弱でバブルのようでした。将門や純友といった個人の魅力が、大きな地域権力に成長させたのでした。

山野や海原に展開したエネルギーは、十世紀以降、はたしてどこに向かったのでしょうか。古代と中世の断絶を迎える十一世紀後半までには、将門、純友の乱は、一世紀以上も早すぎました。けれども、乱の前も後も民衆は、竪穴住居に住み、大地と格闘していたのです。そして、確実にいえるのは、乱が、古代的な農村を解体していくスピードをさらに速めたことでしょう。

その証拠として、本書で取り上げた豪族の家は、将門、純友の乱のあと、半世紀もせずに十世紀後葉でその姿を消していきます。大形建物や施釉陶器、初期貿易陶磁器といった古代的な豪族の象徴的存在も消滅します。

その一方、従来、官衙や寺院、豪族の家などから出土した「和鏡《わきょう》」と呼ばれる青銅鏡や小金銅仏《しょうこんどうぶつ》、錫杖《しゃくじょう》、鉄鐸《てつたく》などの金属遺物が、一般集落の竪穴住居から出土するようになります。これを仏教系遺物の民衆への拡散とみるか、古代豪族の解体とみるか、今後の大きな課題です。

豪族たちは、ずっとその国に住み続けたまま国府の役人となる在庁官人《ざいちょうかんじん》となり、国府でくらしたため、農村からどんどん離れていきました。豪族たちが束ねていた古代的な農村は、解体のスピードを速め、より神仏を頼る世界に突入していくのです。

将門や純友は、「武士の起こり」、「中世の幕開け」といわれますが、平氏政権や鎌倉幕府が成立するのは、まだ二百五十年も先の話です。七世紀以来、わが国は、隋《ずい》や唐《とう》に習って古代国家の建設に努めてきましたが、律令《りつりょう》を日本的に修正し運用していくなかで生まれた歪《ひずみ》が、十世紀前葉に二人の乱となって噴出したのでした。

古代国家は、この乱を利用して歪を修正しようとしました。その結果、磐石《ばんじゃく》な藤原氏の摂関政治が確立し、末長く続いていきました。農村はますます解体し、疲弊していきましたが、藤原氏はますます栄え、道長《みちなが》、頼通《よりみち》の時代を迎えていくのでした。

あとがき

『鼻』『芋粥《いもがゆ》』『六の宮の姫君』『羅生門《らしょうもん》』など、『今昔物語集』に題材をとった作品を芥川龍之介は、多数発表しました。『今昔物語集』には、平安時代末期に生きたさまざまな人々のくらしが描かれ、そこに龍之介は、人間の矛盾や世間の無情などを見出したからです。

龍之介にあやかり、私もわが国の正史である六国史《りっこくし》や貴族の日記によって編まれた日本の歴史と異なる人々の生きた歴史を復元しようと思いました。そこで遺跡や遺物といった考古学資料を土台として、『今昔物語集』を考古学的に読もうと考えました。

『今昔物語集』や『日本霊異記《にほんりょういき》』、あるいは絵巻物の中に「豪族のくらし」のヒントが隠されていたからです。無意識に書かれた文章の中には、さまざまな豪族の「くらし」や社会の「しくみ」が、にじみ出ていました。漆を採るようにこの「歴史の樹液」をかき集め、考古学資料の土台の上に置き、より立体的な歴史を復元する作業をすすめたのです。

この『今昔物語集』は、読みきりの話を十話ほど集め、一つのまとまり（章）としています。本書では、「豪族のくらし」を遺跡の中に探すため、十の章を準備しました。小さな話を小見出しごとにまとめ、連続しつつもそれぞれ完結するように工夫しました。また、写真や図、表をたくさん準備しました。

ところで、「古代の豪族」は、地域に絶対的な権力を誇り、国家の役人として私服を肥やす人々（社会的集団）です。豪族のすまい、大農場主としての豪族、役人としての豪族、文字をあつかう豪族、女性の豪族などをまず、検討し、豪族のくらしの骨格を明らかにしました。そして、聖徳太子に仕えた武蔵の「物部連兄麿」、長屋王の変にかかわった上野国の「上毛野朝臣宿奈麻呂」、「平将門」と「藤原純友」といった歴史上の人物が、どのような「くらし」をしていたのか、とことん遺跡の中に探しました。

本書で取り上げた人物以外にも、地域に根ざした世襲的な経営と民衆を支配した古代の豪族が、列島の各地に割拠していました。巻末につけた日本地図をご覧下さい。○で示したのが、古代の豪族の家が発見された遺跡です。何と多くの豪族の家が発見されているではありませんか。

全国各地の成果をさらに分析することによって、新しい「古代の豪族」像が生まれてくることでしょう。本書は、その第一歩を踏み出したに過ぎません。今後、他地域の豪族との比較を通じ、より複雑な古代社会の復元を目指したいと思います。

全国の調査員が頭を悩ませ、日々、遺跡と格闘した証《あかし》が『発掘調査報告書』としてまとめられています。記録を縦横無尽に使いこなすことができるならば、「覚える」歴史ではなく、物語を読むように、映画を見るような感覚で触れる「ワクワク」した歴史が、描けてくるはずです。いまこそそれが、求められているのです。

ところで、高校の社会科（日本史）の未履修問題が、ひところ取り上げられました。中学校では、わが国の歴史についてすべての生徒が学びますが、高校では、大学進学のため英語や数学の時間数を増やし、日本史の時間数を削っていたのです。また、大学の史学科（日本史）に進む学生も、覚えることの少ない世界史を受験科目として選択したため、大学で高校の日本史を学んでいるといいます。

中学校三年生になる私の息子は、理数科のある高校へ進もうとしています。NHKの「サイエンス・ゼロ」を見ながら吉川英治の『新・平家物語』を読む彼が、生涯、教室で日本の歴史を学習する機会がもう無いと考えたとき、「歴史の醍醐味を肌で感じることのできる本を作りたい」という衝動に駆られました。

幸い、すいれん舎の高橋雅人社長が、前著の『地方の豪族と古代の官人』（柏書房）との縁で本書の出版を勧めていただきました。「今度は、遺跡の中から浮かび上がってくる古代の豪族のくらしを、わかりやすく表現した本を作りましょう」という声に導かれ、執筆を進めましたが、生来の遅筆で高橋社長には大変なご迷惑をおかけしました。

また、本書の話が持ち上がったころ、発掘調査をお手伝いいただいた方々から、「私たちが発掘調査した遺跡から、どのようなことがわかるのか、子供の入門書と専門家の本の中間のわかりやすい本が読みたい」という声がありました。毎日、発掘調査をしている私にとって、彼女たちは、社会の窓であり、最大の助言者です。そうした声に応え、発掘調査の現場から「社会的な発信」を行うことにしました。

発掘調査に参加し、整理作業にかかわった人々、あるいは発掘調査の現地説明会においでいただいた方々、新聞に取り上げられた遺跡に関心を持っていただいた方々が、本書を契機に身近な遺跡や古墳から、地域の歴史に触れる機会を持っていただければ、本書の役割は達成したといえるでしょう。

さらに、本書は、NPO法人「テープ版読書会」によって、音声録音されたCDブックとして視力を失ったり、低下した人々に提供できるようになります。私の亡き母も病で視力を失い、寂しい老後を送っていましたので、本書のような企画の本が、そうした方々の「知る楽しみ」を少しでも増やすことができるならば幸いです。

最後に、このような社会的な役割を担う仕事を提供していただいたすいれん舎の高橋社長、編集に携わっていただいた石原重治氏、中学校で歴史の楽しさを教えていただいた下山孝太郎先生、本書にも登場する山王廃寺の発掘調査に参加する契機をいただいた川合功先生、さらに、発掘調査でお世話になり貴重な忌憚《きたん》の無い意見を頂いた方々、そして、夏休みに第一の読者になってもらった家族に心からお礼を述べたいと思います。

二〇〇八年集月

みすずかるよろづやにて　　田中広明

〈関係年表〉

時代	西暦	和暦	主なできごと（○は、本文中のできごと）
古墳時代	527	継体天皇21	筑紫磐井の乱
	565	欽明天皇30	○胆津、白猪屯倉へ赴く
	587	用明天皇２	蘇我馬子、聖徳太子ら物部守屋を滅ぼす
飛鳥時代	588	崇峻天皇元	○我が国最初の寺院、飛鳥寺の建設開始
	593	推古天皇元	聖徳太子、推古天皇の摂政となる
	596	推古天皇４	○飛鳥寺が完成
	603	推古天皇11	冠位十二階制定
	604	推古天皇12	憲法十七条制定
	607	推古天皇15	○聖徳太子のために壬生部を設置。屯倉を諸国に設置。小野妹子らを隋に派遣
	608	推古天皇16	○小野妹子、隋国から使者の裴世清ともどる
	610	推古天皇18	○新羅、任那の使者が小墾田宮に訪れる。高句麗の曇徴が、紙や墨などを伝える
	622	推古天皇30	聖徳太子、斑鳩宮で没する。大阪府の磯長陵古墳に葬る
	629	推古天皇37	○田村皇子が舒明天皇となる
	630	舒明天皇２	犬上御田鍬らを唐に派遣
	633	舒明天皇５	○物部連兄麿が武蔵国造となる
	634	舒明天皇６	○豊浦寺の金堂や礼仏堂つくられる
	637	舒明天皇９	○上毛野君形名が東北地方に遠征
	642	皇極天皇元	○百済国の翹岐、蘇我蝦夷の畝傍の家にいく
	643	皇極天皇２	蘇我入鹿、山背大兄王を襲い一族滅亡
	644	皇極天皇３	○蝦夷と入鹿が、家を甘樫の丘に建てた
	645	大化元	中大兄皇子、中臣鎌足ら蘇我入鹿を暗殺
	646	大化２	改新の詔。東国国司が派遣される
	647	大化３	○大化三年（六四七）の冠位制変更
	658	斉明天皇４	阿倍比羅夫の東北地方への遠征
	663	天智天皇２	白村江の戦。上毛野君稚子、百済の男女二千人を連れ帰る
	667	天智天皇６	近江大津京への遷都
	670	天智天皇９	○全国的な戸籍（庚午年籍）ができる
	672	天武天皇元	壬申の乱
	681	天武天皇10	○『帝紀』と『上古諸事』の編纂に上毛野君三千参加。同年急死。群馬県山の上碑建立
	684	天武天皇13	○上毛野君が「朝臣」を賜る

時代	西暦	和暦	主なできごと（○は、本文中のできごと）
	685	天武天皇14	○天武朝の服制
	689	持統天皇3	飛鳥浄御原令施行。下毛野朝臣古麻呂が六百人の奴婢を解放
	690	持統天皇4	○持統朝の服制改正
	691	持統天皇5	○十八の豪族に『墓記』を提出させる
	694	持統天皇8	藤原京への遷都。貴族の邸宅（「第」）出現
	700	文武天皇4	○僧の道照、火葬を開始
	701	大宝元	大宝律令完成
	702	大宝2	○持統天皇、火葬し夫の天武天皇陵に合葬。肥君猪手の戸籍作られる
	708	和銅2	○越後と陸奥の蝦夷が反乱
奈良時代	710	和銅3	平城京に遷都
	713	和銅6	○地名を好字の二字に統一
	714	和銅7	○上毛野朝臣広人が右副将軍。石上麻呂の誅を行う
	718	養老2	○陸奥国の一部を割き石背、石城の二国をたてる
	720	養老4	○藤原不比等が没し、長屋王の政権となる。上毛野朝臣広人、陸奥国守、按察使。蝦夷の反乱で殺害
	723	養老7	三世一身の法制定
	724	神亀元	聖武天皇即位。五位以上の者、六位以下の裕福な者は、屋根に瓦、壁や柱を赤や白に塗ること
	729	神亀6	長屋王の変、宿奈麻呂など七人が、配流の刑
	737	天平9	藤原四子が天然痘で没する
	738	天平10	橘諸兄政権樹立
	740	天平12	藤原広嗣の乱
	741	天平13	国分寺建立の詔。この年以前、四位以下の人は、大路に門を開けられない制度
	742	天平14	○宿奈麻呂、復位を果たす
	743	天平15	東大寺大仏建立の詔、墾田永年私財法制定
	759	天平宝字3	○大伴家持、因幡国守となり下り正月の歌
	764	天平宝字8	恵美押勝（藤原仲麻呂）の乱。上毛野朝臣馬長、出羽介となる
	766	天平神護2	○東大寺庄園開発の溝の文書つくられる
	767	神護景雲元	○平城京の東院玉殿に「瑠璃」の瓦を葺く
	769	神護景雲3	○入間郡の郡役所の倉（正倉）が焼失する
	770	宝亀元	道鏡、下野薬師寺に左遷
	783	延暦2	○定額寺の制度開始

時代	西暦	和暦	主なできごと（○は、本文中のできごと）
	784	延暦 3	長岡京に遷都
平安時代	794	延暦13	平安京に遷都
	796	延暦15	○官印より大きい焼印の牛馬への使用禁止
	804	延暦23	○空海が唐にわたり、二年後に帰国
	810	弘仁元	藤原薬子の変
	818	弘仁 9	○北関東を大地震が襲う。山王廃寺も大きな打撃
	857	天安元	藤原良房が太政大臣となる
	866	貞観 8	応天門の変
	884	元慶 8	藤原基経関白となる
	894	寛平 6	遣唐使の廃止
	901	延喜元	菅原道真、大宰権帥に左遷
	935	承平 5	承平・天慶の乱
	936	承平 6	○伊予国日振島に純友の海賊軍集結
	969	安和 2	安和の変
	1030	長元 3	○『上野国交替実録帳』の書かれる
	1108	天仁元	○浅間山の大噴火

〈挿図・写真の出典一覧〉

頁	種類	タイトル	提供者・著作者	発行年	本のタイトル	発行
11	写真1	山椒太夫の家(映画『山椒太夫』より)	角川映画			
23	写真2	新宮熊野神社の長床（福島県喜多方市）	＊			
38	写真3	古墳時代の豪族の家（群馬県高崎市三ツ寺Ⅰ遺跡）	高崎市教育委員会・かみつけの里博物館			
41	写真4	三ツ寺Ⅰ遺跡のジオラマ	〃			
45	写真5	空から見た豪族の家（埼玉県深谷市百済木遺跡）	深谷市教育委員会			
49	写真6	大甕とたくさんの食器（群馬県高崎市井出東遺跡）	かみつけの里博物館			
85	写真7	神火事件の舞台となった出雲伊波比神社	毛呂山町歴史民俗資料館			
111	写真8	腰帯の出土（群馬県高崎市八幡1号墳）	高崎市教育委員会	1989	『八幡遺跡』	高崎市教育委員会
113	写真9	藤原麻呂邸の門の跡	奈良文化財研究所			
117	写真10	各種の灰釉陶器（埼玉県上里町中堀遺跡）	埼玉県立さきたま史跡の博物館			
125	写真11	中空円面硯（長野県上田市勝負沢遺跡）	上田市教育委員会			
138	写真12	圏脚円面硯（埼玉県北島遺跡）	埼玉県立さきたま史跡の博物館			
161	写真13	琴を弾く埴輪（群馬県前橋市朝倉）	相川考古館			
171	写真14	関東の石舞台（埼玉県行田市八幡山古墳）	埼玉県教育委員会	1980	『八幡山古墳石室復元報告書』	
195	写真15	山の上碑（群馬県高崎市）	高崎市教育委員会			
197	写真16	「放光寺」の瓦（群馬県前橋市）	前橋市教育委員会			
215	写真17	山王廃寺の塑像	〃			
237	写真18	「有」字の焼印（埼玉県熊谷市円山遺跡）	熊谷市広報広聴課			
238	写真19	私印「□子私印」（長野県佐久市西近津遺跡）	長野県埋蔵文化財センター			
245	写真20	日振島から臨む瀬戸内海	＊			
19	図1	甘樫丘東麓遺跡（奈良県明日香村）	奈良文化財研究所	2007	『奈良文化財研究所紀要』	奈良文化財研究所
27	図2	秋田城跡の水洗トイレ（秋田県秋田市）	秋田城跡調査事務所	1996	『秋田城跡』	秋田市教育委員会
31	図3	倉庫のある原之城遺跡（群馬県伊勢崎市）	中沢貞治	1982	『原之城遺跡・下吉祥寺遺跡』	伊勢崎市教育委員会

頁	種類	タイトル	著作者	発行年	本のタイトル	発行
39	図4	三ッ寺Ⅰ遺跡	（財）群馬県埋蔵文化財調査事業団	1988	『三ッ寺Ⅰ遺跡』	
43	図5	奈良時代の豪族の家（埼玉県深谷市百済木遺跡）	村松篤	2000	『百済木―くだらぎ―』	川本町遺跡調査会
47	図6	竪穴住居数の推移	＊			
53	図7	武蔵国幡羅郡の郷	田中広明	2004	『北島遺跡』Ⅸ	（財）埼玉県埋蔵文化財調査事業団
55	図8	平安時代の豪族の家（埼玉県熊谷市北島遺跡）	田中広明	2002	『北島遺跡』Ⅴ	（財）埼玉県埋蔵文化財調査事業団
61	図9	幡羅郡の幡羅遺跡（埼玉県深谷市）	深谷市教育委員会	2005	現地説明会資料	深谷市教育委員会
67	図10	陸奥国白河郡家の館（福島県泉崎村関和久遺跡）	木本元治他	1981	『関和久遺跡Ⅸ』	福島県教育委員会
71	図11	陸奥国行方郡家の館（福島県原市町泉廃寺）	藤木海	2004	『原町市内遺跡発掘調査報告書』9	原市町教育委員会
75	図12	伯耆国久米郡家の館（鳥取県倉吉市不入岡遺跡）	真田広幸他	1996	『不入岡遺跡発掘調査報告』	倉吉市教育委員会
88	図13	糸紡ぎの様子（『信貴山縁起絵巻』）	信貴山朝護孫子寺霊宝館提供			
95	図14	壺を運ぶ男（『伴大納言絵詞』）	出光美術館提供			
99	図15	「又上」と「篁」1	田中広明	2002	『北島遺跡』Ⅴ	（財）埼玉県埋蔵文化財調査事業団
99	図15	「又上」と「篁」2－6	白田正子	2001	『中根・金田台特定土地区画整理事業地内埋蔵文化財調査報告書』4	（財）茨城県教育財団
109	図16	腰帯と名称	井上慎也	2003	『東上秋間遺跡群発掘調査報告書』	安中市教育委員会
122	図17	牓示札（石川県津幡町加茂遺跡）	平川南監修	2001	『発見！古代のお触れ書き―石川県加茂遺跡出土加賀郡牓示札』	（財）石川県埋蔵文化財センター
129	図18	隼上り窯の硯（京都府宇治市）	杉本宏	1983	『隼上り瓦窯跡発掘調査概報』	宇治市教育委員会
133	図19	舶来の硯 1－2	島根県教育委員会	1985	『島根県埋蔵文化財調査報告書ＸⅠ』	「仁多郡仁多町カネツキ免遺跡」
133	図19	舶来の硯 3－4	泉森皎他	1977	『竜田御坊山古墳』	奈良県立橿原考古学研究所
133	図19	舶来の硯 5	奈良国立文化財研究所	1985	『飛鳥・藤原京発掘調査概報』15	「石神遺跡」
136	図20	国別の陶硯出土グラフ	＊			
143	図21	古代の官人の墓（愛媛県大相院遺跡）	三好裕之他	2004	『善応寺遺跡・大相院遺跡・別府遺跡』	愛媛県埋蔵文化財センター
145	図22	東北地方の陶硯分布の推移（1）	＊			

頁	種類	タイトル	著作者	発行年	本のタイトル	発行
146	図23	東北地方の陶硯分布の推移（2）	＊			
149	図24	習書木簡（埼玉県北島遺跡）	田中広明	2004	『北島遺跡』Ⅸ	（財）埼玉県埋蔵文化財調査事業団
154	図25	「里刀自」の木簡（福島県いわき市荒田目条里遺跡）	猪狩みち子他	2000	『荒田目条里制遺構・砂畑遺跡』	いわき市教育委員会
156	図26	磐城郡の豪族の家（福島県いわき市根岸遺跡）	猪狩忠雄他	2000	『根岸遺跡』	いわき市教育委員会
167	図27	貴族の住宅（伝藤原豊成邸、法隆寺伝法堂）	浅野清	1969	『奈良時代建築の研究』	中央公論美術出版
173	図28	巨大な横穴式石室（埼玉県行田市八幡山古墳）	埼玉県教育委員会	1980	『八幡山古墳石室復元報告書』	
177	図29	漆塗り木棺とフラスコ形土器	埼玉県教育委員会	1980	『八幡山古墳石室復元報告書』	
181	図30	小見真観寺古墳の横穴式石室	田中広明・大谷徹	1989	「東国における後・終末期古墳の基礎的研究（1）」『研究紀要』5	（財）埼玉県埋蔵文化財調査事業団
187	図31	宝塔山古墳と蛇穴山古墳	群馬県史編纂委員会	1981	『群馬県史』資料編3	
189	図32	地蔵山古墳の壁画	栗原文藏	1963	『上代文化』第33集	「古墳壁画の新資料―埼玉県行田市地蔵塚古墳―」
199	図33	山王廃寺の全体図	佐藤則和他	2000	『山王廃寺等Ｖ遺跡発掘調査報告書	前橋市埋蔵文化財発掘調査団
201	図34	山王廃寺の前身建物群	佐藤則和他	2000	『山王廃寺等Ｖ遺跡発掘調査報告書	前橋市埋蔵文化財発掘調査団
207	図35	総社古墳群と山王廃寺	佐藤則和他	2000	『山王廃寺等Ｖ遺跡発掘調査報告書	前橋市埋蔵文化財発掘調査団
211	図36	総社二子山古墳と愛宕山古墳	群馬県史編纂委員会	1981	『群馬県史』資料編3	
221	図37	将門の乱関係図	＊			
223	図38	純友の乱関係図	＊			
227	図39	堀越遺跡	芹澤清八	2005	『堀越遺跡』	（財）とちぎ生涯学習文化財団
229	図40	辰海道遺跡	越田真太郎	2004	『辰海道遺跡』2	（財）茨城県教育財団
233	図41	『粉河寺縁起絵巻』の堂	粉河寺提供			
243	図42	阿方春岡遺跡（愛媛県今治市）	小黒裕二	2000	『阿方春岡遺跡他6遺跡』	愛媛県埋蔵文化財センター

※表については、表3をのぞき、全て著者が作成しました。なお、表3は、山中敏史2003「Ⅶ―7 正倉火災」『古代の官衙遺跡Ⅱ遺物・遺跡編』（独）奈良文化財研究所を参照しました。また、表中の＊印は著者が作成しました。

東北地方

1 丹後平古墳（八戸市）
2 志波城跡（盛岡市）
3 徳丹城跡（矢巾町）
4 胆沢城跡（奥州市）
5 名生館遺跡（古川市）
6 多賀城跡（多賀城市）
7 郡山遺跡（仙台市）
8 陸奥国信夫郡（福島市）
9 泉廃寺（原町市）
10 新宮熊野神社（喜多方市）
11 関和久遺跡（白河市）
12 荒田目条里遺跡（いわき市）
13 西谷地（米沢市）
14 払田柵跡（大仙市）
15 秋田城跡（秋田市）

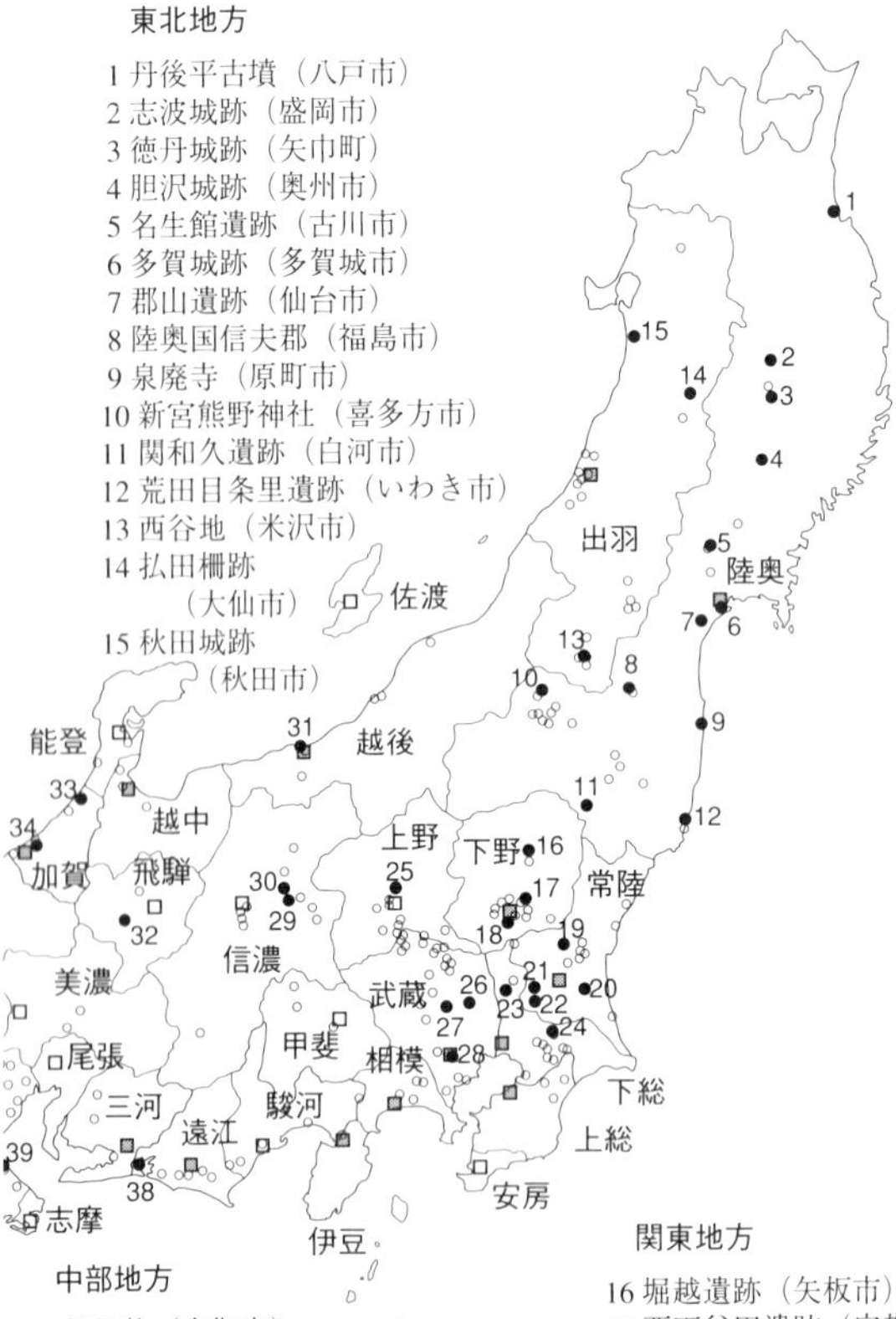

中部地方

29 望月牧（東御市）
30 信濃国分寺（上田市）
31 直江浜（上越市）
32 位山（高山市）
33 加茂遺跡（津幡町）
34 荒木田遺跡（小松市）
35 足羽郡（鯖江市他）
36 由良浜（舞鶴市）
37 丹後国分寺（宮津市）
38 湖西窯跡（湖西市）
39 宝塚1号墳（松阪市）
40 飯高郡（多気町）

関東地方

16 堀越遺跡（矢板市）
17 西下谷田遺跡（宇都宮市）
18 都賀郡（栃木市他）
19 辰海道遺跡（桜川市）
20 三昧塚古墳（玉造町）
21 熊の山遺跡（つくば市）
22 中原遺跡（つくば市）
23 石井営所（坂東市）
24 竜角寺浅間山古墳（栄町）
25 黒井峯遺跡（渋川市）
26 足立郡（大宮市他）
27 入間郡（川越市他）
28 武蔵国府関連遺跡（府中市）

付図1: 古代豪族の関連遺跡（全国）

近畿地方

41 牟婁郡（尾鷲市他）
42 鳴滝遺跡（和歌山市）
43 上之宮遺跡（桜井市）
44 布留遺跡（桜井市）
45 極楽寺ヒビキ遺跡（御所市
46 甘樫丘東麓遺跡（明日香村
47 藤原京跡（橿原市他）
48 平城京（奈良市）
49 隼上窯跡（宇治市）
50 平安京跡（京都市）
51 長岡京跡（長岡京市他）
52 大津宮跡（大津市）
53 難波京跡（大阪市）
54 法円坂遺跡（大阪市）

凡例
□国府（▩国司館の確認されている国府）
○豪族の家が発見された遺跡
●本書に登場する遺跡や地名

中国四国地方

55 美貴郡（三木町他）
56 阿方春岡遺跡（今治市）
57 大相院遺跡（北条市）
58 久米高畑遺跡（松山市）
59 日振島（宇和島市）
60 不入岡遺跡（倉吉市）
61 賀夜郡（賀陽町他）
62 深津庄跡（福山市）
63 長登銅山（美祢市）

九州地方

64 嶋郡川辺里（志摩町）
65 大宰府（太宰府市）
66 大島畠田遺跡（都城市）

付図2： 古代豪族の関連遺跡（関東）

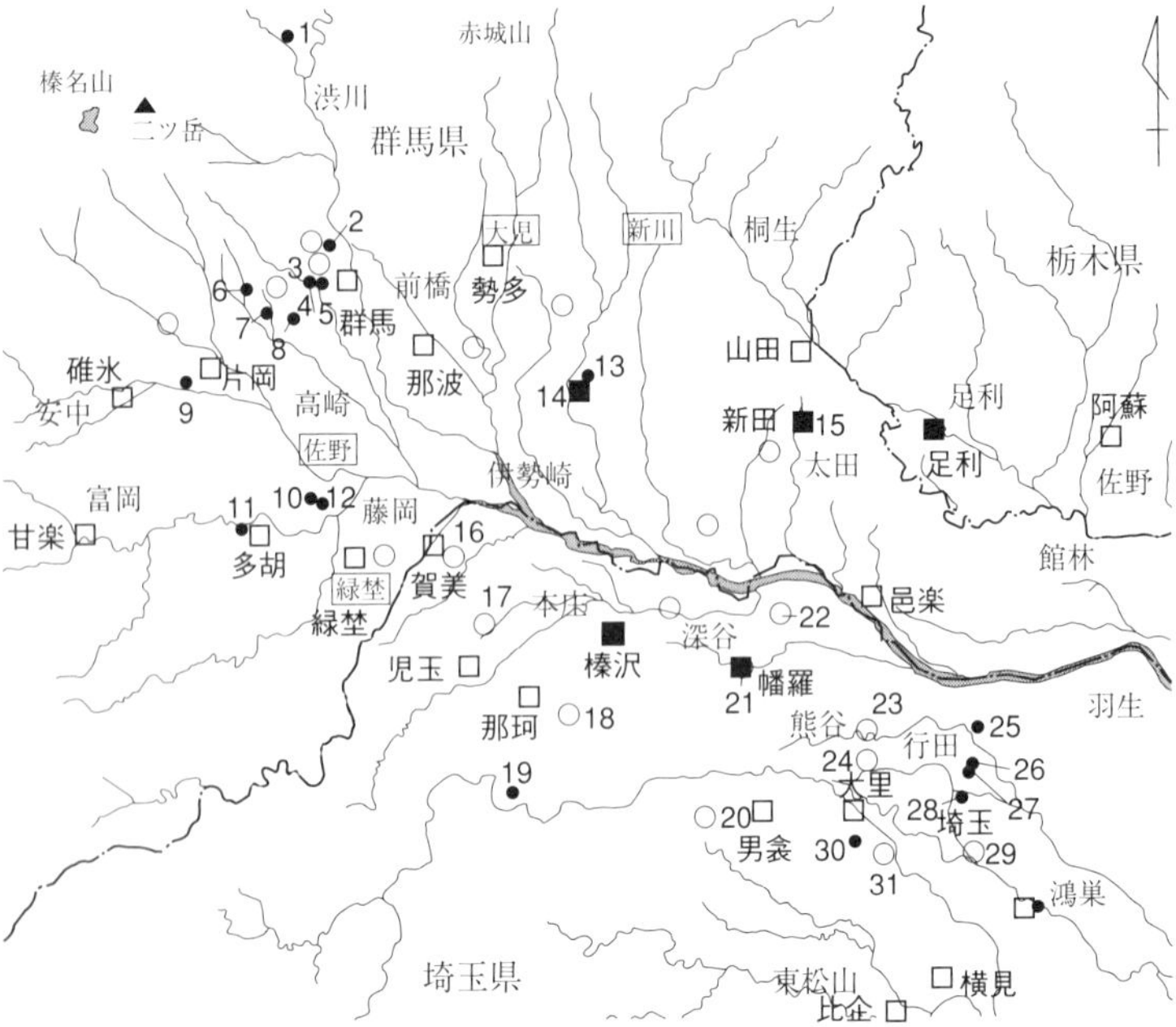

1 黒井峯遺跡
2 総社古墳群
3 山王廃寺
4 上野国分寺
5 上野国分尼寺
6 保渡田古墳群
7 三ツ寺Ⅰ遺跡
8 北谷遺跡
9 八幡1号墳
10 山の上碑
11 多胡碑
12 金井沢碑
13 原之城遺跡
14 三軒屋遺跡（佐位郡家）
15 入谷遺跡（新田郡家）
16 中堀遺跡
17 古井戸・将監塚遺跡
18 北坂遺跡
19 末野窯跡
20 百済木遺跡
21 幡羅遺跡
22 飯塚南遺跡
23 北島遺跡
24 諏訪木遺跡
25 小見真観寺古墳
26 八幡山古墳
27 地蔵山古墳
28 埼玉古墳群
29 築道下遺跡
30 円山遺跡
31 下田町遺跡

凡例
□郡家（■郡家遺跡確認）
○豪族居宅の発見遺跡
●本書登場の遺跡や地名
ゴッチク文字は郡名
明朝文字は現在の地名
囲み文字は古代の地名

※付図1・2の豪族の家が発見された遺跡は、『埋蔵文化財ニュース』90「古代豪族居宅遺跡関係文献目録」（奈良文化財研究所埋蔵文化財センター）を参照

著者紹介

田中広明（たなか・ひろあき）

1962年、群馬県前橋市に生れる。1985年、大正大学文学部史学科卒業。同年（財）埼玉県埋蔵文化財調査事業団、現在、同事業団から（財）長野県埋蔵文化財センターに派遣され、同センター調査研究員として勤務。同県佐久市西近津遺跡で豪族の家を発掘調査中。2004年、國學院大學より文学博士（歴史学）を受ける。主な著作は、『地方の豪族と古代の官人』（柏書房）、『国司の館－古代の地方官人たち－』（学生社）。共著に『古代東国の民衆と社会』（名著出版）、『中世東国の世界』（高志書院）、ほかに「郡家造営事始め」「七世紀の地方官衙と陶硯」などの論文がある。

豪族《ごうぞく》のくらし

2008年12月8日第1刷発行

著　者　田中広明

発行者　高橋雅人

発行所　株式会社 すいれん舎

〒101-0052

東京都千代田区神田小川町3-10 西村ビル5F

電話03-5259-6060 FAX03-5259-6070

e-mail: masato@suirensha.jp

印刷・製本　亜細亜印刷株式会社

ISBN978-4-903763-97-2　Printed in Japan